思想香港

思想香港

羅永生

OXFORD
UNIVERSITY PRESS

OXFORD
UNIVERSITY PRESS

Oxford University Press is a department of the University of Oxford.
It furthers the University's objective of excellence in research, scholarship,
and education by publishing worldwide. Oxford is a registered trade mark of
Oxford University Press in the UK and in certain other countries

Published in Hong Kong by

Oxford University Press (China) Limited
39th Floor, One Kowloon, 1 Wang Yuen Street, Kowloon Bay,
Hong Kong

ISBN: 978-988-870242-8

思想香港

羅永生

3 5 7 9 10 8 6 4 2

目　錄

序　言

　　比較文學的知名學者Ackbar Abbas在他那本香港文化研究奠基之作 *Hong Kong. Culture and the Politics of Disappearance* 一書中，曾經把香港的文化空間形容為一個「消失的空間」，在其中，雖然文化活動一直頻繁地進行，但人們卻對此視而不見，更曾強調香港是一片「文化沙漠」，Abbas稱此為一種「逆向的幻覺」。而造成這種逆向幻覺，既是因為這城市時間的高速飛逝，也是因為有價值的事物總是被埋葬在各式陳腔濫調之中。一九九七令人驚覺香港可能即將消失，紛紛熱衷於這個地方的文化。他稱這種對行將消失的事物突然冒現的熱情，構成了一種可稱之為「消失的文化」。

　　Abbas的關切點首要在於「文化」，所以他以電影、建築、寫作和攝影等為例。但如果我們把焦點放到「政治」以及「政治思想」，我們會發現逆向幻覺其實更為嚴重。也就是說，雖然無論是戰前還是戰後，政治活動一直頻繁地在香港進行，不同的政治思想不斷激烈地在交鋒，掀起過大大小小的社會運動，模塑了這個城市的政治文化與對自我身份的認識，但就算到了一九九七，一些當時最有知名度的政治文化論者，仍然不斷重彈香港人「政治冷漠」的老調，面對「中英雙方」如何如何擺佈香港的未來，香港人的基本反應只是一次又一次的「無奈」……儼然「政治」與「政治思想」從來就沒有存在過，或者已經在香港消失。

　　本書所收錄的文章，可說是一些拒絕讓政治消失在飛逝的時間中、和變成陳腔濫調的嘗試。這些文章所記述的事件、人物、

想像或理念，雖然大部分都屬於過去，又或者在眼下激盪的時代巨流中行將被遺忘，但他們是被認真地看成是構成我們歷史的關鍵部分。對這些事物所作的批判性回顧，正是希望他們不會只是給掩埋在陳腔濫調之下而消失，為的不是懷舊，而是更好地了解我們的當下。因為他們並非稍縱即逝的天上流星，也不是未能轉世的魅影，而是此城的男男女女持久掙扎，艱苦地尋找自由和確立自己身份的歷史足跡。

　　他們加在一起，可能未構成一幅歷史宏圖。在浩瀚的宇宙，也可能只是一些吉光片羽。然而，他們活現着這城市空間中在行動中的思想，在實踐中的自由。

　　Abbas在那本書的最後，引述了Foucault一段意味深長的說話。他說：

> 當被殖民者嘗試從殖民者手上解放自己的時候，那是嚴格意義上真真正正的解放行動。但是我們也知道⋯⋯這解放的行動並不足以建立起自由的實踐，但日後，自由的實踐是這些人，這個社會，以及當中的眾人要決定他們生存的方式或其政治社會的方式時所必需的⋯⋯

當下，我們正經歷比一九九七時所預期的更為徹底的「消失」，不待我們去論證是否真的經歷過「解放」。然而，筆者深信，堅持不懈地去重新質疑何謂殖民？何謂冷戰？何謂回歸？何謂激進？何謂本土？⋯⋯追溯各種政治思潮和理念交錯糾纏，錯綜複雜的譜系與生成軌跡，我們才能拒絕消失，更好地去實踐自由。

　　最後，這本書大部份章節是在嶺南大學「群芳文化研究及發展部」的支持協助下完成，其中有部分內容亦曾在該部刊行的網誌「思想香港」先行發表。期間筆者特別得到研究助理劉麗凝小姐的有力幫助，謹此致謝。「〈漁港夢百年〉的香港殖民敍

事」一章曾於學術期刊《文化研究》第二十四期(2017年春季號)刊登;「香港本土意識的前世今生」一章修訂自發表在《思想》第二十六期(2014年10月)的同名文章;「民主回歸論的萌芽與夭折」的較早版本刊於《本土論述》2015–2017;「從韓戰管窺冷戰下的香港」是由刊於《亞洲冷戰文化的誕生:新中國與韓戰》(韓文)一書的有關章節修訂。其餘部份章節的內容曾在《端》或不同學術研討會發表。本書順利出版,亦有賴牛津大學出版社的林道群先生鞭策與鼓勵,一併致謝。

《漁港夢百年》的香港殖民史敘事

前言

　　《漁港夢百年》(下稱《漁》)是香港劇作家黃國鉅的一部近作。2014年11月由「天邊外劇場」首次演出。這部《漁港夢百年》是由三部曲組成,本文討論的是副題為「初入夢鄉」的第一部。戲劇以半人半魚的神話人物盧亭為主角,他和他的同類象徵着香港最古老的居民,他們長久以來受到陸上漢人政權的壓迫和排擠,最近一百多年則被英國殖民者統治,先後捲入華人反殖運動、民國革命、日本佔領和國共對抗。戲劇的主要情節貫穿香港從鴉片戰爭到日本侵略前的一百年歷史,以神話的人物、虛構的角色、與改編過的歷史故事,來和當下的現實展開對話。

　　本文的主要目的,是試圖從後殖民研究的角度對《漁》劇進行解讀,指出《漁》劇如何透過一個虛構的本土歷史起源神話,突破關於香港大歷史敘事中習見的殖民主義史觀,也同時顛覆了處理香港殖民經驗時一貫慣用的中國國族主義角度。本文的分析亦會開展與莎劇《暴風雨》(*The Tempest*)的對讀[1],並探討後人類主義對後殖民評論的重要性。

　　感謝《文化研究》匿名審查人提供的寶貴意見,同時感謝天邊外劇團提供未出版之原作劇本及演出錄像以供研究。本文的稍早版本曾於2015年4月1日在香港教育學院文學及文化學系與樹仁大學歷史系合辦之「『香港史』國際學術研討會:從文化及文學的角度詮釋香港歷史」研討會上發表。

1　Shakespeare, William, *The Tempest* (rev. ed., V. M. Vaughan and M. T. Vaughan, Eds.). London and New York: Routledge, 2011.

盧亭與蜑民：傳說・歷史・想像

　　據《維基百科》轉述古書所記，所謂盧亭一族原是一個於珠海萬山群島一帶出沒的神秘族群，相傳是秦漢前的那些被漢化了的百越族人。另外，也有神話謂他們是東晉年間地方民變首領盧循之後。他們聚居於香港大奚山上(大奚山為今大嶼山和香港島等島嶼的合稱)，本來與中原的漢人並無紛爭。但後來南宋朝廷以盧亭一族未得其許可販賣私鹽為由，出兵大奚山，對島民進行大屠殺，盧亭一族幾乎被殲滅，倖存者為今日蜑家人的始祖。「蜑(蛋)家人」即是香港俗稱為「水上人」的漁民族群，他們除了捕魚維生，也活躍於海上貿易。但在明清海禁期間，海上貿易乃非法事業。蜑家人亦因此而被陸上其他族群排擠，視為海盜。陸上人所享有的權利，例如買地、當官、參加科舉等資格，蜑家人都被剝奪。

　　香港原來是一個漁村，有關在此地原住居民的歷史記述不多，不過蜑家人被陸上人排斥，被歷代朝廷所邊緣化，卻是書有所載的事實。根據孔誥烽對前人研究的梳理，蜑族散佈於華南沿海地區，擁有相近的飲食習慣和能夠相互溝通的語言，以及相同的宗教崇拜對(如天后、洪聖)。但由於他們世代不識字，所以沒有自己的族譜。他們沒有可以考究的文獻以證實他們的來源，但較可信的是他們乃逃難至海中的南方少數民族，以及因各種原因而從陸上移居舟上的漢人。陸上定居的漢人將他們視為低賤的「非人」，對這群「他者」的想像中也帶有神秘和恐懼的色彩，把他們視為具備一些超自然的能力，例如能在水中長期停留，與水中奇異生物交往等。漢人朝廷雖對他們嚴加限制，他們也不乏反抗、復仇的舉動。私賣海鹽、走私貨物、甚至起兵造反也時有所聞[2]。

2　　孔誥烽(1998)，「千年的壓迫・千年的抵抗：殖民主義前後的大澳蜑族」，

除了少數人類學者，蜑族的故事過去不曾引起香港人很大的興趣[3]，昔日的水上人亦已差不多全數上岸居住，融入工商社會，族群語言和行為特徵大都失去。但隨1997年主權過渡，香港的歷史身份問題引起了不少文化工作者的興趣，促使蜑族的傳說迅速地在公眾流通。1997年何慶基在藝術中心策劃《九七博物館：歷史・社群・個人》的展覽，以偽考古學的方式再現藝術想像中的蜑族和盧亭，成為一時之話題。而九七「回歸」之後，嚴浩導演的電影《浮城》(2012)藉改編一個真人真事，把兩代水上人在英國人殖民初期的不同際遇，做過細膩的描述，抒展香港人對英國殖民統治的矛盾情懷。[4] 雖然香港史述每以城市崛起的經歷為中心，而且有關這群飄泊海上族群的確切歷史難以稽考，盧亭人的傳說更是神秘和充滿幻想，不在信史之列。不過，這種種不確定的特徵正好符合編劇黃國鉅為香港本土身世找尋一個神話象徵的目的。在《漁》劇中，他把盧亭人重新想像為一種半人半魚的生物，在漫長的歷史一步一步演化，漸漸進入有人類文明和歷史的時代。盧亭人與人類的文明歷史交錯發展，成為劇作家筆下香港故事的託寓。

收錄於《誰的城市？戰後香港的公民文化與政治論述》，羅永生編，頁117–119，香港：牛津大學出版社。

3   Ward, Barbara E. (1954) "A Hong Kong Fishing Village" in *Journal of Oriental Studies* 1(1): 195–214; Ward, Barbara E. (1967) "Chinese Fishermen in Hong Kong: Their Post-Peasant Economy." in *Social Organizations: Essays Presented to Raymond Firth*, translated by M. Freedman. London: Frank Cass & Co. 張兆和(1984)，《大澳漁業——自然環境，技術經濟與社會因素》，香港：香港中文大學碩士論文，未出版。

4   《浮城》的主角阿泉(郭富城飾)在帝國東印度公司服務，年紀輕輕已成就不凡，但原來他是其水上人母親當年受英國人所姦而誕卜的後代。電影寫兩代人情感差異的張力，呼應了「九七劇」以及周蕾、也斯等所表達的「夾縫意識」，但它借水上人經歷描述香港殖民史，重點把水上人作為「受辱華人」的象徵，則是承繼了一貫以來華人民族主義對香港殖民歷史的主流論述。葉蔭聰(1997)，「邊緣與混雜的幽靈……談香港文化評論中的『香港身份』」，收錄於《文化想像與意識型態》，陳清僑編，頁31–51。香港：牛津大學出版社。

舞臺上的殖民與身份敘事

按香港文化評論人梁文道所指[5]，香港在英國殖民時期並不存在一種對殖民經驗反省和批判的戲劇風尚，舞臺上主要演出的都是外國或中國的劇本，本地人很少創作劇本，直至六十、七十年代才開始改變。盧偉力認為，戲劇的本土主義在七十年代末就開始確立[6]，但方梓勳認為，真正具有本土意識的戲劇，要到八十年代才得以抬頭[7]。劇評人林克歡更認為，香港戲劇是自八十年代中才開始進入一個自覺建構的成熟期，劇壇上出現一波探討香港文化身份的「九七劇」，有着濃厚的本土意識。[8] 很顯然，「九七劇」是受到當時中英雙方開展的香港前途問題談判所激發。這種本土意識，大部分都是建立在以中國為他者的「中港文化想像」上，所抗拒的是與當代中國有關的符號，所展露的是對香港中西混雜文化處境的反思，對香港身不由己，處身中英兩大國夾縫之間的焦慮情緒。相對之下，殖民經驗的反思和批判，並非「九七劇」的主調。

當時關於香港身份問題的焦慮，透過不同的方式展現在舞臺上。一些寄託在現成外國劇本，例如「港大劇社」搬演布萊希特(Bertolt Brecht)的《高加索灰闌記》(*The Caucasian Chalk Circle*)，影射中英雙方爭持香港但無視香港人本身。另一些就把外國荒誕

5　梁文道(1998)，「在研究香港的另類劇場以前」，《香港戲劇學刊》第一期，頁65。

6　盧偉力(2004)，《香港舞臺——作為文化論述的香港戲劇》。香港：香港演藝評論家協會(香港分會)。

7　方梓勳(2000)，「近二十年香港話劇的發展(1977–1997)」，收錄於《新紀元的華文戲劇——第二屆華文戲劇節(香港 1998)研討會論文集》，方梓勳編，頁121–140，香港：香港戲劇協會。

8　而林克歡則在《戲劇香港·香港戲劇》一書，判別「進念二十面體」的創團成員王慶鏘的一篇發表於1982年名為《追尋一個屬於香港的劇場》的文章，可視為香港劇壇上第一篇本土戲劇宣言。林克歡(2007)《戲劇香港·香港戲劇》，香港：牛津大學出版社，頁13。

劇名著劇本，置入本地創作之中，例如「力行劇社」演出袁立勳、林大慶編劇的《命運交響曲》(1986)，就把尤內斯庫(Eugène Ionesco)的《犀牛》(*Rhinocéros*)一劇作為戲中戲，表達一種失卻家園的疑懼與自我疏離的荒誕。而表演風格更為前衛的「進念二十面體」，就在《列女傳(柔板·如歌的行板/快板)》(1983)、《鴉片戰爭——致鄧小平的四封信》(1984)等劇目以抽象和隱喻的手法，揭示中英政治角力和香港人的被消音。這些戲劇有豐富的政治意義，但焦點並不在於整理一個完整的香港殖民歷史故事。相對之下，政府全面資助的香港話劇團，反而補充了這方面的不足。他們以較為傳統的表演手法，以寫實主義的角度，在舞臺上搬演香港歷史的素材，重現歷史變遷下香港人的心理和情緒的變化。例如《一八四一》(1985年，編劇陳敢權，導演鍾景輝)、《人間有情》(1985年，編劇杜國威，導演陳尹瑩)、《誰繫故園心》(1985年，編導陳尹瑩)、《花近高樓》(1988年，編導陳尹瑩)等。「中英劇團」則有《我係香港人》(1985年，編劇杜國威、蔡錫昌，導演高本納)等等。可是，這些劇作每每都只是把香港故事描述成近代中國鉅大歷史變遷下的地方小故事，又或者僅僅以歷史變遷為襯托的背景，演出尋常的悲歡離合或人情世道，真實的殖民歷史經驗反而被抽空了。[9]

　　黃國鉅的這部劇作，一方面繼承香港劇壇運用象徵和荒誕批判的前衛傳統，另一方面則嘗試為香港譜寫一個長時間跨度的歷史故事。無論是鴉片戰爭、新界割讓、孫中山在香港宣傳革命、以至二十年代的省港大罷工、三十年代的中日戰爭等素材，都並非僅僅作為背景資料襯托劇情。因為盧亭除了是一個角色之外，更是一個全新的「本地」視角，讓觀眾可以重新演繹那些香港或香港人曾參與其中的歷史故事。

9　　李小良(2003)，「揉性的身份認同」，收錄於《書寫城市：香港身份與文化》，潘毅、余麗文編，頁578–95，香港：牛津大學出版社。

本事：《漁港夢百年》

　　《漁》劇的開幕是由一個在「漁港歷史博物館」工作的歷史學家的旁白開始，他試圖向到來博物館參觀的觀眾，述說香港一百五十多年成功發展的殖民地奇跡故事，他的故事很快就把觀眾帶入因鴉片而來的漫長夢境。在夢境中，半人半魚的盧亭帶着他的史前記憶，努力想訴說他負載着的三百萬年長的演化故事。在他混濁不清，舌頭不靈的説話中，娓娓道來發生在二千五百年前，多次因為北方戰亂，難民移居此地，以致落海謀生等事跡的記憶。他也述及三百多年前「天朝」[10] 官府為了壟斷鹽業，而對盧亭族人進行滅族大屠殺。要不是後來「天朝」戰敗給英國，使英國殖民者在一百五十多年前到來這個小島，盧亭族人被歷史遺忘的命運亦無法被改寫過來。

　　劇中歷史學家想説的，是這裏怎樣由一座小漁村發展成今日的國際大都會，這明顯是殖民者的香港史觀。但在夢中的盧亭，見到五光十色的繁華景象，卻也受到各種被殖民前/殖民之後的創傷回憶所縈繞。在夢中，盧亭因追隨英人總督，改變了過去被排擠和歧視的命運，並有機會學習語言和文化，雖然世界各地都傳來反殖運動的聲音，但盧亭不為所動。總督對盧亭的順服感到欣慰，並要向英皇報告殖民統治在這裏是如何受到愛戴，卻料不到部分漢人已將反殖付諸行動。在「麵包下毒」一案中，盧亭救了總督一命，在英人佔領新界時更協助英人。但這個時候，他目睹殖民者橫蠻運用武力強佔土地，令他開始反思。可是新界鄉紳們也沒有真正反抗的膽量，他們議論紛紛，終究也只是盤算着究竟應否與英人合作，保障自身的利益。

　　思想大受衝擊的盧亭，後來遇上了英國來的傳教士。他為傳教士救濟弱小的行為所感動，並追隨左右，接受他所宣傳的上帝

10　「天朝」是劇本中刻意用以諷喻大陸歷代皇朝政權的統稱。

面前所有生物平等的道理。傳教士也提到，在北方的國度像他一樣宣揚平等真理的人，卻被那些相信能刀槍不入的暴民(暗喻「義和團」)大量殺害。盧亭再次陷身於創傷的回憶和身份的困惑，而在他經歷漁港發生瘟疫期間殖民者的治理手段，盧亭反覆思量甚麼是文明秩序，處於重重矛盾當中。

盧亭後來覺醒到，自己所渴望的，其實並不是以人的形象出現的上帝，而是以大魚形象出現，會守衛他大魚山家鄉的、屬於自己族群的神，他開始鼓起勇氣嘗試以行動改變自己的命運。這個時候，他遇上了宣傳革命的孫大砲(時人對孫中山的暱稱)。這位有着雙重形象的孫大砲，一面正氣凜然地宣傳革命，一面也在推銷革命獎券，承諾於革命成功之後，人人可以分享利益。盧亭顯然不明白革命是要犧牲性命，於是對革命所承諾的未來大為興奮，要求孫大砲革命成功後答應大魚山自治。孫答應，盧亭於是加入罷工罷市的革命行列，這時他才真正體會革命的恐怖。

不過，真正令他失望的是，他看到革命之後，革命家孫大砲並沒有兌現他給予大魚山自治的承諾，也親耳聽聞總督公開解說，他們的文明教育只是用來推翻鄰國的革命，甚至目睹那些早年被殖民打壓的新界鄉紳，早已轉而效忠新的宗主，因為他們也可分沾殖民統治的利益和名銜。買辦黃先生更點破了，英國人比「天朝」更懂得治民之術，因為他們運用了「間接管治」。這時候，盧亭開始明白，殖民主義的文明開化只是虛幻，反殖抗爭也只是利益爭逐，英國的殖民統治要依靠一班華人作為勾結者，人類之間進行的是一場又一場複雜的政治遊戲和利益交換。

殖民現代性與勾結共治

《漁》劇以大量象徵的手法，把香港殖民「開埠」初期的歷史重新演繹。與殖民主義史觀和中國民族主義史觀相異的是，劇

中既非陳腔濫調地把殖民初期的香港，僅僅描述為有待殖民者「開發」的荒僻禿石(barren rock)，也非執著於描寫英國殖民帶來的「民族屈辱」。相反地，英國殖民者的「開埠」事業，既為這地方發展了財貨貿易，也培植了買辦、罪犯、妓女，和各式販夫走卒。他們紛至沓來，除了帶來金錢財富，也帶來了聖經、教會，法律制度及英國文學(劇中以莎劇劇本象徵)。這些性質多元雜異的「新事物」說明了，在「因殖民而致富」的現實之外，英國殖民統治也帶來了不同的文化資源，包括宗教、法律和文學等。這些正是為帝國主義說項的歷史學家們所讚頌的帝國「文明開化」使命中的構成元素。但它們的出現，與鴉片和各式令道德沉淪和墮落的事物是共生並存的。

顯而易見，《漁》劇所呈現的早期殖民香港，是一個各種矛盾紛呈的世界，既是紙醉金迷的冒險家樂園，也是秩序混亂、烏烟瘴氣的鬼域；除此之外，也是一種嶄新的思想、文化與信仰得以傳遞流播的一個正面與負面力量交纏的地方。這種複雜的「殖民現代性」形象，在香港過去深受中國民族主義大敘事所支配的香港史敘述中是相當罕見的。而《漁》劇的中心題旨，就是在這一種脫離了既有的「中/英」或「殖民/被殖民」的簡單二元框架之外去闡說香港故事。事實上，香港早期的殖民開發歷史，的確是一段難以套入以侵略/剝削為主軸的中國民族主義「反殖」歷史。相反地，主動與英人合作的那些活躍於岸邊和海上的邊緣族群，有一部分很快地在英國人佔領了香港島之後，迅速成為此地的新富。當時香港烟館、娼館林立，人口龍蛇混雜，藏污納垢，但卻也造就了前所未見的繁華景象。這個成長迅速的地方，也吸引更多來自中國和世界各地的探險家及商人前來找尋機會，一個華人權貴階層亦因而漸次誕生。對於這一批在英治的殖民地上發財致富的第一代「香港人」來說，殖民主義的故事自然不是一個簡單的「悲情故事」。

《漁》劇的情節，大部分是取自香港殖民初期的歷史，例如「麵包下毒」案。此案往往被民族主義史家描述為香港早期人民英勇反抗殖民統治的證據。又例如孫中山早年在香港留學。有關他在民國革命成功推翻清廷後，曾在香港大學演講，當中提到他是在香港就學期間，因感香港在英人治下管理良善而激發徹底改革中國之志，也是確有其事，並且成了香港和中國革命關係的一段美談。然而，《漁》劇並非只是重溫這些歷史片段，而是借此來闡發一個非正統的歷史視角：他不再着意於這些事跡是否證明了香港人一貫有「反殖」的「民族意識」，又或者如何評價孫中山關於殖民主義帶來「良政」，從而啟發了孫中山追求革命理想的意義。相反地，因為盧亭目睹了這些歷史事件，讓觀眾可以透過他來重新與這些矛盾重重的史實展開了對話，從而鬆動了華人與英人是對立雙方的傳統觀點，並且揭露了香港殖民史上殖民政權與華人買辦階層勾結共治的事實。對於勾結共治的存在，以及其對了解香港獨特殖民經驗的重要性，歷史家已有多番探討。施其樂(Carl T. Smith)、高馬可(John Carroll)及拙著《勾結共謀的殖民權力》都對此有所闡述。[11]只是，這種觀點並未試過完整地在舞臺呈現。

超越離散視角：追求自治

　　《漁》劇突出地展現了這種勾結共治下弱勢者的無奈與無力。劇中的一段情節是，當華人買辦和被英人籠絡收編後的新界鄉紳與英人談笑風生，共同細味殖民統治秘訣的時候，他們其實也正在密議，準備強力鎮壓罷工。華商並且承諾不讓發生人命的

11　Smith, Carl T. (1985), *Chinese Christians: Elites, Middlemen, and the Church in Hong Kong*. Hong Kong: Oxford University Press. Carroll, John M. (2005), *Edge of Empires: Chinese Elites and British Colonials in Hong Kong*. Cambridge, Massachusetts: Harvard University Press. 羅永生(2015)《勾結共謀的殖民權力》，牛津大學出版社。

事情在本地發生，以保英人良好管治的「清譽」。這可說是對孫中山關於「殖民良治」演說的諷刺。可是更諷刺的是，劇中單純的盧亭，卻仍然抱持理想，向孫大砲要求實現大魚山自治，但孫卻面有難色，反叫盧亭向英人爭取。英人總督雖然多謝盧亭二次救命，但卻斷然拒絕給予大魚山自治。他還大力推說，現在是中國人對你不好，接下來鼓吹革命的赤黨也會給你們帶來災難，英人管治才會保證安定繁榮。這時，與英人合作，在各種政治漩渦中漁利的買辦黃先生，就直斥盧亭不懂政治。他警告，殘酷的赤黨革命下，安居的美夢會被打破，代價會非常巨大。聽了這些說話，盧亭始知追求自治的夢想不可能實現，也對於被漢人及英人先後玩弄大為困惑。

歷史上，香港人在「省港大罷工」發生的二十年代，究竟有沒有一種要求自治的意識？到目前為止，都未有強烈的證據顯示，當時的香港居民有自外於中國而另尋命運的見解。顯然，劇作者是刻意地以時空錯置的方式來託寓及回應當下香港普遍認為「自治」已經危在旦夕的強烈焦慮。這情節也讓人聯想起，中國和英國在過去把香港的前途和命運玩弄在外交博弈的股掌之間的那段經歷。過去，關於香港的命途不由自主的事實(所謂「香港故事總是需由其他地方的故事開始」)，反映着「香港敘事」中一種強烈的移居者意識。代代以來由中國大陸因逃避中國內地戰禍，包括太平天國、軍閥內戰、日本侵華、以至國共相爭而遷居南來，最後定居於香港的難民、移民，都是受這連番以不同旗號帶領的革命運動所驅離其原有居所的流徙人口。他們在殖民主人和各種後來的黨國革命運動中間，能有怎樣的一個家園觀念，這是了解香港一系列關於政治身份、文化認同和歸屬感問題的關鍵所在。八十、九十年代以來，以離散華人(diasporic Chinese)的角度探討香港身份認同問題的文學、電影、戲劇創作不知凡幾。然而，《漁》劇似乎並不滿足於再從離散華人的角度去重演所謂陷

身於身份困惑與認同危機的「華人」故事。

　　盧亭這個只有神話依據的虛構歷史族群所要帶出的當然不是歷史事實，而是一個「反事實」(counter-factual)的視角，讓我們重新在中國民族主義視角之外，嘗試另一種理解英國殖民前期和辛亥革命前後一段香港歷史的不同解讀方式，打開了另一個了解當時複雜殖民境況(colonial conditions)的空間。在這種嶄新的殖民經驗敘事下，涉及構造當時殖民處境的，並不是兩方各自在內部具同質性的「殖民者」與「被殖民者」兩造的力量，而是各自內部都有不可隨便化約的異質性和內部矛盾。所以，與其簡化地把殖民力量看成是一種入侵性的力量，不如將殖民入侵理解為一種對當地原來的權力格局的外部干擾。這種干擾必然會帶來新的交涉互動，其形式和後果，必然會是糾結曖昧，一言難盡。

殖民「文明開化」與歷史主體性

　　有別於一般以實際上存在的少數地方族群來建立發言位置的國族主義敘事，《漁》劇以寓言的方式把香港的歷史主體性問題安放在一個「反事實」的角色盧亭身上。盧亭象徵香港最古老的住民，「它們」正是因為「外來的」殖民「開埠」來帶來的「文明」而獲取「啟蒙」與「教化」。笨鈍的「魚(愚)腦袋」亦開始了明顯的變化，有了人的意識，甚至萌生了主體性的初步覺醒。在《漁》劇中，盧亭對主體性的覺悟，是由他一步一步地，一幕比一幕好地學會了語言，咬正字詞的發音來象徵的。而因為獲取了語言的能力，盧亭亦因此而有了思考能力。可是，盧亭卻一直都被人類的政治權力所欺壓和愚弄。他在殖民文化的哺育下成長，初則誤以為他和殖民者是同一的，繼而認識到他和殖民者其實是處於對立的位置，再繼而滋長了脫離殖民者而追求自治自主的心願。這個心理與精神的發展歷程，與黑格爾(G.W.F. Hegel)所

說的主奴辯證法若合符節。劇中一直擔當旁白角色的歷史學家就這樣說：

> ……或者哲學家黑格爾講得啱，人唔做過奴隸，未被人壓迫、反抗過，唔會知道自己其實係唔使做奴隸嘅。

顯然，最初對總督忠心耿耿的盧亭是因錯認(misrecognition)而誤以為英國人和自己是合作的夥伴，他們都好像不能沒有對方。亦即，盧亭不能沒有總督的保護和提攜、教化；而總督也不能沒順服的盧亭來自豪於向英皇宣稱，帝國主義事業仍然值得發展下去。然而，得到傳教士關於所有受創造物平等道理的訓誨後，盧亭孕育了平等的思想，欲擺脫作為殖民者忠僕的自我形象。可是，「天朝」瓦解之後「上面」(意指北方的大陸)的漢人們發起了革命，卻沒有真正地去反抗殖民統治。那些追求革命改變的政治浪潮，只是着眼於動員他們去參加重新分配利益的武裝鬥爭，卻沒有真正承認盧亭人和他們的訴求，讓他們可以在自己的真正家園大魚山實現自治。如果民族主義反殖革命是主體性的實現(獨立自主人性的彰顯)，那「自治」訴求是否追求主體性事業的一部分？為甚麼自治的承諾不能兌現？

在這裏，盧亭所象徵的，就不單純是黑格爾主奴辯證法當中的奴隸和主人，因為雖然主人一直否定奴隸的人性，但兩者鬥爭的原因都是想成為真正的「人」；但是，以魚頭人身形象出現的盧亭所參與的鬥爭，則既是追求平等的「人」的自由與尊嚴的鬥爭，也是是殘酷、暴力與欺詐交織的「人類文明」與和平、樸實及純良的「大自然之家園」之爭。在這裏，劇作者透過盧亭所要指涉的，當然不是那種我們習以為常的「香港人」形象，更非最近一些本土主義論述所呼召的那種八十年代一度流行的「大香港主義」自我形象，更多的毋寧是呼應着近年在香港興起的簡樸

的、重返大自然的「後物質主義」價值，並以此來重新詮釋本土性訴求、追求實現真正自治的運動中的價值層面。

「學會詛咒」：與莎士比亞對話

《漁》劇所展現的這種文明與自然之間的辯證法，可以在盧亭朗讀總督帶來的莎劇劇本《暴風雨》中卡力班(Caliban)的幾句經典對白得到最象徵性的表達：

> You taught me language; and my profit on't
> Is, I know how to curse. The red plague rid you
> For learning me your language! (I.ii.366–368)
>
> 你教了我語言，而我從中得到的好處是，我學會詛咒；
> 希望血瘟病瘟死你，因為你教我語言！

只有學會了語言，才會懂得詛咒。而不懂得詛咒的，就連口頭的反抗，亦即一點主體能力也欠缺。可是，語言卻會把奴隸作自己主人的欲望喚醒，最終被詛咒者正是把語言帶來的人。這是莎劇《暴風雨》那個落難的米蘭公爵普洛士帕羅(Prospero)和荒島上野蠻人的代表卡力班相遇時的衝突，也就是一個本性野蠻的奴隸，卻從主人那裏學到反抗主人之道的故事。而意味深長地，盧亭也唸出另一句卡力班的臺詞：

> As I told thee before, I am subject to a tyrant, a
> sorcerer, that by his cunning hath cheated me of the island. (III.ii.46–48)
>
> 我已經說過，我被一個暴君、一個巫師統治，
> 他用詭計騙了我的島。

《漁》劇指涉莎劇《暴風雨》的意圖是非常明顯的，而《暴風雨》也是當下後殖民評論裏一個被廣泛討論和批評的文本。

萊明(George Lamming)、格林布拉特(Stephen Greenblatt)、馬諾尼(Octave Mannoni)、雷塔馬(Roberto Retamar)等將普洛士帕羅及卡力班的關係類比為殖民關係，萊明及塞薩爾(Aimé Césaire)更曾對《暴風雨》進行改寫。[12] 格林布拉特(Greenblatt)的後殖民評論著作就索性以「學會詛咒」(Learning To Curse)作為書名。在這些《暴風雨》的後殖民解讀中，焦點往往放在評價普洛士帕羅及卡力班互相憎恨的衝突情節中，在地位尊貴的普洛士帕羅身上讀出那種殖民者的高傲自大，在被鞭撻鄙視的野蠻的卡力班身上讀出被殖民者反抗的英雄氣概。[13] 這類以反殖民主義為主要題旨的後殖民評論，積極去發掘材料以證明西方藝術高堂上正統的人本主義藝術典範莎士比亞，其實一直都與當時西方帝國主義、殖民主義共同呼吸。他的戲劇不僅有取材自殖民主義歷史事實的根據，也在各種人性描寫、藝術造詣背後收藏着殖民主義時期的思想感情和當時的文化氣候，並且一直站在殖民者的立場說話。這些後殖民評論往往積極地為西方評論視為野蠻邪惡代表的卡力班爭取平反，將卡力班的感情和行為都視為可以放在當時殖民處境下去理解，有的甚至包括他意圖強姦普洛士帕羅的女兒米蘭達的情節。

　　無可否定的是，《暴風雨》的確是一個與殖民處境緊密相關的文本。劇本裏面的角色和情節也勾畫了一個相當完整和豐富的

12　Lamming, George (1960), *The Pleasures of Exile*. London: Michael Joseph; Lamming, George (1971) *Water with Berries*. London: Longman. Greenblatt, Stephen (1990), *Learning to Curse. Essays in Early Modern Culture*. New York: Routledge. Mannoni, Octave (1956), *Prospero and Caliban. The Psychology of Colonization*, translated by Pamela Powesland. London: Methuen. Retamar, Roberto F. (1989), *Caliban and Other Essays*, translated by Edward Baker. Minneapolis: University of Minnesota Press.

13　孫堅、楊仁敬(2009)，「後殖民主義理論視閾下的《暴風雨》」，《外國語文》第二十五卷第五期，頁41–45。王虹、焦敏(2010)，「《暴風雨》的後殖民解讀與挪用」，《湖南大學學報(社會科學版)》第二十四卷第三期，頁93–97。

殖民關係圖像，為殖民和後殖民分析提供了基本的框架，也利於後人對此故事進行改編和改寫。不過，在這些眾多抱持強烈反殖民族主義題旨的評論當中，分析的焦點往往集中於普洛士帕羅和卡力班這兩極，然後套進殖民者和被殖民者的二元框架，以及壓迫和反抗的兩極來解讀《暴風雨》。這種反殖民的閱讀為了突出象徵「外來」的殖民者權力的普洛士帕羅對「本地土著」卡力班的壓迫，也一併把共同構成荒島上殖民處境的另外一些角色安排為較為邊緣的地位。例如卡力班那個女巫母親西考拉克斯(Sycorax)其實也是因為玩弄妖術，早前由阿爾及爾被流放到此荒島。她生性暴戾，更橫蠻地施加暴虐於精靈愛麗爾(Ariel)，把他囚禁在拆裂的松樹中間。直至她死去了和普洛士帕羅的到來，愛麗爾才被解救出來。自始之後，愛麗爾成了普洛士帕羅的忠僕，利用自己熟習的魔法，處處幫助普洛士帕羅打退敵人直至他完成復國大計。有關這個邪惡母親的角色，反殖主義的後殖評論往往視而不見，又或者僅僅把她的形象視為殖民者普洛士帕羅刻意杜撰出來的謊言，因為他們不想動搖西考拉克斯與卡力班兩母子所確立的小島主人的「合法」地位。

殖民主體：反抗還是服從？

於是，把身為精靈的愛麗爾和女巫之子卡力班都同樣看成是被殖民者的象徵，然後比較兩者用怎樣不同的策略去應對殖民主人，這是不少加勒比海作家對《暴風雨》進行後殖民評論常見的分析進路。例如古巴詩人雷塔馬(Retamar)就一方面痛惜卡力班的語言其實是普洛士帕羅教授給他的語言[14]，擺脫不了被殖民經歷所留給他的精神與文化上的烙印，另一方面，他也高度讚揚卡

14　Retamar, Roberto F. (1989), *Caliban and Other Essays*, translated by Edward Baker. Minneapolis: University of Minnesota Press.

力班的反抗，挑戰殖民者爭取解放與自由。相對地，愛麗爾所象徵的，就是一種被殖民者對殖民者俯首貼耳的奴性生存方式。他所代表的是那些和西方帝國主義者合作的代理人，是殖民者控制的傀儡。而生於法屬殖民地馬提尼克的劇作家塞薩爾也曾經改編《暴風雨》[15]，創作了一個新劇本《一場風暴》(une Tempête)，把愛麗爾及卡力班寫成兩種不同傾向的被殖民者：愛麗爾是溫和派，希望與主人對話，寄望於主人改變對自己的壓迫；而卡力班則代表激進派，主張通過暴力獲取自由。這兩個被殖民者角色，被塞薩爾類比為美國黑人解放運動中溫和及激進的兩翼：前者如同溫和派的民權領袖馬丁路德金(Martin Luther King, Jr.)，後者則像激進派黑豹黨的麥爾坎X(Malcolm X)。

在《漁》劇當中，兩種被殖民者回應殖民處境的路線，在「麵包下毒案」的一幕也有相對應的論辯。下毒造反的漢人心懷對英國殖民者的深深怨恨，試圖反抗，他力勸盧亭加入抗爭，提出了兩種奴隸的分別：一種是被殘酷地鞭打被逼「在田野工作的奴隸」，另一種是給奴隸主養活在屋裏，心甘情願地為主子服務的「屋裏的奴隸」。這是《暴風雨》中卡力班和愛麗爾兩個形象的翻版。如果前者是由怨毒而生反抗之心的卡力班，那後者則是把希望寄託於與英人忠誠合作，學習他們所傳授的文明語言的愛麗爾。不過，和莎劇不同的是，《漁》劇中兩種被殖民經驗的衝突最終並沒有變成兩條政治路線，而是集中地表現在盧亭一個角色身上，讓盧亭產生不斷的內在掙扎。盧亭在「歷史」中的成長過程，正是兩種對立的世界觀由拉扯與撕裂，繼而不斷深化並提升其主體意識的經過。

有趣的是，《暴風雨》中卡力班被後殖民評論解讀為造反人民的代表，最大的原因是他敢於和普洛士帕羅辯論誰才是這島的主人。卡力班認為，他的母親西考拉克斯比普洛士帕羅早了很多

15　　Aimé Césaire (1969), *Une Tempete*. Paris: Editions du Seuil.

年到達此島，所以是島的真正主人。可是，愛麗爾並沒有這種奴隸要反過來當主人的「人的勇氣」，她只是記得自己是一隻被前女主人暴虐、並無了期地囚禁於松樹的裂縫、永不超生的卑微精靈。這一隻因「藍眼妖婆」的暴虐而深受創傷的精靈愛麗爾，也因此並沒為爭取成為主權者的欲望，欠缺一種追求成為一個「主權者」的主體性。她亦因此而成為後殖評論家所貶斥的對象，因為她並未能徹底地在心靈上、文化上追求與殖民者決裂，追求成為新的主權者。因為，對這些反殖評論者來說，不去追求政治獨立，以致實現真正的(文化上的)民族獨立，就等如是心甘情願作為帝國主義文化附庸，是奴性未除的體現。他們將批評焦點放在普洛士帕羅的「外來性」、「宰制性」，卻也輕輕帶過了西考拉克斯的「暴虐性」和原來也一樣的「外來性」。

不過，相對照之下，《漁》劇並沒有輕輕帶過西方殖民者來到「此島」(香港)之前的歷史，因為帶着心理和肉體傷痕的「難民」經驗，使得忘卻「殖民現代性」來到之前的世界是不可能的事，因為這些創傷已經肉身化為魚的特徵。盧亭的「史前回憶」，一如女巫西考拉克斯的事跡，其實並非在殖民故事之外，而是共同構成某時某地複雜的「殖民處境」的有機部分。這樣，愛麗爾的「順服」於普洛士帕羅才能得到理解，而盧亭對英人總督初期的誤認，也才可以被解釋。這亦是為甚麼《漁》劇可以說是直接觸碰到了解香港文化身份問題時不可迴避的一種「感覺結構」，也就是對不少香港人來說，他們的殖民經驗是：「無論如何，殖民地香港比不斷讓殘酷、動盪的事情發生的中國內地都來得要好」。移居者經驗與殖民城市的經驗，兩者相互糾纏。

如果說，反殖反帝的那類後殖民評論把《暴風雨》化約為「溫和妥協」與「激進抗爭」之間的對抗，進而將前者籠統地低貶，將後者一般地神聖化，那麼《漁》劇所據的香港殖民經驗就展現了除激進反殖抗爭之外，至少幾種性質不同的屈從。其一是

純真的盧亭，他對殖民者及其文明開化計劃的誤認，只有無情反諷的經驗才能使他慢慢走向醒覺；其二是對殖民主人前倨後恭的新界鄉紳，他們無心反抗，卻等待被收編，最終只認同有治理能力的強者；其三是與英人勾結，卻心懷鬼胎的那個犬儒而冷酷的買辦黃先生，這類人按機會而買賣忠誠，與殖民者勾結、分沾利益，但他們並非盲目、沒有見識的附庸，而是懂得左右逢源的機會主義者。而另一邊廂，《漁》劇中售賣革命獎券和不能兌現的革命承諾的「孫大砲」，和暫只以隱於背景的形象出現、還未在本集正式現身的「北方赤黨」，都可以被解讀為卡力班式反抗的濫觴。他們與買辦勾結者黃先生及那些俯首聽命、樂於加入分贓共謀的殖民結構的新界鄉紳們，雖然政見相異，但都只是把革命反抗變成骯髒的人類政治遊戲。漁港始終都困在勾結共謀的殖民架構下。只有盧亭這個半人半魚的角色，能夠提供一個非以人類為中心的殖民主義批判。

後人類主義的殖民批判

莎劇《暴風雨》中「非人類」的精靈角色愛麗爾，因為擁有從自然習來的魔法，並沒有人類追求當自己土地主人的欲望，所以反殖主義的評論家僅僅將她視為被殖民者普洛士帕羅所利用的資源，她的不識反抗被等同為奴性馴服。但這種解讀卻抹煞了精靈作為野蠻世界中「非人類」的獨特視角，以及這種獨特視角對人類世界關於侵略、佔有、控制、權位與貪婪的潛在批判(這類經典的批判往往被後殖民的莎劇評論貶抑為缺乏政治觸角的人本主義評論)。可供對照的是，《漁》劇中盧亭乃半人半魚的生物，也未有完整的「人性」。在他通過進入人類「歷史」和「殖民」文明的「教化」而成長的「主體性」當中，也仍帶有那種「非人類」對「人類」的審視和批判性距離。

對於人類文明中的財產擁有、土地主權等觀念，盧亭帶有純真的一知半解。他的早年如愛麗爾一樣以為總督(如普洛士帕羅)成功後帶給他享用自由的機會，但他後來「學曉了詛咒」並付諸行動。可是，他無法理解「人類」的政治邏輯，為甚麼承諾會落空？為甚麼會有政治交換？為何上帝面前人人平等的道理，最後又變成殖民管治的治民之道？他身上帶着的「魚性」，以及關於自身「魚－人」族群的歷史記憶，呼喚他不要忘記人類世界的殘酷。他體會到人的道理、人的宗教，並不是他、與哺育他和其族群以及其他非人類之物(海灘、月光、星星、螃蟹)所應該分享的，於是他決心繼續追求大魚山的「自治」。那裏，讓萬物共生的「自治」理想，既不是無條件地仰慕而崇拜殖民者帶來的「文明」，也不是訴諸人類政治世界中要以暴力重奪「主權」的「反殖革命」，而是要追問這些人類世界發明出來的政治範疇，是否仍然保有眾生追求自由自主的初衷。

關於盧亭人身上集合了人和魚特質的想像，存有不同的版本。一說盧亭人本為魚類，後上岸變成人，一說盧亭本為人類，下海生活久了，身上長出鱗片和尾巴等魚類象徵。在舞臺上，盧亭是頭戴着巨大魚頭道具的人身，按香港劇評人鄧正健的解讀，此形象喻意香港人生而為人，卻選擇跟遠古的魚類祖先相認。這呼應了近年在香港流傳甚廣、用以解釋何謂真正「本土」的話：「與被壓迫祖先相認」[16]。於是，「魚頭」此器官所「體現」(embodied)的是一段古代天朝大地上漢人排斥「他者」而造就的人魚共活，共處生成，創造新的生命形式的歷史。這種在「混種的動態」(hybrid dynamic)中生成的盧亭人，在其後主體性成長過程中提出的「自治」，也絕非僅是一種退守和自我孤立的浪漫主

16　鄧正健(2016)，「一切(盧亭)歷史都是當代史——《漁港夢百年》第二部曲後的本土懸念」，國際演藝評論家協會(香港分會)網站。http://bit.ly/1ruDz7x ，2016/06/19瀏覽

義，因為盧亭人的「魚性」，無論作為記憶、想像，還是行為習性，它所連繫的都不只是世外桃園般的和諧大自然，而是嚴酷殘忍的「自然–文化」(nature-culture)生態環境在盧亭「人身」上所留下的烙印。[17]

事實上，爭相聲稱誰是先佔土地誰就應該是主人的人類政治，並不是大自然本有的秩序，而是現代性(特別是殖民現代性)法權觀念暴力陰暗的一面。卡力班從主人普洛士帕羅學會了詛咒，也暗示永遠被困禁在主人留下的詛咒語言中。追求自由、樂於精靈這種生命形式的愛麗爾，對焦躁地要密謀打垮普洛士帕羅的卡力班而言，的確是幼稚討厭，壞其造反大計的「非人類」。在後殖民評論家設定的閱讀框架下，對受殖民文化教化的知識分子來說，只有選擇做愛麗爾還是做卡力班，但一如薩依德(Edward Said)在《文化與帝國主義》(Culture and Imperialism)一書中說[18]，除了選擇順服地與主人合作，等待重獲自由之後才回歸本土的愛麗爾，也有兩種不同的卡力班：一些不顧自身已是何等混雜，仍然大步向前；一些重尋未受殖民汙染的自身文化，去掉奴性。但薩依德說，兩種卡力班之間需要互相滋養提攜，但同時也要警惕排外主義和沙文主義[19]。他述及不少思想先驅，例如泰戈爾(Rabindranath Tagore)和杜波依斯(W.E.B. Du Bois)都曾指出，縱然反帝國族主義往往使人認識到自己與其他受壓迫者存在共同命運，但種族觀念和國族主義都有潛在的危險。逃離這個困境的方法，就是像法農(Frantz Fanon)所說，既要反抗殖民，也要警惕國族主義思想的僵化，進而讓每個受壓迫民族的人都認識到，自

17　盧亭人傳說中的人魚共活共生而演化出半人半魚的生命形態，呼應了唐娜・哈洛威(Donna Haraway)的「與之生成」(becoming-with)的概念(Haraway, 2008)。這種後人本主義指向正面看待跨物種的連結，更敏感地確認「他者之在自身中間」，人種之內在已包含多樣物種。

18　Said, Edward (1993), *Culture and Imperialism*. London: Chatto & Windus.

19　*Culture and Imperialism*, pp. 256–258.

己的受壓迫是所有其他受壓迫的男男女女受壓迫歷史的其中一部分，以及了解自身受壓迫的社會和歷史條件的複雜真相[20]。也就是說，文化抗爭運動的解殖課題，不單要求回復被帝國暴力所摧毀的完整歷史，也要使反抗不單只是針對帝國主義的一種回應，而是要以跨越文化之間的藩籬來重構出路，進而以一種人類全體解放的整全觀點來超克區隔性的國族主義。

薩依德和法農預設了對壓迫經驗的同理心可以帶領不同民族不同身份的人找到克服人類之間差異的方法；可是，反殖運動是促進還是減弱這種同理心呢？也就是，如何在排除異類以確認自身的認同政治主導下，實現人類全體解放的整全觀點呢？

或者，換一個角度來說，在我們期望人本主義的同理心構想可以幫助尋找一個人類整體解放的願景前，我們不是應該更清楚，殖民主義正就是一種以人類為名，將被殖民者不斷低貶為「非人」的權力制度嗎？殖民主義不就是以殖民主自身的形象作為「人」的定義而「排斥」其他人為「次人」、蠻夷，甚或禽獸嗎？而這種夷夏之別，「文明」與「野蠻」的層級化，不也是一種非西方專享的人類中心主義，甚至物種主義(speciesism)嗎？……所以，所謂整體人類解放的視野，亦只有透過進一步解構人本主義和殖民主義的(潛在)共犯，才能有實現的可能。

《漁》劇以半人半魚的盧亭形象，以一個並未進化至完全融入人類世界、族群歸屬曖昧不明的神話生物來審視香港的殖民過去，以及國族、革命等人類政治現象的反覆和詭詐，正好就是在殖民/反殖民批判之上再後設一個人類文明的批判，也即一種「後人類主義/後人本主義」(post-humanism)的批判。在反帝、抗殖意識增強積極能動的主體性的同時，超越人為的國族及文化界限，以開拓和安放更為寬闊的人類整體解放的視野。這種從人類殖民權力下解放的視野，並不滿足於正統「反殖論述」中的「人

20　*Culture and Imperialism*, pp. 259–261.

本中心」思想，以人本主義證立反殖事業，以「人」作為「主權主體」來想像讓「受壓迫人民站起來」，而是應以「批判性後人本主義」(critical posthumanism)的視野，在肯定反抗的價值和重視能動力量(agency)的同時，解構各種人與非人(non-human)、人與次人(sub-human)、人與環境等等的對立，並且警覺人本主義或人類中心主義內含的排他性。因為這些都是支撐殖民主義、種族主義的基礎。[21]

　　如果説《暴風雨》中，反帝反殖的後殖民評論為了拉抬卡力班的反殖英雄形象，卻輕輕放過了西考拉克斯對非人類的精靈的暴虐，和這種暴虐對愛麗爾的傷害，其實正是這種反帝後殖民評論仍然困囿在人本主義的盲點所在。而對莎劇的解殖的閱讀策略，應該進一步指出莎劇文中如何可以了解那個更複雜的殖民處境。問題不在於為莎士比亞的正統人本主義解讀傳統翻案，反而是要開拓後人本主義的意義空間。解殖是要處理殖民處境的複雜性，而非單純學舌於東方主義的批判，複製西方主義。[22]這種對殖民處境複雜性的深化認識對追求後殖主體性的香港人來説尤其重要，因為他們需要一種高於土著主義(nativism)、部落意識(tribalism)的文化價值，他們不能只是師法卡力班，因為他們的主體性正在被高舉「民族」意識的卡力班們所否定。

總結

　　黃國鉅這部劇作，展現了一個重新探討香港殖民經歷的文本空間，把過去受中國民族主義主導的歷史敘述中被忽視和遮抹掉的香港獨特歷史經歷呈現出來，把香港殖民經驗當中各種充滿張

21　Nayar, Pramod K. (2014), *Posthumanism*. Cambridge: Polity.

22　布魯瑪、馬格利特(Ian Buruma and Avishai Margalit)著，林錚顗譯(2010)《西方主義‧敵人眼中的西方》，臺北：博雅書屋。

力的、異質的殖民關係鋪陳出來，帶來一個閱讀和研究香港史的不同角度。一方面，《漁》劇拒絕了殖民者歷史觀中香港由一個小漁村漸次發展成一個國際大都會的故事；但另一方面，《漁》也顛覆了中國國族主義的「遊子歸鄉」/重拾國族身份的故事。

自不待言，黃國鉅這部劇作也是回應着過去幾年在香港重新被探討的解殖問題，和方興未艾的香港本土意識(以及對應着的本土政治及文化運動)。不過，與不少時下本土論述充滿的「戀殖」色彩不同的是，《漁》劇並沒有為了逆反中國民族主義下的香港歷史敘述而美化殖民時期為一個香港發展的黃金時代，相反地，《漁》劇是脫離了把殖民者和被殖民者作二元對立處理的一個「後殖民」文本，指向更加細緻、和更具寬廣視野的「解殖」要求。而與此同時，《漁》劇也超越了九十年代香港後殖民論述中以離散者(diasporic)視角去探討文化混雜性(hybridity)的問題意識，這類研究往往以香港文化身份的「跨國性」(transnationality)作結。與這些後殖民討論有異的是，黃國鉅在《漁》劇中將香港「本土性」問題置放在一個多重張力的的脈絡底下，對香港獨特殖民經驗中的複雜權力關係做出深入的叩問。如果進步的本土主義運動，必需要內含一種直面香港歷史過去的解殖意識，而非把香港的殖民過去任意解讀挪用，或者避而不理，那麼黃國鉅《漁港夢百年》第一集正是為這種具解殖內涵和抱負的本土主義，在文藝創作上做了一個別具新意的示範。

附錄

人魚兩忘，創造自身，重尋希望
——簡評《盧亭夢百年終章》

　　天邊外劇團於2019年9月在牛棚藝術村演出了《盧亭百年夢終章——絕望與希望》，這是該劇團繼2014年推出《盧亭》以及《漁港百年夢》的三部曲之後，又一齣以本土神話人物「盧亭」為主角的劇作。《漁港夢百年》的三部曲執意於要為香港歷史發展建立起一個類近「民族神話」的敘事，探索的是香港人身份之謎：由第一部的「初入夢鄉」、第二部曲的「噩夢連場」，以至第三部曲的「大夢初醒」，都刻意貼近香港或遠或近的過去，透過戲劇手法述說一個「歷史寓言」，以期這個歷史寓言可以提供一個視角，讓我們(香港人)可以在理解自己的過去中觀照當下現實。

　　三部曲走到最後，盧亭人發起大魚山獨立運動以失敗告終，盧亭自斷手腳回歸大海重新做一條魚，有觀眾認為過份悲觀消極，意境太過蒼涼。今回的編劇索性重回如夢的時間混沌，放棄編年史式的線性敘事，重訪盧亭神話未能確定的「起源」——第一幕寫本已重新為魚的盧亭於滿目瘡痍的生存絕境下，應否拯救被困於瀕死母魚體內待產魚籽的生命，下接第二幕寫東晉盧循起義作亂逃至廣東投海的逃犯傳說。前者寓意在倫理抉擇下，魚做回人，重新長出手腳，後者乃是神話的另一版本：盧亭非由魚變人而是由人變魚。

　　「起源」的故事不再確定，決定「未來」發展的既不是「進化」的規律或者歷史的趨勢，而是向各種可能都開放的幕幕片段

式的場景。觀眾按抽籤被分成兩組，一組看見抗爭成功，大魚山出現「民主轉型」；另一組看見抗爭失敗，極權體制肆虐。有趣的是，兩個場區互相分隔，直至最後兩幕，演員始在兩區之間穿梭演出。觀眾亦被邀請離座，在表演場內自由如水般流動，融合到整個表演當中，分享如詩入夢的意境。

這種非線性敘事的形式有多重含義。其一是逆反了上幾集一直沿用的「歷史寓言」的線性史觀，令觀眾強烈的感受到所謂「未來」並不是由「過去」所決定，而是充滿了不確性和偶然性。而更有趣味的是，這些關於「未來」的想像，其實並沒有十分清晰的令人感到「極為興奮」或「全然絕望」的差別。

例如，「勝利」想像下，沒有真正選擇的選舉制度流於形式化，變質為無聊的形象與性格消費；盧亭族的文化沒有被好好保育，反流於成為觀光對象；盧亭人被壓迫的歷史還有不少人類否認其責任；左與右的派別對立仍然使社會撕裂，各派同床異夢等等。概而言之，「民主戰勝」的未來遠非一個完美樂園。相比之下，革命「失敗」使極權橫行無忌，人身與記憶隨時被消失；洗腦教育、語言空洞變本加厲；尚有獨立思想的人會被周圍已「犀牛」化(暗指尤內斯庫Ionesco的荒誕劇)的人所包圍，乃至犬儒態度大盛，眾人像狗一樣去嘲笑人竟然有理想、竟然有所堅持等等。

不過，無論環境多麼惡劣，少數清醒的盧亭仍然能夠喚起「魚比人強」的生命本能，甚至於會放棄把人類變得日益軟弱、自欺與虛偽的思想與語言。但是，當狗群嘲笑盧亭竟然去學做人，追求與溫飽無關的自由時，曾經進化為人的盧亭又會站出來為人類辯護，因為只有人才會有為追求非物質的東西而努力、奮鬥、挫敗、再奮鬥以至勝利的獨特經驗。

顯而易見，人是高於動物的，但亦比動物脆弱。盧亭處於人與動物之間，既能體會人類之優秀，亦能洞察人類的局限。它被人類文化改變過，也像其他人類一樣受人類弱點所害，但倒退成

為動物並不是他的出路，而是要創造新的生命形式，一種比人類更高的生命形式和價值。

劇的最後兩幕，被分隔的場區重新合一，重新回到起義者盧循成為逃犯被官兵追殺而跳河的場景。跳入河之後已幻化為半魚半人的他只露出魚頭，大聲嘲笑追兵們只懂得國家、朝廷、王法、追逐升官發財、榮華富貴，卻不懂得自由為何物，希望全世界都像他們一樣變成奴隸。露出水面的魚頭更高聲宣示，這個小島一百、一千年後都會是個逃犯天堂，張開雙臂歡迎朝廷欽犯、異見分子及所有熱愛自由的人。劇場的虛擬空間與劇場外的現實近乎完美地縫合，坐實了導演所言的使此劇成為當下運動的一部分。

不過，令得這套《盧亭夢百年終章》有別於一般政治宣傳劇的是，它帶出來的藝術想像其實正是現實政治中往往欠缺的倫理反思與想像空間。最後一幕和第一幕互相呼應，回到那個盧亭不斷掙扎於應否在生存絕境中仍然救出魚籽的場景。這場景中所展示的倫理困惑，直逼魯迅在《吶喊自序》中那個「應否打破鐵屋子」的經典象徵。然而，在盧亭故事底下，這個在絕望中應否呼召集體反抗的經典困境，給移置為使魚重新長出手腳再當人類的契機，而激發這種使盧亭「再人化」變異的是「尊重他者生命意志」的倫理責任，而這種倫理價值是「人性」在盧亭身上不可磨滅的印記。

呼應着上一幕「由人變魚」，這終末一幕「由魚再變人」，「人」與「魚」之間原先的差異，在生命形式的辯證之後已經不再穩定，而是互為補足，互相滲透，靠近人魚兩忘的境界。就哲學而言是預示一種新的生命形式的誕生，開創全新的歷史篇章，就戲劇角度而言，也是對上一集盧亭自斷手腳的一幕是否過份悲觀的一種強力的回應。

綜觀天邊外劇場這系列的盧亭故事，「魚」(或「魚性」)的象徵，在三個層面上起作用。其一是比喻為來自自然的自由本

性；其二是轉喻為香港人的族群性標記；其三是一種可稱為尼采意義上的「後人類視角」，亦即在論述與對詰的層面上作為「人性」對立面的反思角度，既衝擊亦挑戰人類種種異化了的(包括語言、文化及政治)制度形式，要求從種種教條、規範與束縛中讓生命意志得以被尊重和解放。這種解放是嚮往自由的，但並不是虛無主義的，因為它以尊重生命意志為前提，在人性的軟弱與虛偽中堅持與超越既有的人性形式，在價值的廢墟中重建新的價值。

在天邊外所塑造的盧亭神話世界中，上述三者是一體三面，互為前提，缺一不可的。因為，只有結合了三者才能真正創造不一樣的「香港人」身份，不再是把自己看成是「半人半魚兩不像」的怪物，或者只是一種文化雜種，而是自覺地，反思地在滿目瘡痍的困境中仍然掙扎，能進能退地在絕望的廢墟中以創造自身，重新發明自身來找尋希望。

從韓戰管窺香港的冷戰文化

　　1950年爆發的韓戰，舉世公認是「冷戰」的開端。美國和蘇聯之間為了瓜分世界，把世界劃分成兩半。一邊是「自由主義陣營」，另一邊是「共產主義陣營」。兩個陣營之間在軍事、政治、經濟和意識型態層面上持續對抗，使全世界長期處於二極對立狀態。這種二極對立的現實，也在思想和意識上造就一種二極對立的思維，無視現實世界裏存在着的多樣性和模糊性。這種二極對立的思維，在冷戰時期成為主導的世界觀，主宰着日常生活。甚至在今天的所謂「後冷戰」世界，也仍然支配着人們對複雜政治現實的分析，以及如何尋求真正超越冷戰框框的努力。

　　近年來東亞批判思想學界對冷戰和冷戰後的亞洲經驗和亞洲想像，掀起了熱烈的討論和研究的興趣。在說明「冷戰結構」對東亞仍然具有分析意義和政治判斷意義的時候，二極對立的思維仍然不時干擾着我們的思考，將亞洲政治版圖輕易地劃分成不是屬於「自由主義陣營」的一方，就是屬於「共產主義陣營」的一方，又或者把亞洲社會力量或思想分佈的地形，簡單地歸類為不是「親美反共」就是「反美親共」。本文以韓戰前後的香港作為研究對象，說明簡單的二極對立的「冷戰」圖式，並不能幫助我們了解香港複雜的文化政治。相反地，韓戰和冷戰對香港的影響，應該同時考慮以下的因素：

1. 冷戰中的美蘇對抗與複雜的英美盟友關係
2. 英國對香港的「非政治化」殖民政策
3. 國民黨與共產黨之間對抗
4. 香港對中共的特殊價值

這些因素各自有其獨特的歷史條件和特殊的規律，不能簡單化約到同一個歷史總體中去。本文認為，只有同時考慮這晚幾項因素在歷史中展現的特殊性，才能全面掌握韓戰和冷戰大環境在香港獨特的歷史場合(conjuncture)底下，如何多重地決定着(overdetermine)香港在韓戰期間及繼後的冷戰年代的發展。

「東方柏林」與冷戰結構論

以冷戰的二極對立的模式去了解香港歷史的情況，一直存在於大眾話語及簡單的歷史書寫當中，例如馮仲平所編著的《英國政府對華政策 1945–1950》一書中，就曾引錄當時英國外相貝文(Ernest Bevin)向美國國務卿艾奇信(Acheson)表示「英國預備將香港變成東方的柏林」，他們也曾表示過，在必要的時候，決心令香港變成在遠東抵抗共產主義擴張的據點。[1] 而美國歷史學家Nancy Tucker，也曾在她的著作《不穩定的友誼：台灣、香港和美國 1945–1992》中，引述美國第七艦隊總司令Arthur Radford的說話，把香港描述成「民主的堡壘」。[2] 而美國總統艾森豪也曾兩度在致英國首相邱吉爾的信函中，答應如果香港出現敵對狀況，美國也會和英國站在一起。上面的這些歷史敘述，往往把側重點放在那些被提及的「冷戰修辭」，例如「民主保壘」、「東方的柏林」等等，雖然這些辭令其實是不盡不實(例如香港從來就沒有甚麼像樣的民主制度)，但它們常常被引伸為充份的證據，說明英國和美國有了冷戰的共識，要以香港作為反對共產主義的基地。

毫無疑問，韓戰發生的時候，英國是美國的最堅定盟友。因

---

1   Feng, Zhong-ping (1994) *The British Government's China Policy, 1945–1950*, Keele: Ryburn.

2   Tucker, Nancy (1994) *Uncertain Friendships: Taiwan, Hong Kong, and the United States, 1945–1992*, New York: Twayne.

為當時工黨的艾德禮(Clement Attlee)政府內有不少堅強的反共分子，例如外相貝文就認為蘇聯是戰後西方利益的最大威脅。但英國人也認為，冷戰的主要戰場在歐洲，所以不應在亞洲輕啟戰幔。而憑藉他們與中國長久打交道的經驗，也並不認為可以簡單地把中共視為受蘇聯指揮的傀儡。事實上，英國對華的外交政策，也並沒有太受冷戰思維的影響。英國早在1950年1月，就承認了中華人民共和國。

韓戰的突然爆發，令英美措手不及，但同時也把兩者的判斷分歧拉近。雖然英國對戰爭的規模、範圍是有保留的，對英國參戰的模式也傾向保守，但在美國的努力遊說下，英國為保持與美國的合作關係也積極參戰。在1950年7月，英國就率先派一旅軍隊在聯合國的名義下進入韓國作戰。在8月底，更從香港派遣兩個步兵營遠赴釜山。而韓戰期間，先後在韓國服役的英軍共計超過九萬人。[3] 不過，縱然英國是積極的韓戰參戰國，而香港當時受英國管治，但英國卻小心地避免香港捲入韓戰，而事實上香港亦並未有真的成為「東方的柏林」，或者美國冷戰戰略下反共的基地。

英美聯盟，各懷心事

英國一方面要支持美國，但另一方面也小心翼翼地處理英國和中國共產黨的關係。英國之所以這樣步步為營的原因，當然是二次大戰之後的英國和美國，各自有着不同的策略考慮和利益盤算。一方面，雖然作為戰勝國，英國從日本手上收復了香港、馬來西亞等殖民地，但英國在二次大戰之中的確元氣大傷，無復當年強勢。戰後東南亞的民族主義運動急劇升溫，英國的戰略目標是確保美國在東南亞可能出現的動盪中，會支援英國保護它在

---

3   http://bbc.in/VQjuIo，2013/02/12瀏覽

這些殖民地的利益，所以極需美國的支持，英國參與韓戰就是要換取這些支持所付的籌碼。但與此同時，英國在遠東並無足夠的軍力應付另一場大規模的戰爭，所以，英國也要極力避免讓美國當時在麥卡錫主義支配下那種強烈的反共情緒，打亂了英國人自己在殖民地的戰後部署。

所以，英國一方面在韓戰期間支援美國，也往往在美國人面前操持同一套冷戰修辭，表示與美國站在同一陣綫，以換取美國人對共同防衛馬來西亞及香港的承諾，可是這些承諾卻從來沒有化成具體的盟約。而針對香港的具體情況，英國人也不會高調地把香港推到冷戰對抗的前綫，在香港引發更大衝突，弄至局面無法收拾。[4] 在這樣複雜的盤算底下，出現了一種非常吊詭的情況：英國一方面支援美國參加韓戰，甚至在戰場上和渡過鴨綠江支援北朝鮮的中國軍隊互相撕殺，兵戎相見，但韓戰並沒有把香港變成反中共的前綫。英國雖然仍然透過比較緊密的方式在香港箝制共產黨的活動，例如比較嚴苛的電影審查，取締從事政治活動的學校，和強迫社團登記等，但同樣的措施也用在反共的親國民黨勢力身上。只要他們依據香港法律，英國亦沒有意圖取締共產黨在香港一如既往的活動，因為英國要在中共和美國之間，謀求達成一個微妙的平衡狀態。

很能說明香港的英國當局如何周旋於與美國和中共兩邊的尷尬位置的，無疑是中國民航事件。[5] 事緣中共政府在1949年11月正式接管了中國民航公司，並向港府要求移送七十部在國民黨自大陸撤退過程中，駛到香港的民用飛機。然而，中國民航公司以往是一所親國民黨的公司，而該批飛機原初也是由美國人那邊租借過來。為免這批有戰略價值的物資落入中共手中，也為免投資化為烏有，美國方面極力向香港政府遊說不要把飛機移送大陸，

---

4   見麥志坤(2018)《冷戰與香港‧英美關係 1949–1957》，香港：中華書局。

5   陸恭蕙(2011)《地下陣線‧中共在香港的歷史》，香港大學出版社，第五章。

並威脅如果飛機判歸中共，美國會考慮切斷馬歇爾戰後復元計劃(Marshall Plan)對英國的援助。當時總督葛量洪(任期1947–1958)為免得失雙方，建議中、美雙方可以在港進行訴訟，以決定飛機擁有權。雖然香港的法院最後裁定飛機由中共所有，但美國政府十分不滿，美國國務院更向倫敦方面施壓，最後英國屈從於美國的壓力，透過樞密院(Privy Council)為此下了一道樞密令，推翻香港法院原有裁決，飛機於是在1952年最終移送美國，雖然事件令港督葛量洪十分不快。

另一件類似的事件是，一艘二戰期間被盟軍在台灣高雄擊沉的萬噸日本油輪，被一間中國公司拖到香港黃埔船塢維修並準備駛往中國。修好之時剛好是1951年，韓戰正打得火熱。美國認為它會令中共軍用運輸能力增加，威脅在韓作戰美軍的安全，因而向英國施壓，務求禁止中共獲得此油輪。英國內閣向美國屈服，下令徵用這艘船。但同時英國亦一口拒絕台灣方面提出要購買這艘船的要求。顯然，英國雖然和美國站在韓戰戰場的同一陣線，而美國因為冷戰需要而扶植在台灣的國民黨，但英國並不願意與國民黨之間有任何過份親善的關係，以致它要進一步和中共對抗。

港英的「非政治化」殖民策略

在韓戰期間，英國拒絕讓香港成為美國反共鬥爭的前綫，其實是上承近代以來英國在香港的施政傳統。這種讓香港維持一種不干預周邊地區政治的中立政策，並沒有因為韓戰的爆發和冷戰的對抗而有根本的變化。因為英國主要的目的是維持香港作為一個自由貿易的商埠，而一個被捲進嚴重政治鬥爭的香港，對英國並無好處。事實上，這項不容香港捲入中國政治漩渦的中立政策，可以追溯至十九世紀晚期，即清朝末年。當時孫中山以香港作為其中一個策動推翻清廷的革命的地方，但遭到英國方面的警

告和反對。英國殖民地部的大臣駱克(Stewart Lockhart)就曾親自致信孫中山,表明「本政府雅不願容許任何人在英屬香港地方組設策動機關,以為反叛或謀危害於素具友誼之鄰國」。[6] 而在民國初年的動盪歲月,不少香港華人和他們當中的社團領袖,都或多或少地熱烈地參與到中國政治中去,當年香港政府亦就此向華人領袖發出警告。

戰後香港總督曾經先後把英國對中國問題的中立政策解釋過。葛量洪(Grantham,任期1947–1957)就認為,英國只有在所有與政治意味有關的問題上維持嚴格的法制原則和中立原則,不涉政治,這種立場才能最為有力。相反的話都會令英國在外和在內都變得脆弱。而繼葛量洪任香港總督的柏立基(Robert Black,任期1958–1964)也曾聲言無意容讓香港被利用為針對中國的敵意行動的基地。而無論任何時間,無論來自哪一個方向的顛覆性行動,一旦發現都會被果斷地鎮壓,警察會保持中立。

不過事實上,在民國的數十年間,這項將香港和中國內地的政治隔絕的做法,未必完全成功。而在1925–1926的「省港大罷工」中,中共亦曾經直接的挑戰港英政府。然而,自此之後,國民黨和共產黨都未有再次作出太大的動作,去動搖香港政府刻意保持香港「中立」、「平衡」。而自1937開始,因應日本侵華而出現的新形勢,英國一方面宣佈香港是「非戰區」,取締公開的反日活動、審查反日報章,但另一方面,自1938年起亦默許中共在香港開展工作。[7]

就是由這個時候,中共開始利用香港對藝術家、作家、電影人進行積極的組織和統戰工作,成為日後中共駐港工作系統的雛形。[8] 而雖然國民政府在香港常常面對共產黨對自己的攻擊,但

6　莫世祥(2011)《中山革命在香港(1895–1925)》,香港:三聯書店,頁90。

7　陸恭蕙(2011)《地下陣線.中共在香港的歷史》,頁66。

8　直至日軍佔領香港,中共的組織系統轉為地下統領對日的游擊戰。抗日勝利

也接受只要這些中共搞的活動符合香港法例，香港政府並不會橫加干預。及至中國內戰爆發，共產黨更為積極地利用香港作為對華南地區宣傳及其他工作的中心，並以「新華社」(即新華通訊社)香港分社的名義作為中共駐港的實質代表機構公開運作。有趣的是，雖然當時中共正與仍是正統的「中華民國」政府軍作戰，但當時的新華社社長喬冠華也曾私下表示，中共歡迎英國政府重申，不會容許香港成為一個反對中國政府的基地。

國共鬥爭與左派文化的擴散

國民黨與共產黨之間的鬥爭，始自孫中山死後蔣介石放棄「聯俄容共」的政策而進行清黨。中日戰爭曾經一度促成國共合作，但抗日戰爭後立即轉成國共內戰。香港雖然不是軍事上的戰場，但也是兩者交鋒的地方。隨着1949年的臨近，內戰愈趨激烈，香港社會亦急劇分化，沿着國共兩黨而分裂成「左」「右」兩個對峙的系統。不單報章分成左右兩派，工會、學校、文藝社團、電影、體育……等各界都分成左右兩派。呈現一個雙峰對峙的局面。而英國人對此一直袖手旁觀。

1949年中國內戰形勢急轉直下，漸漸分出勝負，蔣介石領導的國民黨政府不斷敗退，他們在香港和東南亞華人地區的宣傳工作上亦見頹勢。香港市面上佔有壓倒性的優勢的是親共的宣傳。而原來親國民黨的「右派」組織和機構亦見人心渙散。相反地，愈來愈多的人支持親共左派。再加上因為中國內地國共鬥爭愈趨激烈，不少大陸屬左派的文化人受到國民黨迫害，紛紛南來香港避難，一時之間，香港的左翼文化界變得非常熱鬧，左派文化活動亦見蓬勃。他們透過各項文化事業單位，例如報紙、雜誌、書

後，中國內戰隨即爆發，中共繼續利用香港作為訓練游擊戰士的基地，但重點還是在於推動宣傳、組織和統戰工作。

局和電影院等，積極地進行反國民黨的宣傳和宣揚革命。

就以電影為例，據電影人許敦樂的研究，從1946–1953年間，親共的南方公司就香港發行了一百部蘇聯電影。在這幾年之間，大量由大陸逃來香港的左翼文化人大力宣傳推介蘇聯電影文化，形成一時風尚。蘇聯電影在香港放映，有力地挑戰了之前受荷里活電影和英國電影支配了本地電影放映市場的局面。當時放映的蘇聯電影題材廣泛，有戰爭片、文藝片、神話片、歌舞片、紀錄片等，當然也少不了政治宣傳片，例如歌頌斯大林事跡，描述革命英雄和婦女如何登上政治舞台等題材的電影。當其時香港的電影審查，主要針對中國電影，對蘇聯電影則比較寬鬆，因為香港政府認為觀眾對蘇聯情況比較隔膜，而且觀眾多局限在知識界和文化界。但在韓戰爆發之後，帶有政治題材的蘇聯電影亦往往被禁映。在中國內戰高潮及韓戰的這幾年間，香港蘇聯電影的突然冒升曾經令荷里活的影商和反共的人士感到威脅，認為共產黨的宣傳開始危及荷里活的陣地。為此他們相互傳遞訊息，要求反共人士警惕。[9]

事實上，在1949政權轉移的前夕，左派的文化系統在香港已頗有規模和相當的影響。為了進一步加強中共對香港工作的領導，中共更在香港設置黨的支部組織「香港工作委員會」(簡稱「香港工委」)，統領各門各類報刊工作和文化工作，為各階層不同文化背景和閱讀趣味的人士辦報紙和雜誌：由政治大報、文人雜誌、兒童刊物、文藝創作及評論等各式各樣的「親共/愛國」報章。除此之外，中共領導底下的「左派」還有一批數量相當的「愛國學校」，一個擁有會員達二萬多人，「能量頗大」的「工聯會」及其下大量屬會，幾十個在音樂、戲劇、文學、藝術等領域活躍的社團和青年組織。它們的影響力主要在工人、青年

9　　許敦樂(2005)《墾光拓影》，MCCM Creations。

和學生中間，也在商界和漁農領域有頗大的潛在力量。[10] 雖然自始至終，香港親中共的「左派」力量在殖民時期的香港都只是一個「非主流」的少數。

美國新聞處與文化冷戰

為了因應中國政權易手，和韓戰爆發的急迫形勢，美國在1950年開始透過美國新聞處的介入，打破了親共宣傳一面倒的局面。一方面，香港的美國新聞處，組織一系列針對東南華人的冷戰反共宣傳計劃，當中包括出版(原名《今日美國》)半月刊，作為美國政策的官方喉舌。它解釋美國的外交政策，報導「自由世界」的新聞、中國大陸的發展。這份半月刊的內容，也包括不少文藝、娛樂的文字與圖片，每期發行十五萬份，超過一半在香港及台灣銷售，其餘透過東南亞其他地方的美國新聞處送贈。另一方面，美國新聞處也組織翻譯、出版、印刷和購買本地出版物送往東南亞其他地區的活動，支撐反共刊物的出版，使香港短期之內扭轉局面，成為出版中文反共書刊最蓬勃的地方。香港的美國新聞處，也集中相當的人力，在香港搜集中共大陸的情報，匯集成篇，整理分析，並譯成英文，向世界其他地方針對中共的宣傳進行反宣傳，這就是所謂「匪情研究」。[11]

美國新聞處的「文化冷戰」計劃，剛好符合了因為在1949年政權易手前後，因為逃避共產黨上台而南下香港的大批政治及經濟難民。這些逃難者大量來港，與1949年之後大量「左派」文化人嚮往「新中國」而「北歸」，形成強烈的對比。這種一往南，一往北的雙向遷徙，大大地改變了香港的文化政治生態。「反

10　周奕(2002)《香港左派鬥爭史》，利文出版社。

11　趙綺娜，「一九五〇年代的香港美國新聞處：美國在亞洲之反共宣傳政策研究」，台灣國科會專題研究計劃成果報告(2005年4月)。

共」的右派文化力量，獲得了迅速的提升。美國在香港的「文化冷戰」計劃，亦以針對這批反共的難民社群需要而開展。美國新聞處以雄厚的資金，支援反共刊物的出版，為不少反共文人提供生計。美國為收集大陸情報，也大量依賴由逃港難民提供資訊，和中共狀況的分析，因而亦使香港成為「匪情研究」的中心。

由美國新聞處直接主持的文化冷戰計劃，目的是宣傳「自由世界」的正面訊息，以抵制那些醜化西方世界的親共宣傳，以及揭露中國在共產黨掌權之後的黑暗面貌。這是符合美國的冷戰戰略考慮和利益。因為韓戰而使美國有必要鞏固亞洲的反共防綫，因此逃到台灣的蔣介石政權亦成為美國支持的對象。因此之故，美國新聞處對西方自由、民主世界的宣傳，也要夾雜對位處台灣的國民黨政權的辯解和讚頌，因為美國人當其時所承認的是國民黨政府代表的「自由中國」。美國新聞處當其時的立場是要求東南亞反共的華人團結支持「自由中國」，因為它仍是「反抗共同敵人的象徵」和「保護真正中國價值的守衛者」。

可是，當其時香港的反共難民當中雖然反共，但他們有不少也是蔣介石的批評者，例如當時一些「既反共，亦反蔣」的「第三勢力」，他們在反對共產主義之餘，亦不斷攻訐蔣介石政權。但為了「保蔣反共」的冷戰政策，美國新聞處亦透過經濟手段，誘使這些「反蔣」的刊物停止出版，以使文化領域減少批判國民黨的聲音。美國新聞處所代表的美國冷戰政策，自然亦令香港當時不少的反共難民難以認同。他們漸漸認識到，美國雖然強大，但反共政策搖擺不定，美國利益也難與華人的利益一致。所以寄望美國的反共政策能令他們重返大陸也是十分渺茫的希望。及至一九五〇年代中期，美國新聞處的官員也曾表示，要令人們接受美國的亞洲政策和行動非常困難。[12]

12　趙綺娜，同上。

保蔣反共，困難重重

事實上，由美國新聞處親自主持的文化冷戰計劃，也因為英國與美國是抱有不同的對華政策而困難重重。英國對美國人在香港高調的冷戰反共宣傳步步為營，因為害怕這些活動會惹來中共的強烈反應，所以香港政府也對美新處的活動嚴加監視和箝制，而美國新聞總署也不時叮囑香港美國新聞處要和英國殖民政府保持良好關係。

在美國於香港直接推行冷戰反共宣傳成效有限的情況下，美國文化冷戰的重點後來慢慢轉移為支持一些居港的反共學人復興中華文化的計劃。透過幾個非政府組織，例如雅禮協會(Yale China)、亞洲協會、福特基金會、哈佛燕京學社等，美國人支持那些反共學人推動高等教育事業。最重要的例子是「新亞書院」。他們認為中華文化是與共產主義背道而馳的，所以在香港支持復興中國傳統文化可以有效制衡共產主義。這些以文化冷戰，以遏制共產主義擴散為使命的美國基金，選擇以香港而不是台灣作為他們資助對象建立高等教育機構的決定，也反映出他們希望和台灣國民黨政府保持距離。[13] 而雖然新亞書院那一批反共的新儒家學者，雖然仍效忠中華民國的旗號，也堅持在每年十月十日的辛亥革命紀念日(即「雙十節」)作為他們「國慶」的日子，但他們選擇落腳在香港這塊英國殖民地，也顯示出他們並沒有完全的認同美國政府「保蔣反共」的冷戰戰略。

事實上，美國在香港以文化冷戰的思維來推廣反共主義是不可能取得完全勝利的。因為首先，美國無法在香港禁絕親共思想和文化的傳播，也不能全面壟斷香港的文化、教育和廣播系統。其次，美國和西方世界是自由體系的事實，與香港殖民地的現實只有部份重疊。香港雖有英國人及其法治體系保障的基本自由，

13　周愛靈(2010)《花果飄零．冷戰時期殖民地的新亞書院》，香港：商務印書館。

但殖民地卻依靠專權統治,仍然與美式冷戰想像中的理想「自由世界」有一大段距離。這種宣傳與現實的差距亦留下缺口,使日後香港青年在接受了冷戰美式自由世界的右派宣傳後,卻仍會在六十年代末期轉向左翼。[14] 第三,香港的反共主義基本上是「國共相爭」框架的延續。但國共兩黨都是強烈的民族主義政黨,兩者的對抗基本上是兩種民族主義的相爭,但美蘇之間相爭是關於世界霸權,以及兩種意識型態。但國民黨既不是中國的自由主義力量,共產黨在毛澤東的領導下,亦與蘇式馬克思主義經常保持着距離。兩黨之間在很多方面的共同點或更多於他們的差異點(例如兩者都強調自己是「革命政黨」)。一九五〇年代美蘇之間的鬥爭,把國共兩黨之間的鬥爭放在一個冷戰對抗的框架下,並無改變兩者既有的鬥爭方式。第四,國民黨在香港並非一股能團結所有「反共力量」的象徵力量,而當美國要假借國民黨之外的本地(或寄居本地)的「反共力量」作為代理人的話,美國人要令他們的思想和活動完全配合美國的冷戰政策是不可能的事。

「抗美援朝」與反美宣傳

可是相對來説,雖然美國文化冷戰在香港未能取得絕對優勢,亦不代表中共在香港的冷戰宣傳一帆風順。事實上,在韓戰爆發的時候,香港的「左派」文藝界,並沒有甚麼準備去回應發生在朝鮮的戰事。就以左派的喉舌報章《文匯報》的「新文藝」版及《大公報》的「文藝」版為例,在韓戰發生的1950–1953年期間,大部份關於韓戰的文藝評論及文學創作,都只是轉載自國內報刊。那些號召文藝工作者動員起來支援中國參與韓戰立場的評論,亦用非常直接的語言,指明要以文藝為中國「抗美援朝」

14　羅永生(2014)「六、七十年代的回歸論述」《殖民家國外》,牛津大學出版社,頁68-89。

這項「政治任務」服務。例如在轉載自《長江日報》發自中南文聯籌委會的〈文藝界動員起來，為反對美帝侵略而戰鬥〉的文章中，作者就寫道：「我們號召全國文學藝術工作者動員起來，組織起來⋯⋯我們要歌頌中國人民和朝鮮人民的深厚友誼，歌頌與支持朝鮮人民英勇鬥爭。」接着，這份動員令亦用「硬銷」式的語調說要「教育全體人民仇視美帝、卑視美帝、蔑視美帝。通過文藝形式來克服部份人頭腦中的『恐美』的錯誤心理，並要與『親美』的反動思想進行尖銳的鬥爭。」[15]

除了這些動員令式的文章，香港的幾份「左派」報章的文藝版也連篇累牘刊登文章批判美國文學。一方面，這些文章抨擊美國政府以政治理由迫害作家，另一方面，這些文章也批評美國文學是腐爛的帝國主義資產階級藝術，它們之所以腐爛，正因為沒有政治的作用。例如，趙蘿蕤在〈美國文學的一斑〉中就把美國文學的主題歸類為不外乎描述殘酷兇險、變態心理、完全的理想主義，或者道德沒落。他批評美國文學只「把技術淪為機巧，內容提煉成麻醉劑」，「不能質樸真摯，又不能在人群的社會中負起啟發、教育、訴述和感動的作用」相比之下，「我們作為中國人的應感覺到慶幸，我們的人民政府這樣慎重的計劃我們的文藝政策。」[16]

根據本地學者張詠梅的研究，香港的左派報章當時為了完成宣傳抗美援朝的政治任務，從內地轉載了不少詩歌和小說創作方面。例如姚錦的《幸福》描寫中國軍人和朝鮮女性的結合，以犧牲個人幸福來反襯反美鬥爭的偉大，譴責美國的不義；李威嵩的《私生子》敘述女主角克服思想矛盾，決定參加抗美援朝的志願軍；黎克的《祖國在召喚》號召人民為祖國參軍；超祺、刀文

<hr />

15　中南文聯籌委會「文藝界動員起來，為反對美帝侵略而戰鬥」，《文匯報·新文藝》，第20期，1950.11.13，頁5。

16　趙蘿蕤「美國文學的一斑」《大公報·文藝》，第177期，1950.12.17頁2:7。

的《他們在朝鮮爭取立國際功》等都在宣傳抗美援朝……這些小說，大都出自國內作家的手筆。正如其他為政治而寫的文學一樣，是主題先行，大多透過典型人物和情節，簡單直接的表達方式和粗糙的象徵手法，以求達到政治任務中期望的最直接宣傳效果。[17] 然而，這些轉載自大陸，針對大陸語境的作品，除了單面地使人了解中共當下的反美政策需要之外，並無法緊扣香港本地的特殊背景和需要。例如，宣傳參與中國志願軍去「抗美援朝」在香港實在無法引起甚麼共鳴和產生甚麼作用，在「左派」圈子之外實在難以引起有意義的回響。

反美是否等同反資反殖？

事實上，只有在韓戰結束之後，一些更熟知本地情況的左派作家才寫作出一些切合本地讀者需要的反美作品。例如，作家阮朗就針對韓戰對香港的經濟衝擊和民生的影響去突出反美的主題，矛頭直接指向美國對中國的禁運如何做成香港的經濟不景。在他的小說《華燈初上》中，直指禁運的打擊不單使香港經濟衰退，也禍及不少工廠需要裁員倒閉，導致工人失業，生活陷入困境。當工人生活出現問題，只有左派工會幫助工人才能暫時度過難關。而美國的禁運政策則被指責為一切社會問題的罪魁禍首，因為它們帶來工人困境，也使資本家受到損失，甚至禍延女性要被逼淪為舞女，出賣色相。透過女主角的聲音，作者強烈地批判美國：「我恨禁運，以及主張禁運的人」「禁運是殺人不見血，害得我們家裏好慘。」[18] 在另一本小說《懵人日記》中，反美的主題針對美國在六十年代初限制香港紡織品入口而實行的限制配額政策。

17　張詠梅(2003)《邊緣與中心・論香港左翼小說中的「香港」(1950–67)》，天地圖書，頁99。

18　同上，頁100–103。

雖然這些反美小說也是主題先行，而主角及其遭遇也是臉譜式和公式化的，但總算是結合了本地生活的實況。再者，在反美的大前提下，這些較有本地敏感度的小說也會放下對資本家的批判，而把資本家也描述為美國強權的受害者。例如啟林的《真誠的友愛》裏面的一位工友說「今天老闆也有他的困難，而我們工人，素來是不會強人所難的。」《懵人日記》裏面，作者以地道的廣東方言書寫，主角也談到「事實上唔關勞資雙方之事，大家都係俾美國佬贃起」（「事實上這個與勞資雙方無關，大家都是被美國人所害」）。

冷戰是美蘇之間的對敵，冷戰也被視為處於二極對立的意識型態之爭。中國在韓戰之初的反美動員，也是按這種二極對立的圖式展開反美的宣傳，因此之故，美國也被處理成絕對的敵人。按照在典型的冷戰對抗二極對立的教條，反美、反資、反殖和反蔣等，都是同屬一個整體的目標。可是，在香港的獨特的歷史組合環境下，以「反美」來統領「反資」、「反殖」並不能回應本地的現實，也與中共自身對香港的政策方針不符。毛澤東早在1946年就向一位英國記者Gordon Harmon表明，中共並不急於收回香港，他說：

> 我們是否要回香港……中國的麻煩已經夠多了。我對香港不感
> 興趣；中國共產黨對香港也沒有興趣；香港從來都不是我們討
> 論的話題。或許十年、二十年、三十年後我們可能會要求討論
> 香港回歸的問題，但我的態度是，只要中國人在稅收和政治代
> 性上不被歧視，我就對香港不感興趣，而且肯定不會允許香港
> 成為貴國與我國之間爭議的焦點。[19]

後來在1967年回應香港發生大規模的，由「左派」策動的暴

19　陸恭蕙(2011)《地下陣線‧中共在香港的歷史》，頁83。

動中，周恩來又再重申中共對香港「充分打算，長期利用」的政策。所以，中共從來都視英國在香港的殖民統治是對它有利的狀況。在這種情況下，冷戰話語當中徹底的「反殖」訴求也是與中共的香港政策相違背的。於是，「左派」宣傳機器在韓戰期間為了「反美」而高調地祭出的「反帝」、「反殖」口號和宣傳，在韓戰結束後很快就消聲匿跡。雖然，批判殖民地現狀和香港政府施政，仍然是左派文宣的特色，以至不斷在文宣中出現負面的香港警察形象，並以隱晦的方式，間接以批判外地殖民主義狀況的方式批判香港的殖民現狀。但在五十年代，這些批判從來沒有像在韓戰時期反美文宣所提出的，要以徹底的推翻帝國主義、殖民主義作為出路。當然，這個亦與當時香港政府不會容忍對明目張膽的「反英」政治文宣有關，但如無中共及其文宣系統主動「為大局」而迎合，並進行自我審查，這種批判殖民現狀的自我約束也是不能想像的。

「新中原心態」與香港左派困境

戰後香港緊隨中共的「左派」原則性強烈地擁抱反美反帝的左派意識型態，但現實又只能接受香港在「任務上」只能「自我局限地」(self-limiting)反殖。兩者之間的差距形成巨大的心理張力和文化張力，使香港的左派思想成為一種自我欣賞的精英主義和充滿「祖國情懷」的愛國主義。這個革命精英的自我想像和北望投射，在整個五十年代形成一種張詠梅所說的「新中原心態」，亦即無條件地認同「新中國」，站在「邊緣」的香港，以「新中原」的代言人自居，向香港人不斷宣傳代表光明、理想和希望的中原，說服他們「北歸」是唯一也是最好的出路。[20] 這種脫離香港在地狀況的左派實踐慢慢地把「左派」社群從香港社會

20　張詠梅(2003)《邊緣與中心‧論香港左翼小說中的「香港」(1950–67)》。

中孤立出來，形成一個自我封閉的小圈子，鞏固着一種只供內部的溝通方式和缺乏反思的信仰。

韓戰時期，中共為香港下達的冷戰式「反美主義」的路線，在當年並沒有為「左派」在香港爭取更大的支持，使「左派」爭取得更多群眾。再加上前述所談到香港「左派」和「右派」在人口上互相此消彼長，那種一面倒式的反美冷戰宣傳，反而是使「左派」更脫離香港社會的現實。這也就是曾任中央駐港最高領導的新華社社長許家屯在他的回憶錄所講，香港的「左派」所走的是一條「一左二窄」的政策。[21]

事實上，回歸中共幾十年的歷史，大躍進和文化大革命都被指為走上「極左」錯誤路線的時期。可是，參加韓戰這一頁歷史卻往往缺乏反思。不過，問題可能不在於僅僅去衡量當時中共參與韓戰所付出的代價是否值得，當時的路線是否「過左」，而是冷戰文化所預設的二極對立背後那種總體主義的思維模式，如何總是在錯綜複雜的在地處境中遮蔽了矛盾、斷裂和差異。韓戰中的香港，是一個斷裂的空間，反美、反資、反殖與反蔣並不能輕易地相互還原與化約。如果「左派」在這個空間的「冷戰實踐」是失敗的話，所相對應的也是「右派」「冷戰實踐」的不可能真正成功，因為香港複雜的歷史構成，以它內部各種錯置的實踐空間，也無法輕易為美式自由主義所總體化。

真正能顯示這種吊詭的是，韓國的戰爭與香港可能只是在歷史上擦身而過，但香港可能是韓戰當中的唯一得利者。因為雖然左派文宣指當年禁運對香港造成很大打擊。但歷史說明，香港日後快速的經濟起飛，相當大程度上是因為韓戰提供了一個千載難逢的機會夫令香港成為一個中國唯一可以繼續利用來突破禁運的自由港。因為中國要仰賴香港作為當時獲取外匯的窗口，這亦令中國和英國在戰後香港，共同維持了幾十年幾乎不受挑戰的殖民

21　許家屯(1993)《許家屯香港回憶錄》，臺北：聯經。

統治，以及成就了這個後來啟發「新自由主義」復興的資本主義烏托邦。關於香港發跡的「愛國資本家」(例如霍英東)的神話，都是環繞着他們當年如何利用走私替中國突破韓戰禁運，從而開始致富。這些神話正好是冷戰二極對立的反面，亦即二極融和：他們既深愛共產中國，亦體現資本主義的自由冒險與企業家精神。然而，不應忘記的是，他們的勝利是建基在韓國一場引致數以百萬死亡數字的戰爭。

「爭取中文成為法定語文運動」與
「反殖」的歧義

　　爭取中文成為法定語文運動(下稱「中文運動」),是香港戰後第一場和平的社會運動。這場運動對香港本土社會的發展、對華人地位的提升、對中文教育的促進,以至對繼後香港學生運動和社會運動的勃興,都有舉足輕重的深遠影響。可是,在日前有限的關於香港社會運動的文獻中,對這場「中文運動」的研究甚少。而且在僅有的關於香港學生運動歷史敘述中,「中文運動」往往被置放到邊緣的位置,僅僅被表述成邁向七十年代「火紅年代」左翼學生運動的過渡性事件。這種敘事往往以「保釣運動」作為當時學生運動的中心,突出「保釣」在推動香港新一代學生認識及認同中國的劃時代意義,卻也無形中遮蓋掉「中文運動」的豐富內涵,以及它所展現出的複雜文化政治意義。例如,1983年由親中機構廣角鏡出版社出版的《香港學生運動回顧》,就只有不足一千字的篇幅交待和分析中文運動。結語更只寫道:「中文運動是一個改良主義運動,雖然含有一層民族色彩,但僅只談及文化而已,對民族的前途、國家的了解均沒有涉及,只是符合了典型的中國知識分子的文化推崇感,但它也具有一些好影響,使同學們了解到殖民地政府對任何輕微讓步也是不甘心,只有通過團結鬥爭才可達到目標」。

港英殖民體制與戰後香港社會

　　要重新評估「中文運動」對香港的歷史意義,我們首先要明

白戰後香港的處境。也就是說，既要了解香港獨特的殖民地性質，也要了解戰後香港如何處身於國民黨(右派)和共產黨(左派)互相對抗的「冷戰」格局。本文要處理的問題就是，如何透過「爭取中文成為法定語文運動」這一個案，了解香港在冷戰二元對抗的構造下，如何開展本身的解殖民運動。

首先，自1842年開始，香港成為英國統治的殖民地，最高的行政權力由英國派來的總督行使。歷任總督在憲制上可以獨攬大權，惟因為「間接管治」的施政原則，也吸納少部分華人精英進入建制，委任少數華人以非官守身份為行政局及立法局議員，以利了解華人社會的民情。只有職權局限在衛生環境等有限市政措施的市政局(Urban Council)，方有少數議席由選舉產生。但參選資格和投票資格都有嚴格限制，選民登記一直情況冷淡。再者，因為戰後香港人口大部分都是由中國內地逃難或移居來港。他們若非政治冷漠，只顧謀生，就是分別由國民黨和共產黨在港的政治組織所帶領，其政治意識型態為兩黨之間的冷戰式對抗所左右。分屬左與右兩派的華籍居民，對香港本地的殖民政治架構，也是十分疏離。

在這樣專權的殖民體制下，能影響政府施政，上達輿情的公民團體並不多，自主的公民社會並不發達。能被政府認許的公民組織十分有限，戰後初期就只有少數由華洋精英共同組成的團體，例如「公民協會」及「革新會」等，會透過溫和與非常有節制的方式，在有限的渠道向政府反映意見。但由於這些團體的領袖，除了外籍、外裔，就是少數能操熟練英語，屬中上階層的華人，他們大都只是作一些忠誠反對派式的改良主義姿態，呼籲政府重視民意。他們的角色，就是作為官民橋樑，修補官民隔膜。他們中間縱有某些人具進取的改革意願，例如六十年代曾出現過的民主自治運動訴求，也難以將這些改革的理想化為直接組織，和連結廣大香港市民的力量。

五、六十年代，港英政府因香港前景並不清晰，欠缺發展計劃。政府內部貪污腐敗風氣也嚴重。在六十年代中期，社會怨憤爆發，相繼釀成六六年及六七年的兩場暴動。六六年天星碼頭加價所引起的騷亂，迅速被鎮壓平息。但六七的那場由工業糾紛引發的暴動，就由於香港的親中共左派受中國文化大革命時期的混亂所影響，採取了急進的暴力的手段，造成重大死傷，更在一時之間，使香港陷入危機狀態。雖然危機最後也被平復，但殖民政府和華人民間的對抗與張力卻愈見明顯。於是，「中文運動」便在暴動後的環境下，迅速成為新的社會運動目標。

五月暴動與中文運動

事實上，爭取中文成為「官方語文」的呼聲，早在六六及六七的暴動之前已有人發出。在1964–1966年間，市政局議員胡鴻烈早已多番提出要把中文列為官方語文，要求在市政局會議中使用中文。香港大學的學生報《學苑》亦曾發文支持。不過，對這項訴求的支持，要在1967年5月暴動發生之後，才形成火速蔓延的趨勢。代表香港專上學生聯會的《學聯報》、中文大學各書院的學生報、新界鄉議局等，迅速在1967年下半年間，相繼發表支持中文成為「官方語文」的立場。當其時這些言論，大都將港府接納中文為「官方語文」，與暴動後香港如何修補社會分裂的鴻溝相互連結。例如，1967年11月1日《學苑》的「編者隨筆」，就說道：

> 最近的動亂，主要的因素，無疑是一小撮有政治背景的不法分子在搞亂，但這同時也反映了香港社會裏官民的隔膜，因而使左派分子有機可乘……遺憾的是，政府對於將中文列為官方語言的建議，並沒有任何具體而積極的表示……假如政府不盡快在這件事上表明態度，無疑將會引起極大的惡果。

1967年11月14日的《學聯報》有一篇作者署名余子聖的文章「應否與能否？」，裏面談到：

> 五月的騷動證明了香港市民對政府仍存有無比的信心和希望，然而與此同時，亦反映出不少市民的不滿情緒，否則不會一方面有六百多個社團發表公開聲明支持港府，而在另一方面，卻有不斷的輿論指摘政府的部分措施亦未能全符民意，尤其那些來去匆匆的欽差大臣，竟是決定香港命運前途的重心人物，是怎也叫人不服氣的。可以這樣說，大部分市民是極願與政府打成一片，甘苦與共，但政府似乎仍舊站在一貫的「維持本身利益」的立場上，既是保存香港這一頭生金蛋的肥鵝，又不願任意開罪任何方面的人(包括虎視耽耽的中共及對本港經濟命脈有舉足輕重力量的英國財團在內。)因此，對輿論和民意，不是無心忽視，便是有意漠視……就在這當時，專上學生聯會的「學聯報」提出了這一個已給討論過不少而又從來沒有結果的問題 ——「中文應否成為官方語言」—— 而各方的反應也像湊熱鬧般予以「共鳴」，彷彿這一股浪潮真正已可以堂哉皇哉的把中文扛上官方語言之列」

1967年12月1日《學苑》又發表署名艾凡(劉迺強)的文章，名為「暴動‧民意與中文為官方語言」，裏面就更直接的表達出一種港府應以承認中文為官方語文，來尅治親中(共)左派利用香港社會危機的危險。他當時在文章中說：

> 就本港的特殊形勢來說，一個自治的政府無疑是最理想的目標，但這個目的究竟能否做到？……無論如何，在最近的將來，我們需要一個真的順從民意的政府……官民間緊密的默契與合作的重要，在今次的暴亂中表露無遺，我們可以大膽的說

思想香港

一句，香港政府如非得到廣大市民的支持的話，香港早已變成澳門第二了。他們的支持政府，並不單為苟存於亂世，而是深信香港政府終會順從民意，對現狀作適當的調節，不需要藉任何人的「思想」來鬥爭……在社會動盪，人心不安的此際，政府當局如能立法承認中文為官方語言，將是有百利而無一害的：一方面正面表示政府的誠意，為支持政府的廣大市民加強信心，另一方面，也杜絕左派分子以此作為攻擊政府的藉口。

署名艾凡的劉迺強，今天是香港知名的親中共人士，任全國政協，但在當年也認為政府該以承認中文為官方語言，以換取民意支持來杜絕(親中共)左派的攻擊，鼓吹官民合作，甚至認同，自治是香港最理想的目標。有趣的是，香港屬於親台(國民黨)的右派輿論，就更積極的以冷戰的戰略考慮來向港府進言。刊登在期刊《人生》第90期(1968年2月16日)署名梁宜生的文章就說：

安定香港的最大力量，是四百萬居民絕大多數與政府的密切合作……只要四百萬中國人擁護政府，世界輿論就會同情英國在香港的地位，世界民主的力量就有理由和信心來協助香港的繁榮與安定……觀乎此，我們認為明定中文為官方語言，對政府方面來說，真是有百利而無一弊。因為中英民族不同是事實，中國居民絕大多數不懂英文也是事實。如果中文不受到應有的尊重，官民間始終橫着一種障礙，中英民族的合作，始終有條罅隙，這條罅隙將為陰謀者所利用，而構成未來的隱憂。反之，若明定中文為官方語文，使每一個中國人意識上視自己為香港公民，情感上視香港政府為自己的政府，合四百萬人為一心，這力量可使香港臻於磐石之安。

作者所說的「世界輿論」、「世界民主的力量」顯然是指稱冷戰

年代的「自由世界陣營」。而對作者來說，克服殖民政府與民眾之間的隔膜，改善中英兩民族之間的關係，也未必僅為延續殖民政府的長久統治(就正如上面所引的艾凡，本身是一個中國民族主義者。)相反地，他對爭取中文成為一種官方語文，實是內含一種構想未來香港在後殖民時代應有的願景。他說：

> 我們除非認為香港應該永遠施行殖民地政治，中英兩民族永遠要劃清一條鴻溝。如果要講民主，如果要將香港居民不分膚色，不分種族，一律融成為「香港人」，就不能不重視民族的情感問題。不承認中文為官方語言。就表示這政府不是中國居民的政府，在香港的中國人須永遠接受另一種語言的人的統治。這就永遠引不起香港百分之九十八的居民對香港的愛護心與責任感。

劉迺強和梁宜生都是中國民族主義者，但在五月暴動的環境下，前者雖然激烈反對港獨，卻仍視自治政府是理想，只是難以實現，故只求政府順從民意，後者則將融和種族鴻溝，視作為不分彼此地重新建構一個新的「香港人」身份認同的基礎，作為香港後殖民的出路。如果我們將這種主張和艾凡的並置，就會觀察出一幅交差錯落的圖像，標誌着把中文列為官定，但對不同的人來說，具有大不相同的文化政治意義。

大專院校的文化傳承與官僚傲慢

在這一遍來自大專學生，也來自社會輿論的爭取呼聲之下，市政局民選議員黃夢花發出了同樣的呼籲，並開始籌謀進一步的爭取行動。而中文大學內，崇基及新亞書院的學生報亦用大量篇幅，刊登他們訪問校內行政及教學人員的訪問專輯，他們都表示

一致贊同的意見，並各自提出如何解決相關技術問題，例如翻譯等的意見。

香港中文大學當年是新建的大學，成立於1963年，採書院制，成員書院多是原來由大陸因政治變動而遷港的學人。他們原先創設的私立中文專上書院，承傳香港中文大專教育的傳統，與在1911年就在香港成立的香港大學，有非常不同的淵源，兩者分庭抗禮。香港大學被廣泛視為一所殖民地大學，既因它以英語授課，成為香港中學系統中英文書院畢業生的上升階梯之頂，也因為它以培訓治理香港的法律、醫學專業人才而佔據着精英地位。港大作為不少政府政務官的搖籃，文化意識和價值亦和香港殖民政府的體制靠近。於是當年中文大學的成立，被不少懷有發展中國文化教育，抱有中國民族主義理想的人，視為香港傳承及發展中國文化的寄望。他們普遍認為，中文大學是在殖民地上發展中國文化的基地。可是，就以新亞的新儒學者為例，他們的民族主義文化理想多是為將來復興中國文化作準備，原來並未有抗衡香港英式殖民文化的戰略。但香港社會矛盾爆發，「中文運動」出現，也使這些院校一度成為當時公共政策辯論和發動社會運動的焦點戰場。不同院校所承載的文化傳統，亦給捲進這場香港的文化運動當中，成為一些矛盾和衝突的根源。

在1967年底，要求中文成為法定語文的呼聲，不斷在大專院校和報章輿論獲得回響，形成了一股壓力要求政府回應。但是殖民政府的反應可說是火上加油。

在接受《學苑》(1967年12月16日)訪問時，華民政務司徐家祥提出了幾點，否定要求中文官方語文的訴求。他認為，規定中文為法定語文，實在沒有針對香港如何才能充份達意的問題。他認為香港文化多元，中國文字也未足以表達意思。香港活用的反是混雜着廣東話和英語，將來也可能發展出中英混合的語言。規定「中文」法定，並不對應香港混亂的語言應用的現實。另外，

他也否認有官民隔膜，說只是大家對事情有不同的認識。他甚至說，人民也不一定要全部瞭解政府，而且只懂中文的人也會獲政府官員接見。反而翻譯和公文來往會浪費金錢財力。他也指中國政治思想中是沒有民主的，一般人需要的是民享，而非民治、民有。香港不能有群眾政治(mob rule)。

而針對只懂中文的人在工作機會遇上的不平等問題，徐家祥竟然胡扯謂「如果我們注重中文，我們便會對不懂中文的人不公平」。在回應將中文列為法定語文會有鼓勵中文教育的正面作用時，他的回答竟是教育不應單為找尋工作而設。最後，他甚至認為當下只有不滿現實的知識分子才感到有問題存在，只是他們的一次「智能練習」，他們只會造就小小麻煩(minor nuisance)，因為一般人，如巴士司機及家庭主婦等對此是不會關心的。

徐家祥這個充滿殖民者傲慢的訪問在《學苑》刊登之後，惹來巨大的情緒反彈。除了引來多篇反駁徐家祥觀點的文章在各學生刊物上發表之外，社會上的文化刊物，例如《盤古》及《明報月刊》等也以大篇幅回應，或者轉載學生刊物的內容。例如，《新亞學生報》連隨在12月22日就刊出對全校多位老師和行政人員的訪問，《明報月刊》也全文轉載。《新亞學生報》在該期社論中，更將矛頭指向學校內部，認為以中文為主的學校內，中國人與中國人開會也用英語，是輕視中文的表現。由此可見，中文運動的批評方向，也不是單指向政府，而是涉及中文大學究竟有沒有推動中文在香港地位的承擔。這篇社論剛好呼應了唐君毅在同期受訪內容的觀點，他更引用以色列為了復興希伯來文，大學堅持用希伯來文授課，大量翻譯西方學術著作為希伯來文的事實，間接批評中大在維持中文地位上之不力。

中文運動第一階段的高潮：崇基集會

當時各方對官方反應的不滿，提供了助力讓「中文運動」正式啟動。1968年1月20–21日，崇基學院舉辦了一次歷史性的研討會，有多間院校近百代表參與。會上雖然官方代表副輔政司黎敦義還是推搪列中文為法定語文的困難，但會上胡鴻烈與黃夢花的慷慨陳辭，引起了強烈的回響。會議通宵達旦，會後並發表聯合公報。除了定出中運的目標為(a)中英文地位完全平等；(b)港府不分軒輊地以中英文作為一切施政媒介；(c)官方書函一切來往、公文、出版物一律中英並用；(d)一切法律典章，中英俱具，法庭上，中英文法律地位完全平等；(e)中英文教育獲得完全平等的發展機會。公報並列明實行步驟：廣泛徵詢意見，催促港府表明態度，組織委員會研究技術性問題，加強訓練翻譯人才，港府在過渡期內盡量翻譯法律書籍，首務為官民來往書信立即中英並用等。

這場在崇基學院點起的中文運動，迅速獲得了政府的關注。1967年2月28日港督戴麟趾在施政報告中，提及將會盡量使中英文獲得平等地位。雖然隨後3月1日，徐家祥在《天天日報》的專訪中，仍然辯說因為中文方言太多，成為法定語文是不可能的。

1968年之初，上年五月暴動的血腥還未完全過去。在這場風暴中，親中(共)左派的暴力鬥爭，及一度揚言北京會提早收回香港。最後暴動平息，北京亦向英國表明，不會提早收回。殖民政府鎮壓暴動，反而獲得大部分市民的支持。但是，暴動畢竟引發出一股反殖意識。特別在青年人當中，普遍希望殖民統治的弊病會得到正視和改善。但是，究竟這種反殖意識是朝向以改良殖民體制，讓它邁向一個更為向市民負責，體現香港為一個和諧及自有主體性的社會，還是會引發出潛藏的中國民族主義運動，乃是六十年代末香港面臨的一個關卡。

刊在香港中文大學《崇基學生報雙週刊》(1968年5月10日)

的一篇沈宣仁的週會(4月25日)演講,題為「失落、回歸及開拓——學生的社會意義」,深刻地表達了當時香港面對的處境:

> 經過這場風暴,香港人對香港的社會秩序生活得到了較深的了解,在意識上肯定了香港生活的意義,而繫累感和歸屬感從而萌發,至使他們有作為香港中國人(華人)的身份的要求,且要求他人對此新的身份加以尊重,並列中文為官方語言的提出正是這種要求的具體表現。
>
> 我們不必一定回到大陸或遷居台灣才能做真正的中國人。我們可以今天就在香港「重建、創建、與實建」中國人的生活方式,承繼與發揚中華文化的價值……
>
> 華人在香港是沒有政治主權的。香港在目前及最近的將來亦不可能獨立。但在某個限度上的自治是可爭取的。香港終要歸屬中國大陸的,不管那時的政府是甚麼政府……

六六、六七暴動中所爆發的社會危機,展露了香港身處的深層困境。一方面是對殖民體制和社會現狀的不滿,但一方面也強烈的展露了對親中(共)左派力量的排斥和抗拒。在反殖民的角度出發,民族主義,「中國人」的尊嚴和平等權利問題,已經不可迴避。但是,兩岸分裂,大陸局勢的不安,以致親中(共)左派在五月風暴鬥爭的過猶不及,令香港無所適從,對民族主義也生出抗拒之心。

　　知識分子試圖透過和暴動不同的和平呼籲的方法,提出改善殖民政策的訴求,但換來的是敷衍多於實質的官式反應和冷待。在往後的一兩年間,「崇基集會」引起的那股動力也無以為繼,中文運動似乎已失去動力。刊在《崇基學生報雙週刊》(1968年10月14日)一篇署名蘭夫,題為「友誼書簡」的文章,表白了一種香港人身處於冷戰分裂和殖民困局雙重逼迫下的心境:

整個中國民族的心靈尚沒有新的覺悟，政客們不是賣馬克思的膏藥，便是賣三民主義的膏藥……其他海外華人又如何呢？就以香港華人為例吧！名流紳士資本家這黑三類，注重現實，阿諛港英統治者，醉生夢死。譬如以「列中文為官方語文」運動為例吧，除了新界鄉議局及教師會外，其他街坊會之類的名流，竟然連哼一聲也沒有。可是戴麟趾任期滿了，聯名上請英廷延任者不知凡幾，此極端的對比，真是華人的恥辱。

您知道嗎？在數十名華人市政局議員中，只有三位贊同中文的合法地位，其餘的竟忘記了競選時所許的諾言。至於大學生又如何？這，相信您已很清楚，大學只是殖民地統治者培養助手的機構。某大官便是其中的典型，說甚麼中文不夠達意啦，中文列為官方語文會使政府惹來更多麻煩啦，市政局議員伍秉堅竟說如果市政局中英並用，則開會的時間將要延長一倍，真奇怪，怕開會的人竟然競選做官，也許您還記得，去年崇基同學熱烈爭取中文列為官方語文之際，某大專學生竟出言侮辱，惡意攻擊，最後還說甚麼：「XX編輯委員會對中文列為官方語文的運動仍有興趣，我們反對以情緒充塞於其間，我們要在最近的將來對此事仕更詳細的報告。」然而差不多一年了，結果怎麼樣？

事實上，中文運動在「崇基集會」後的兩年多時間，處於消沉狀態。殖民政府對知識分子的不滿情緒，和那少數不敢把民意壓力升級為行動的華人領袖，根本無需放在眼內。雖然五月暴動令追求中文法定地位者看到他們的目標對港英維持其具認受性統治的迫切需要，但也正好是五月暴動強化了一種對殖民政府的「不作為」極其有利的「非政治化」氛圍。這種氛圍反映在反對者互相的猜忌、敵視和自我分化。這種分化在冷戰對抗的情況下更為嚴重。

崇基集會的餘波：罵戰・沉寂・鬱結

就在「崇基集會」之後，港大《學苑》於1968年2月1日以編委員名義發表了一篇英文文章，題為 The Nationalists in Hong Kong and Hong Kong Students 報導崇基集會。文章質疑為甚麼這項意義重大的研討會，不由學聯主辦。把崇基集會描述為由一班並非左派的民族主義者所把持。他們把「污濊政治」(dirty politics)帶入會場，在會上煽風點火，但他們當中並非全是現職專上學生。文章又批評崇基學生報當時所做的民意調查並不科學，亦明言有人要利用學生組織作為推動政治運動的基地，因為這些組織一直以來都給人負責、謹慎和理性的形象，其觀點也受到政府和公眾所尊重。

這篇文章由於被英文《南華早報》(SCMP)轉載，引起不少回響，在大專學生之間挑起強烈爭議。有評論要求《學苑》限期解釋，要港大學生會表明立場，及諮詢法律意見。又有評論指責崇基學生會處理不當。

據《學聯報》(1968.1.14)所刊出的答辯，所謂並非現職專上學生者實為前來旁聽的兩名畢業於台灣的有心人。在1968年3月1日由《學苑》編輯四人(科大衛David Faure、馮可強、胡國賢、劉迺強)署名發表的文章中，重申學生的意見被社會所尊重，是因為他們「不受外來者干擾」。文章也説，維持那些「政治上沒有經驗」的學生不受左派分子影響的原則，也應用到右派或無論甚麼派別身上。他們要突出的，就是那三名來自台灣籍的非學生身份。

把學生維持在沒受任何政治派別唆擺的政治中立位置，才能維持對公眾的可信度，及他們在殖民政府面前的地位 —— 這是一種非常獨特的冷戰下的殖民話語遊戲規則。中文運動在這一個階段，其實複製着同一個遊戲規則，這也正是中文運動在當年走進

自我抑制，無法提升為強大的社會運動的關鍵。

對於這種在冷戰下開展中文運動的困難，當時負責崇基研討會的黃德銓在被訪時說：「我不能肯定他們是有意打擊中文列為官方語文的運動，雖然他們造成的結果是被人利用打擊了這個運動。……而『中文列為官方語文的運動』……是『爭取人權，尋求更有意義生存』的運動，絕不容許一些人以『左派』、『右派』等『政治帽子』來加以歪曲。」可是，冷戰對抗並不會因為這種自我標榜的中立立場，而在學生運動中缺席。當年突然以嚴防右派滲透來攻擊中文大學崇基學生的四位《學苑》編輯中，今日我們都知道，其中馮可強成為後來親中(共)「國粹派」的知名領袖，劉廼強則是先以(批評「國粹派」的)「社會派」出現，後來更成為中共政策全力保駕護航的人。

這場出現在中文大學崇基學生與香港大學學生報(即《學苑》)之間的爭吵，一直延綿至1968年中，隨之而來的是超過一年多的沉寂。在這段期間，除了「港大校政改革」，珠海書院的學生示威事件，所針對的也只是校政問題。這些事件雖然孕育了一批開始在政治上活躍的青年大學生，因為相互支援而串連起來，但整個社會仍然處在沉悶和沒有出路的氣氛中。青年人對政府平息五月風暴的支持快速失去，對不思改革的殖民體制的不滿不斷升溫，這種心情可以透過《明報月刊》(1970年8月)一篇署名鍾凝雪，題為「論中文成為法定語言」的文章可以窺見：

> 一個菲濟島的朋友來信說，菲濟島在這一兩個月內就要獨立了。這個英國殘剩下來的殖民地，人口祇有五十萬，與香港只是八與一之比。未經甚麼嚴重的鬥爭運動，就要成為獨立的國家。而香港的青年們，還在那裏喊得唇乾舌燥，要香港殖民地政府將中文立為法定語言。香港政府卻一於不理……一個是堂堂正正的獨立，一個是搖尾乞憐的要求承認自己所講的語

文……事實上目前香港大概是所有殖民地當中，政制最古老落後的一個。多年以來，任何牽涉到政制改革的呼籲，都毫無效果。仍是維持着最落伍的殖民地政治形式……無論是公民權問題，立法局增設民選議員問題，市政局擴大職權及增加民選議席問題，以至中文成為官方語言問題，等等呼籲，香港政府都不予理會，我行我素……菲濟島之將要獨立，與香港之通行語言仍不被承認，兩者相差，簡直似乎是一個是人，而另一個是奴隸似的。

這種苦悶鬱結的心情，和一兩年前學生領導在學生刊物中理性平衡的論說香港前途選項，一致支持政府，呼籲建立歸屬感的聲音有極大的落差。對當時殖民現狀的不滿情緒也很快地傾瀉於對殖民體制的批判和行動。中文運動的復興，正好承載了這種反叛求變，打破舊的框框和教條的需要。

第二階段：將中文運動發展成社會運動

1970年中，大抵是因為英國政府換屆，令一些人認為重提中文運動訴求，或者會有轉機，又或者是新的思想元素介入，中文運動被舊事重提，並以全新面貌展現，升火啟航。由年中到年底，可算是中文運動的第二階段。在6月至7月期間，就有三個中文運動的相關組織分別成立：

- 6月14日，黃夢花議員帶頭組成「各界促成中文為法定語文聯合工作委員會」（下稱「聯工委」）。
- 7月12日，十七個學生文化團體在窩打老道青年會主辦的公開論壇。參與者除活躍的大學生組織(如「時委會」)外，還包括老工人、中學生、文員等。這個會議決定組織一個「爭取文成為法定語文運動聯會」（下稱「中運聯」）。

◆ 7月18香港專上學生聯會成立「中文在香港應有的地位研究委員會」。

這三個中文運動的組織，互不相同，也互有分工，但更多地是反映着新的社會運動力量的投入。它們互相競爭，不斷重新排列組合。在三個團體當中，最具行動力的是「中運聯」。成員初期包括：

1. 中大崇基書院學生會時委會；
2. 中大聯合書院學生會時委會；
3. 港大學生會時委會；
4. 港大學生會中文學會；
5. 港大社會科學系系會；
6. 中大學生報聯刊；
7. 學聯報；
8. 學苑；
9. 曙暉；
10. 大專同學會時事組；
11. 70年代雙週刊；
12. 大專社會服務隊；
13. 文化工作隊；
14. 盤古；
15. 青年世界；
16. 大專月刊；
17. 九龍華仁院學生報。

其後專上學聯及香港大學各團體退出，而專上學聯會長葉熾英更表明反對示威、罷課。另外，天主教學聯和生活雜誌等卻在後來加入。 這些分分合合與其說是因為一些保守的傳統精英學生組織，不太夠膽與其他組織，嘗試新的、較激進的社會運動方法，不如說是關於大學生準建制精英地位的爭持。不過，由於政府的

態度強硬與橫蠻，這些組織之間的分歧，很容易又會因為要共同作戰的需要而擱置在一旁。

事實上，大專學生組織在這階段的活動可說百花齊放。中大方面，三成員書院學生會聯函李卓敏校長要求對中文運動表態。10月中，學聯亦向訪港的英國外交及聯邦事務部次官雷里(A. Royle)提交有關中文法定備忘錄，他們之前亦致函英國首相、國會議員，港督等以施加壓力。

除了透過信函的施壓，學生亦準備了行動升級，各學生會組成了中文運動的行動委員會，崇基書院學生會更通過決議，準備隨時罷課。而由於運動付諸行動的呼聲愈來愈高，大專學界亦召開聯席會議，通過成立行動委員會，是時學聯、港大等組織，亦重新加入行動的行列。不過，學生群中最重要的是由學聯主辦的兩次針對中學生的論壇，每次都有數百中學生出席。他們組成了中文運動宣傳活動的重要支柱「中學生小組」。

1970年8月19日，署理輔政司何禮文在立法局把中文運動的要求扭曲為通訊技術，謂不知何謂法定語文，亦說港府並無歧視不懂英語者，企圖抹殺運動在爭取平等上的意義。何禮文更暗示，問題可能是英語教育不足，所以提倡小學多教英語。另外，政府透過在多份報章非正式透露，因為技術問題，不會答允中文運動的訴求。何禮文的表態發出後，學聯及中運聯等組織紛紛立即發聲明抗議和反駁，可見政府今次擺出的不妥協姿態，已不能遏止反對的聲音，因為這階段的中文運動，已決心訴諸群眾的動員，而非溫和被動的表示意見。

運動的高潮・行動初見回應

最能顯示這一波中文運動有一種比前激進的取向的是《70年代》雙週刊。《70年代》雙週刊是由一批具備無政府主義和托洛

茨基馬克思主義傾向的青年辦的新型雜誌。內容充滿了六、七十年代西方學生運動、反戰運動和反文化運動的氣息，致力介紹世界各地激進文化和前衛思想。版面編排大膽創新，內容環繞着新的文化藝術潮流和革命、左翼的思想。刊物亦不把自己局限為文化活動和出版，更加鼓動讀者積極介入投身運動。而在這一階段的中文運動中，《70年代》的動員，扮演了關鍵的角色。

1970年9月1日，《70年代》刊出參加表格，呼籲讀者加入中文運動，有非常熱烈的回應。在同月27日，由《70年代》讀者群中，催生出新的中文運動組織「工學聯盟」，有數千人示意參加。因為人數眾多，需要分區開會。當時「工學聯盟」的主席為林永堅，聯絡人為劉千石。劉千石為香港獨立工運的創始人之一，可見中文運動已進一步激進化，不再停留在學生運動的形態。而這個組織亦包容了中文運動中立場最為激進的一群。繼後，與基督教工業委員會有關的《工人週報》通訊部也從學聯會議中表示支持中文運動的工人名單中，組成「全港各界職工聯盟」。雖然這些組織並沒有在運動過後長期發展，但當時為運動的擴大和動員學生之外的普通市民，起了很大的作用。

在9月這個風起雲湧的時刻，最觸目的活動首先是9月18日在全港各區、碼頭、工廠區派發大量傳單「告香港市民書」，這個活動由「中運聯」發動。當天晚上，政府就宣佈成立委員會研究公事上使用中文。這可算是政府在面對運動的壓力下，第一個積極的回應。可見運動在擴大化之後，已收到初步的成效。

第二項最觸目的活動是9月19日由港大學生會在大會堂辦的公開論壇，有六百人出席，座無虛設。會上辯論激烈，中運聯號召行動，達成十一點行動綱領。但在會議期間，有人批評運動是否要搞港獨，警告參加者會「名留青史」。而一向對運動冷嘲熱諷的陳子鈞律師也有出席，他質問運動是否會導致第三或第四個中國。他這些言論引起群眾相當不滿。而黃夢花議員在演講中，

則言辭激烈。他說今日百分之九十八的人，正受少數特權分子以英文作官方語言來支配。這是不平等的表現。他認為，沒有平等就沒有民主，縱有所謂民主亦是假民主。故此推行中文為法定語文是一個人權運動。他更很不客氣地指，現時只有很少很少英國人公然反對中文成為香港官方語文之一，可是極大的阻力來自一群特殊階級的華人，他們編織出很多理由來阻撓這一運動。

黃夢花在這段慨慷的發言中，準確點出了香港勾結共謀式殖民主義的最重要特徵，也就是殖民權力不一定只會劃定華洋種族關係中的不平等，反而殖民權力是深深的本土化，成為本地既得利益者維繫特權的依憑。而這些人往往是去殖民抗爭中最大的阻力。

黃夢花屬於老派的華人領袖，雖然他是民選市政局議員，但一樣被很多後來的激進青年歸入為香港依附殖民建制的「高等華人」，對由他領導的「聯工委」亦抱輕視的態度，認為他們每次政府有所回應他們都例牌支持一番。但無疑地，黃夢花也是連結各界社團向政府施壓的重要人物。為了顯示運動的團結，三大中文運動團體在9月24日宣佈組成聯合陣線，開記者招待會，公佈由留美僑生余永賢作曲的中文運動歌。在聯工委的串連和邀約下，各學生團體聯合籌劃一個全港簽名運動，初期目標為五十萬。後來由於聯工委希望以一切「合法」為原則，所以按法例要求先去註冊，簽名運動受到耽誤。在十二月才全力推出的簽名運動，結果只有三十多萬，然而已經成為史無前例的紀錄。

由於香港社會反應強烈，事件也引起海外僑居的學生關注。芝加哥吳紹鴻、邵善波，透過聯絡謝家駒，代表留美香港僑生為運動籌款及宣傳。海外的動員亦迅速擴散。匹茲堡有黃裕鏗在活動，宋恩榮則在明尼蘇達香港同學會中為中文運動作聯絡。加拿大和英國的留學生也不斷傳來聲援。於運動後期，從海外收集了逾兩千個簽名，有二百多位人士捐款在本港報章刊登廣告。這場

首次全球香港華人響應的運動，在黃夢花手攜三十多萬簽名赴聯合國穿梭遊說，串連多個海外地區的活躍分子之後，就悄悄地退居學運和社運的二線。原因是運動所累積的能量已移向更具民族主義色彩的「保釣運動」。

中文運動的行動雖然在1970年尾落幕，但香港政府於在1971年成立了「公事上使用中文問題研究委員會」，發表了四份報告書，並最終給予中文與英文同等的法定地位。1974年，政府更正式修改《法定語文條例》，中文獲立為法定語文。1987年起則進一步規定所有法例都必須以中英文制定和頒佈。這是中文運動最終獲取的成果。不過，中文運動在香港歷史的意義，絕非法定語文這個目標。

反殖意識的飛躍(一)：人權與平等

中文運動經歷兩個階段，兩者互有區別，也有所繼承。跟第一階段相比，第二階段的突破在於：一是老派殖民地華人領袖們，比較具規模地組織起那些一向作風溫和低調的街坊組織，把這些組織都動員起來，一定程度上這些組織也被政治化了。這些華人領袖們懂得與建制周旋，與上層聯絡，也有與外國機構和團體打交道，陳情請願的能力。二是運動也走出校園，大學生的正規組織(學生會)角色退居次要，而專上學聯的保守取向也開始與運動脫節。他們選擇更靜態的研究角色。這時期，各大專院校學生的活躍分子以例如「時委會」成員的身份加入「中運聯」。這是一個運動性和行動性更強的組織形式，也促使大專生拋棄了過去正規學生組織中，經常抱持着的那種準建制成員的精英學生身份。這些大專生更放膽以推動社會廣泛動員的方式去推動運動。三是新的社會運動集結出現，透過《70年代》雙週刊的引介，世界性的激進社會批判思潮，西方世界的學生運動、反戰運動、新

文化運動，衝擊了中文運動的想像。運動不再限於追求殖民政府的內部改良，而是結合新的社會運動主體，例如中學生和青年工人等。

如果説，第一階段的中文運動，態度還是比較含糊，對殖民政府還多是抱着勸諫、進言態度，而民族主義對一些人來説，還是一種難以接受的激進主義代號的話，那第二階段中文運動對殖民政府及殖民主義的憤怒和批判，都是沒有保留的。例如，1970年10月9日《香港中文大學崇基學生報》發表了署名王俞的一篇文章，題為「中文法定‧民權之始」。文章把爭取民權、爭取民族平等作為運動的價值原則，並把矛頭直指殖民政權和背後的殖民主義：

> 廓清中文法定的原則和意義，是我們爭取中文為法定語文運動中必須注意的一點，沒有明確肯定的觀念和要求，這個運動絕對鼓不起來的，也不會爭出甚麼結果來⋯⋯我們鼓起運動的唯一而且獲得全體中國人支持的理由 —— 爭取民權，爭取民族平等，不讓英人低看被他們統治的中國人 —— 這個中文成為法定語文的運動，應該是開展民族平等運動的第一步⋯⋯若立了法使中文的地位和英文的地位相等，就是説英國人君臨的統治地位被扭了下來，和香港佔百分之九十八的華籍居民並立一起，再不能騎在他們頭上了。請想清楚這點：爭取中文法定是不願意被視為二等人，是向殖民政權(殖民兩字也太過時了)挑戰，我們要在中英互尊互重下共同生活、平等相待。這應該成為政府與鼓吹運動者爭相抗的論據，是我們爭取的口號。

而1970年10月15日《中大學生報聯刊》所登出的由新儒家學者唐端正所寫的「向反對法定中文者進一言」一文，當中的反殖立場就更加鮮明：

在這個民族尊嚴普遍覺醒了的時代，長期以來受着殖民統治的香港，今天終於也自覺地起來爭取中文成為法定語文了，這雖然已有姍姍來遲之感，但在此時此地，居然還有不識時務的反對者，這實在使人驚異……在反對者中，這樣狠心的人是存在着的，他們的奴性是被一些現實的權益養大了的，他們自以為他們的權益和殖民政府相一致，以為反對把中文成為法定語文的民眾運動，就是維護大英帝國的殖民政策，因此奴顏婢膝地，扮演着可恥的丑角……

你們知否當你們反對中文成為法定語文時，你們是幹着一件怎樣傷天害理的事……你們是用否定民眾的母語的法定地位，來捆縛他們的思想，扼殺他們的感情，因此你們在不知不覺中已在迫害人權……

香港的殖民統治是在大英帝國誇耀着帝國無落日的時候建立起來的。但大英帝國昔日的威望與雄風，今天已經不存在了，過去的殖民統治可以憑實力去貫徹，但今天香港的殖民政府還能夠維持它的統治，決不是依靠它的軍警力量，而是香港居民在權衡輕重之下，願意和香港政府合作的結果？眼睛只看見力量的先生們，你們不會看不見這點事實吧。那末你們也該有自己力量的泉源的所在，因而即使為香港殖民政府設想，也該體諒輿情，和居民推誠合作才是，總不致於自毀長城那般愚蠢罷。

同期《中大學生報聯刊》一位名江籬的作者，也在他「為甚麼中文不能成為法定語文？」一文中說：「妨礙中文成為法定語文，阻止中文成為法定語文的力量，不是來自居於香港的外籍人士，而是來自香港的所謂高等華人，來自低級走狗中。」該刊在11月15日的社論中，就直接以「民族的呼喚」為題，坦白地訴諸民族主義，呼喚民族自覺，而同時亦召喚英國的人權與民主觀念：

我們要求的是將中文法定,以象徵中英兩民族的平等。提出民
族平等的口號是義正詞嚴的,並非如某些人所指的衝動和無理
取鬧。人怎能沒有尊嚴?一個民族怎能沒有尊嚴?⋯⋯香港大
多數的中國人對祖國文化生疏日久,對香港也沒有發生歸屬
感,所以許多年來都像一盤散沙,各人為自己的利益而生活,
而前進。這一次法定中文運動,使全港中國人(少數例外可以
不計)破天荒地在大家關切的前提下努力,無疑會刺激起民族
自覺。這運動維持愈久,則自覺愈大。不論階級自覺好,民族
自覺好,都會滋生一股能量。至於這些能量如何釋放?怎樣使
用?我們不曉得。只希望英國政府不要忘懷他們遠祖倡導人權
民主的光榮,尊重其他民族的權益,由日予中文以法定地位。

從這些中文運動關於價值和身份措辭的轉變,我們可以觀察到,
反殖民意識在五月暴動後的幾年迅速的冒升。反殖民政府的情
緒,原來是五月暴動的動力。可是,由於左派推動這場反殖及工
人運動的失敗,令短期之內,反殖民主義的主張給污名化了。但
在中文運動的推進底下,反殖民的意識得以重新浮現,並在知識
分子群中生根,民族主義也乘時復甦。新儒家學者唐端正,在當
年的思想光譜是屬於右派。他的反殖批評還是向殖民者進言,希望
它不好自毀長城。可是,和爭取具體政策改變的運動連結之下,民
族意識和反殖意識,也可以和人權、平等、民主等英國人遠祖留下
來的觀念相扣連。這正是反殖民運動的不可預計的力量所在。而
且,這也意味着,反殖民運動的確有多於一種可能的發展方向。

反殖意識的飛躍(二):革命?

如果說唐端正所代表的,是一種不會提倡革命的文化民族主
義反殖立場,那麼,中文運動中把反殖原則貫徹到底,與革命

想像扣連起來的，則是七十年代香港冒起的非親中共左派。這群青年的激進主義者，都集中在《70年代》雙週刊。中文運動在香港這個特殊地方的反殖意義，沒有比吳仲賢(筆名胡文敏)發表在1970年9月1日一篇題為「中文運動的曙光」的文章表達得更透徹。文章寫道：

> 英國殖民地政策，不限於武力的統治，而且還要同化被治者。說得不客氣一點，同化政策便是文化侵略；而歷史證明，在殖民地厲行這種策略，不僅輕易收到順民的奇效，而且更可以削弱被治者的團結，減低被統治者的警惕性，以及打擊反殖民的力量……理想的殖民政策，是希望其他的被治者，都成為不求思想，不求認識世界，不思社會改革，但求生活安定的順民。

不過，任何在香港促進反殖意識提升的運動，必然碰上一個難以解決的問題，那就是：

> 在殖民地香港，無論是爭取中文成為法定語文，或是要求改革市政局、立法局，要求教育的變革，都是捨本逐末，犯上小處留神，大處逃避的毛病。這種指責未嘗無理。的確，殖民地香港一切不平等現象都是由於建築在武力搶奪，壓抑人權的殖民地主義，所以，最徹底、最理想的辦法便是反殖民地主義，實際進行反殖民地革命。不過，問題不在乎推翻香港政府，而是歸結到中國與香港的關係。
> 大部分香港中國人不願意接受中共的統治……這個假定並非隨意臆度的……其次台灣政府對香港的前途，又不能發生決定性的影響……在這種情況下，香港若要脫離英國勢力，就必須面對更龐大的中共政權；所以緊接反殖民地革命後面，便是面對共產主義……對於反殖民地革命，我們的看法也許是樂觀，但

現時對革中共的命來說，大部份卻感到悲觀，感到無能為力，故也從而消沉，凌雲壯志也就烟消雲散……

不過，香港人在反殖之後好像必然會遇上更大困境的矛盾，吳仲賢是這樣理解的：

> 可是，我始終認為人不是為社會而設的，人可以改變未來，可以改變社會。所以雖然我們當前不能如願進行反殖民地革命，我們也可以為反殖民地革命奠立基礎。中文運動的意義，正好是這裏。
>
> 為甚麼中文運動是反殖民革命的基礎呢？這是針對抗衡消解英國政府的同化政策而言。在香港，中文地位和同化政策，實在有不可分割的關係……香港政府抹殺中文的地位，可以做成了下列兩個有利英國統治的現象。第一，漠視中文的地位，使英文的社會地位提高……第二、政府大力推行英文教育，間接做成扼殺中文教育。

吳仲賢這個以中文運動為反殖革命奠立基礎的論說，跳出了冷戰對峙中只能選擇「擁共」或是「反共」的二元對立，清理出一個反殖激進運動的左派實踐和想像世界，也挑戰了「恐共必須保殖」的右派思維或「要民族意識必先按(中共)指示繼續默許殖民主義存在」的左派犬儒主義。

親中左派的犬儒主義

事實上，我們在中文運動中可以察覺到親中共的正統左派，對中文運動是極盡冷嘲熱諷的，雖然這些左派在五月暴動的時候，曾經一度把終結英國在香港殖民統治作為他們鬥爭的目標。

例如，1970年8月22日，中共在香港的喉舌《文匯報》就刊登署名覓之的一篇文章，題為「中文地位問題」。文章對中文運動態度非常負面：

> 有些人雖然認 為中文是香港的主要語文，但自己不敢肯定，卻必須等待殖民主義者「批准」了才放心。而且，他們也不是要殖民主義者承認中文是香港的主要語文，只是要求中文成為「官方語文」之一。另一個「官方語文」當然是英文，而「官方語文」中又得分個「頭等」與「二等」，到最後中文還是「次等語文」，只成為「頭等語文」英文的陪襯……
>
> 這算是對中文的尊重嗎？我看不是。這只是殖民主義者的「民主」櫥窗的一件破爛的展品……
>
> 事實上，有些整天叫得叫得哇啦哇啦，說是中文成為官方語文的，本身也愛講番話，以能說胡兒語為榮。他們只是拿這個要求來討好社會大眾，只是有意式無意地替殖民主義者塗脂抹粉而已。如果真是有民族自尊心的中國人，應該不會支持政府。如果是站在支持政府的立場上來跪着乞求統治者批准中文合法化，那就沒有甚麼道理了。

親中共左派對中文運動的否定，針對着運動是由甚麼人領導。當然，他們可以在運動之中，看見那些與殖民建制比較接近的華人領袖，與他們在六七年五月暴動期間支持殖民政府的言行，以及他們主張以把中文列為法定語文來修補殖民政府欠缺的認受性的主張。可是，當運動踏入第二階段，運動不再是由溫馴的改良派主導，而是上升為以人權、民族平等為訴求的群眾運動時，親中左派仍然只着眼於運動中某部分出現的「香港認同」主張。能夠充份反映這種親中左派觀點的，是《七十年代》第9期(1970年10月)署名丁仕宏的一篇文章。文章說：

在大街上看到了「爭取中文成為法定語文運動」的海報，卻反倒猶疑了。因為這海報的第一句「向心香港」，看上去似曾相識，不知在甚麼地方見過。

但為甚「向心香港」又扯到中文上面去呢？因為住在這裏的多是中國人，而中文地位不高，則是明顯的殖民地的標誌。因此「向心香港」，但這「香港」又要不大顯出殖民地的顏色，能使一些知識分子在講話，寫文章時受到尊重，雖被統治，卻有面子。

於是「香港」這名字就有點特殊了：既不是「國」，又不是「殖民地」，而是某些人心目中的「王國」。這種論調，與年前「香港節」時被提出的「歸屬感」問題，可謂同出一轍……因為「向心香港」這個帶本質性的目的，早已和「香港節」時某些大人先生們的暗含的目的吻合了。難怪一些議員，街坊首腦也予以支持。

試問一下街邊小販，下層工人，他們對中文運動是根本不感興趣的。因為職業生活未有保障，許多切身利益問題尚未解決，哪有閑心顧及甚麼中文運動呢？

於是，中文運動的「重任」，只好落在講話半中半英、作文半中半英、辦刊物也半中半英的「有心人」的身上了。

《七十年代》(不同《70年代》)是由李怡主編的一份以海外知識分子為對象的文化及時事評論雜誌，對推動後來保釣運動後大量港、台和海外知識分子轉向認同紅色中國有莫大的影響。但在保釣運動還未出現的時候，對於中文運動爭取人權和民族平等的訴求是不屑一顧的，因為他們對香港的方針政策，是民族主義高於反殖民主義。[1] 他們在這場運動中，既發現舊殖民體制下的「高

1　主編李怡也以筆名齊辛為文，把那些被讚譽為「有組織才能和想像力，一切進行得有條有理、保持理智和節制」的參加中文運動的青年，嘲諷為「對努力要

等華人」，引文中所提的「向心香港」是指1970年9月4日港大學生會在校內的中文運動宣傳，貼出了數千個寫上「向心香港」的標語。親中(共)左派視之為中文運動是由港獨派把持的鐵證。不過，真正使他們憂心忡忡的，其實是對青年學生有莫大影響力的激進行動派，也就是對由一班托派、無政府主義者的青年夥伴們辦的刊物《70年代》感到如芒在背。在這些對中文運動進行攻擊的文章之中，並沒有仔細的論辯反殖民主義，而是訴諸辱罵他們為「不中不西」，「半中半英」。

不過，對中文運動作的最全面的否定的，是1970年11月，刊登在《七十年代》署名吳國偉，題為「中文法定運動的來龍去脈」的文章。這篇文章先用報導的書寫方法，把運動發展過程的爭執用非常負面的角度描述，用「提倡過娼妓合化的某議員」來影射黃夢花，用「拳頭派」來影射「中運聯」，把整個過程都寫成只有污泥濁水。並指參加中文運動的年輕人都是被人迷惑，被人利用，甚至暗示美國勢力插手在香港搞第三勢力。文章最尾是以這種方式來影射中文運動是受外國勢力來擺佈：

> 我不禁想起一個故事：山姆叔叔的拿手本領是搞第三勢力。全個吃不到，吃一點也是好的。就以寶島為例，山姆亦看到長此下去不是辦法，於是寶島國的口號便應運而生，只要寶島成了國，到時分要收回可別怪我說你侵略。至於東方之珠，情形雖是不一樣，但是山姆是愈來愈覺得約翰不夠合作。早想排擠約翰的勢力，搞一個東方之珠國。乘着約翰年老體弱而又多病，山姆的攻勢開始了。他們糾集了一大幫人馬，分成激烈及穩重兩派。激烈的説：「我們要反對約翰騎在我們的頭上，東方之珠是我們自己的，我們要改革。」穩重的也説：「約翰，你

維護的舊社會的秩序『十分有益』的『好青年』」(1970年11月《七十年代》頁17，齊辛「好青年」)。

為甚麼要歧視我們大多數人所説的語言，我們是要爭取人權的。」説得好不漂亮。其實他們是想用這為題目去打擊約翰的傳統勢力，取其位而代之。

面臨巨大的挑戰，約翰也糾集了一幫人，也分成兩個形式出現，一幫是約翰的管家們，他們説：「不要躁急，你們的語文，在有必要、及有利時我們是要盡量利用的。至於官化嘛，也不是不可以，我們先調查研究。」另一幫則更聰明，他們也擺出了同意「語文官化」的姿態，然後説：「約翰已答允調查了，我們且等待等待，不過大家不要忘記，最重要的，還是要「向心香港」。

眼裏只有「紙老虎」，卻沒有群眾

關於外國勢力操縱香港的想像和投射，今日的香港人絕不會不熟知。而當年這種「左派」想像，是和對中文運動的犬儒主義緊密地連結起來。為此，《70年代》作出了幾次反駁。1970年9月1日的13期刊出黑騎士對上列文章的點評。1971年1月15日，署名向青的作者又以長文「駁斥中文運動的潑冷水者」回應。向青是這樣回應他們的：

明眼人自然看得出來，所有這些利用中文運動的企圖，事實上都存在的。抱着純潔目的來參加這運動的學生、工人以及一般市民，如果不注意這些卑鄙的企圖，那是愚不可及……但，是否怕受人利用便不要參加呢？……

那些潑冷水的左派人士，很注重分析中文運動的社會背景，其中也承認「許多積極參加中文運動的年青人，都是具有真正民族感的……」可惜儘管如此，他們仍舊一口咬定這運動本質上是美國佬對英國佬的鬥爭。他們的眼裏只有「紙老虎」，卻沒

> 有民眾。他們竟忘記了「人民，只有人民，才是創告世界歷史的動力」是「最高指示」。也許因為他們的「天天讀」、「講活學活用」工夫還沒有做到家吧！

向青的名字，經常出現在香港托派出版的刊物上。但在這篇文章中，他反而以毛澤東的名言向香港親中左派反唇相譏，指他們只會作宏觀的政治分析，卻不懂得走進群眾之道，從人民群眾的具體鬥爭當中，找尋和把握運動的方向。他的批評，着實是擊中五月暴動之後親中共左派的困境和要害。這些左派們，給夾在高漲的自發反殖情緒，與無處着地的民族主義之間。他們不能忠於他們左派要站在群眾鬥爭前頭的信念，吊詭地是因為他們要接受中共對香港大局的戰略佈署。

而一直以來，中共對香港殖民主義的事實，都是服從於「長期打算、充分利用」原則，也就是説，為了中共的戰略利益而容許和香港的殖民體制繼續存在。他們為了保持這種戰略目標，甚至對殖民主義的內部改良都是反對的，他們要的正是容許香港的一切以本來的「殖民體制」方式存在，直至從英國人手上收回。所以，他們在香港，只能促進一種沒有「解殖」或「反殖」內容的民族主義。因此，當受托洛茨基主義、無政府主義或六十年代反叛文化啟發的青年，把「反殖」當真，提出「反資反殖」口號的時候，親中左派是非常抵觸的。這種矛盾的情緒，最能反映在急劇變化中的《盤古》雜誌上面。

《盤古》雜誌是香港一群文化人所創辦，在1967創辦的時候，立場是反共和偏右的。五月暴動之後，雜誌也曾發聲明指責左派。但繼後則逐漸左傾，直至1971年中，宣佈全面左轉，認同中共，甚至成為文革極左派四人幫的輿論喉舌。雖然《盤古》雜誌在第二階段中文運動已有介入，成員吳兆華更一度參與了中運聯的秘書工作，但對中文運動的態度是反反覆覆的。

1970年12月的《盤古》刊出署名國青的一篇「照『中運』的鏡子」一文，文中對中文運動把這種忐忑的心情表露無遺：

> 雖然有人稱這為「御旨下的革命」，也不失為一個社會教育運動⋯⋯儘管香港的中國人處身狗馬經、架步和線孔之間，畢竟還有一絲國族的情連通我們與中國母體的關係⋯⋯
>
> 香港是一個民主自由的社會，亦有部份運動的頭頭惟恐香港化不及，大叫要繁榮安定、合法，且最重要是向心香港，如果向心這個腐朽的老式殖民地政體是這個運動的產物，甚或出現了所謂香港自治的分裂分子的傑作，那這個運動倒不如幾個月前無疾而終來得乾脆，因為至少這種失敗較前述的成功無害得多⋯⋯

不過，文章仍然說，這個運動仍然有民族主義左派可以發揮作用的地方：

> 中國人的認同教育是一個龐大的社會教育工作，也不是一朝可以達到的⋯⋯我們應該在這次中文成為法定語文運動中加以展開，更要使它成為這次行動的主要方針之一⋯⋯這是一個難得的機會，我們可以利用熟習運用的宣傳方法，把中國的訊息帶到群眾去，透過語文學習，中國了解和研究、戲劇、宣傳文字、標示性宣傳品，讓香港更多中國人自覺他們原來是偉大的中華民族的一分子，他們的未來和中國是血脈相連的。
>
> 此外，對於那些滿口「向心香港」的「學生領袖」，或那些呼之欲出的「港治」分子，人們要提高警覺。這個神聖的運動，是不容野心分子扭曲的，苦心經營「港治」的人，將會受到歷史的裁判。

作者所講的「認同教育」，和他描述的宣傳方法，正好就是接着下來七十年代香港學生運動中親中共的「國粹派」學生的運動特徵。他們把認同中國的教育作為學生運動的一切，反對實質上介入反對殖民地政府政策的社會運動，更加對托派學運分子主張的「反資反殖」視為敵人的顛覆。他們的冒起，以至一度在七十年代的上半頁，支配了當時的學生運動，完全是靠保釣運動中捲起的一股民族主義情緒，以及七十年代那一股在西方世界也紅遍的「中國熱」，直至「文革」結束，「四人幫」倒台，這個大幻象方行終結。

因此，當《70年代》(第16期)於1970年12月1日的「編者的話」中說：「我們亦應真正了解中文運動的意義——中運是殖民地變革的第一步！中文運動之後，我們還要幹下去的。香港的左派人士和報章，對中文運動冷嘲熱諷，大概是怕我們革了殖民地政府的命後，會繼續努力革毛澤東這個獨裁強權政府的命吧？」

與上述那種呼籲繼續變革殖民地的呼籲相反，《盤古》雜誌在1971年7月(第39期)發表的署名為劍青的「還未蓋棺的定論」——半年來『中運』的一個報告」中則說：

> 「中運」的中心精神，明顯地不是在「中文法定」本身，而是香港的醒覺青年反殖民地主義的表現……然而香港的社會運動到甚麼為終極，這是一個使香港青年本身感到惶惑和意見紛紛的問題！就香港本身來看，一個接一個的香港本土社會運動可以逐步地推翻這有新設備的老殖民地，可能促成香港獨立，另一個方向是「向心香港」以改良主義者的工作方法使香港「官民溝通，繁榮安定」。但這是一片面與孤立地看香港的說法，人們不應忘記香港是中國的地方……自從「乒乓外交」展開後，越來越多人看到這一點，因此在香港回歸中國的過程中，「港獨」或「擁殖」都成為絆腳石，甚至一如台獨被外國勢力

所利用，這都是對中國的一種大罪行，是值得運動者警惕。因
此香港的社會運動必須是「中國取向」！……讓我們以團結中
國人的運動來迎接這偉大的時刻的來臨。

文章刊出的是《盤古》的第39期，也是雜誌編輯方針明顯改變的
那一期，該文也可算是對之前對中文運動態度的一種總結。也就
是說，既沒有再極端負面地全盤否定中文運動，也要更鮮明地突
出要用中國民族主義來駕馭危險的反殖意識在青年中間的萌芽。
而這亦正好解說了往後「國粹派」所要主導的學生運動，所要爭
取的最主要目標。簡單來說，就是一切運動都是準備回歸，而非
要變革殖民地，更遑論革命。

總結：邁向沒有解殖的回歸

可是，「國粹派」的那種認同中共至上的路線，並沒有真正
取消由中文運動所開拓出來的反殖運動空間。除了托派之外，接
受天主教解放神學影響甚深的天主教大專聯會刊物《曙暉》，就
在1974年2月發表了題為「中運簡介」的回顧文章，內容也是以
反殖民主義的群眾運動的角度來評價中文運動的歷史意義：

中文運動的成功與否，並非單是能否爭取中文成為法定語文，
而是能否使群眾投入這個運動，提高其反殖民主義意識，同時
在總結鬥爭經驗時，找出一條殖民地革命的正確路線……中文
運動的爆發，是青年對殖民地社會不滿的一種表現。所以，中
文運動的意義，是使他們學會了鬥爭的方法，從而改造社會。
若從這個觀點來說，中文能否法定已是次要的問題。最重要的
是(往往是一般大專學生所忽略)，如何去徹底消滅殖民地社會
的不合理制度，如何去革殖民政府的命……日後比較覺醒的大

> 專學生在總結失敗的經驗時，都明白到對殖民政府存有幻想是
> 十分錯誤的，而以後觀察社會事物時，一定會從殖民地的問題出
> 發……真正進步的大專學生已不再對改良主義存有任何的幻想，
> 而青年運動進而提升為反殖民主義、教育群眾的運動。

可是，《曙暉》從中文運動中繼承的反殖民主義運動精神，在
八十年代就因為香港前途問題上了中英兩國的議題而橫遭割斷。
因為兩國協定了1997年香港會移交主權，完成「回歸」。但回歸
下，解殖並沒有完成，回歸更不是反殖運動鬥爭的成果，而是把
原來的殖民體制，及管治原則大體上按原狀重新裝嵌在中國的一
黨專政體制之上。回歸的歷程在八十年代啟動，但它的準備工
作，在七十年代親中左派對學生運動的介入已經起步。以「認
中」或「認祖」為首務的國粹派學生運動，重要的不是讓群眾以
自己參與的方式去終結這個地方的殖民統治，而是阻止會真正
動搖殖民體制的運動發生，因為反殖運動所會釋放出來的主體力
量，並不是中共所樂見。

「珠海事件」

——因悼念殷海光而點燃的一場學運[*]

　　香港學生運動的主流論述，往往以七十年代的保釣運動作為重心，標舉運動的時代意義。這套以中國民族主義作為論說主軸的學運論述。對於由冷戰氛圍所主導的五、六十年代，如何過渡到七十年代以左翼激進主義為特色的「火紅年代」，往往語焉不詳。對保釣運動之前的其他學生運動歷史，以至當中駁雜多樣的思想潮流轉變，更少有仔細研究。

　　六十年代最重要的政治事件，莫非由親中正統左派發起的「六七暴動」。然而，從青年的社會思潮觀之，六十年代卻並非由親中左派所主導。在那個政治活動普遍受到殖民政府箝制的時代，卻是香港學生運動的醞釀期。當時有大量的文社組織推動文社運動，刺激年青人認真思考和討論社會問題。大專院校也成立了「香港大專學生社會服務隊」，大專學生開始走出象牙塔，實踐關心社會及親身體驗低下階層的生活。「六七暴動」平息之後，香港更爆發了第一次中文運動，爭取中文成為法定語文，提高中文的地位。當其時，世界各地爆發了範圍廣泛的的學生運動，「反蘇聯侵略捷克」、「反美國參與越戰」等運動，也開始吸引香港學生的關注。受到這些國際學潮的影響，香港的大學生也開始爭取在學校行政上的參與權，其間出現了香港大學的爭取「校政改革」運動，以及珠海學院的「珠海事件」¹。推動這些

---

* 　　與劉麗凝合寫。

1 　　香港專上學生聯會(1983)，《香港學生運動回顧》，香港：廣角鏡出版社有限公司，頁9–28。

學生運動的思潮來源駁雜，要了解箇中的動力，首先要對當時香港的大專教育結構有基本的認識。

香港大學是殖民地第一所大學，以英語授課，被視為貴族學府，因為學生多是來自上層或中上層的家庭。當時只有極少數的學生能夠考入港大，港大學生畢業後普遍都是加入殖民地政府當公務員或往洋行打工，被視為天之驕子，一般對政治活動不會太熱衷。翻閱五十年代至六十年代初港大學生會出版的《學苑》，人們會發現大部份內容都是圍繞學生的文娛活動、運動比賽及學生福利等文章。香港大學之外，中文的大專教育主要由一批大陸南遷來港的專上學院負擔。它們處身於政府資助和承認的大專教育體制之外，條件簡陋。當中不少是由已遷徙到台灣的中華民國政府認可的院校，親「國民黨」的色彩強烈。和香港大學不同的是，他們的學生較少以建制精英的身份自居，而且受反共的思想教育影響，學生亦緊貼台灣島上的思潮變化。

珠海書院也是以它的親國民黨背景而令人印象深刻，以毛蘭友為筆名的吳仲賢曾經形容，「如果要在香港找屬國民政府最貼切的象徵，珠海書院無疑是第一人選。珠海書院不僅高掛青天白日旗、高懸孫中山的照片、定三民主義為尊，而且珠海的歷史年代進程，也與台灣政府差不多。一九四九年，隨着國民政府的潰敗，由『正統』的政權以至偏安苟息台灣這個大海島，珠海也由『正統』大學降格到私立的『野雞』大學，更妙的是，大家都得不到英國人的承認，以至珠海要以商業公司的名義在香港註冊。」[2] 作為一所私立大學，珠海書院的學術資格得不到香港政府的承認，但其學分可用作投考台灣各大學。所以，雖然地位及不上香港大學，但早期的珠海書院有部份學系也頗具名聲，有著名的學者坐鎮。但隨着新亞、聯合、崇基三間書院於一九六三年

2　　毛蘭友(1983)「香港青年學生運動總檢討」《學運春秋：香港學生運動(第二版)》，遠東事務平論社香港問題小組，頁202。

合組為中文大學之後，珠海書院則進一步被邊緣化。

　　珠海書院的高層是由親國民黨人士主持，奉行保守的政策，有箝制學生思想的傳統。例如學生會規定由校方指派的學生代表組成，學生刊物要經由校方刪檢才能出版，校方也有親信學生及人員安插在每一個角落等。[3]六十年代的香港，受制於冷戰對抗、殖民政府高壓的氣氛下，青年學生卻受到全世界都發生的學生運動消息所衝擊，苦無出路。而在台灣，政治求變的渴求，也在年輕的知識分子中間冒起，要求改革。《自由中國》事件中，雷震、殷海光等自由主義者，對「蔣介石政權」發出了針銳的批判。雖然隨雷震下獄，事件暫時平息，但事件的餘波，卻繼續擴散，在台灣和香港都產生影響。1969年在香港更催生了「珠海事件」。

　　《學運春秋：香港學生運動》一書內附的「香港學生運動大事年表」是如此形容「珠海事件」：

六九年九月　珠海學生被開除

珠海學院由親國民黨人士主持，其學生會向校方派的學生代表組成，學生刊物亦要經校方刪檢才能出版。當時因珠海校方壓制學生言論自由，開除十二位揭示珠海校政的學生，引起大專學生在珠海校問前靜坐抗議，各學生團體亦聲援開除學生。是次行動消除了大專學生對示威抗議這類運動形式的恐懼。[4]

　　吳靖華也在《路是怎樣走出來的？——綜談近年來的學生運動》一文中，也談過「珠海事件」的經過：

3　吳靖華(1983)「路是怎樣走出來的？——綜談近年來的學生運動」《學運春秋：香港學生運動(第二版)》，頁246。

4　遠東事務評論社香港問題小組(1983)《學運春秋：香港學生運動(二版)》，頁3。

六九年的秋天，有學生在校外刊物對上述措施進行批評，珠海校方即按照「黑名單」開除了十二位同學(事實上原文作者不在名單之內)，這無理措施引起了大專同學的不滿；被開除的學生在九月十五日、十六日在珠海門外靜坐抗議，派發《珠海之聲》，得到了其他院校同學的支持……逼使了江茂森(珠海校長)要與被開除的學生談判，學聯只是作為調停人；校方要學生寫悔過書，而被開除的學生裏有些又因怕事而退縮，這次抗爭拖延下來；然而從向不合理的舊勢力的挑戰及學生的自我改造這一方面來看，這次運動有頗大的收穫。受自由主義傳統影響的積極分子，在「珠海事件」中第一次行動起來，從這個實踐中學習到社會抗爭的一些方法，這個活動經驗加強了參加社會抗爭的信心，為日後的運動增加了基礎。[5]

《香港學生運動回顧》則比較詳細交代「珠海事件」的來龍去脈：

> 1969年秋天，由於珠海書院部分生不滿校方過份控制的措施，在校外的《大學生活》投稿，揭露及批評不合理措施，引致校方不滿，開始鎮壓。不久，珠海書院社教系刊《社教之聲》因部分文章被校方禁止刊登，並要求獲得投稿者的個人資料；於是在《社教之聲》以「開天窗」的方法作為抗議。

1969年8月22日，珠海校方開始鎮壓學生，十二名學生(包括吳仲賢)被校方通知轉學。學生於是去函教育司署要求處理此事。9月5日《新生晚報》以頭條報導此事，並在內容中暗示被開除的十二名學生懷有政治背景。學生乃召開記者招待會澄清事件真相，於是引起社會人士及學校的注意，這時被開除的海同學亦獲

---

5   吳靖華(1983)「路是怎樣走出來的？——綜談近年來的學生運動」《學運春秋：香港學生運動(第二版)》，頁246。

港大、中大、浸會及部份珠海校友支持。9月3日，聯合書院學生會發表聲明支持各同學，香港大專同學會亦發表支持聲明，學聯除明支持外，並派人調查事件經過。

被開除的同學及熱心的支持者感覺校方，輿論及教育司署的反應冷淡，於是建議靜坐示威。9月13日，學聯、大專同學會及天主教大專聯會協議組成六人聯合調查委員會。同日早上9時40分，靜坐示威開始，最多時有六十多位參加者在珠海門外靜坐抗議，並派發《珠海之聲》，吸引了許多記者及警員。由於這是67年暴動後第一次學生示威，雖然缺乏組織和宣傳經驗，仍有一定的效果，加上六人委員會的居中調停，珠海院方決定於15日與和被開除同學談判。經過多次商討，校方要求學生寫悔過書。最後，由於部分學生畏怕而退縮，加上支持力量不足，部分同學被迫寫悔過書而返校，部分同學則持立場，拒寫悔過書而離開珠海書院，珠海事件便告完結。[6]

珠海事件的主要涉事者吳仲賢是七十年代香港政治運動的先鋒，有興趣於吳仲賢個人的政治參與事蹟的研究者，總是集中關注他參與創立《70年代》雙週刊後的一連串社會運動，以及他後來加入托派的事，反而忽略他最早期介入珠海書院學生運動這件事。為了填補這個空白，下文將會更詳細介紹這兩事件的細節。

吳仲賢曾經以毛蘭友(筆名)在《70年代》雙週刊發表一篇「香港青年學生運動總檢討」的文章，他認為1969年發生的珠海事件對日後的學生運動帶來重要的意義和影響：首先，珠海事件衝破青年學生對示威抗議這類運動式的恐懼，特別是自六七暴動以後，殖民政府成功在社會制定了『左派、抗議、示威、暴動、

6　香港專上學生聯會(1983)《香港學生運動回顧》，廣角鏡出版社有限公司，頁18–19。

市民無辜流血、「繁榮安定」受到威脅等』的公式，也順勢壓制工人運動及其他抗議示威行動，而珠海學生的靜坐示威打破了以上的反應公式。第二是促進了香港大專最先進一群學生連結的機會，最後是參加珠海示威中行動傾向最強的幾位學生，在事發後的三個月，成立了公開煽動鼓吹社會直接行動的刊物——《70年代》雙週刊[7]。吳仲賢認為行動雖然未能幫助被開除的學生復課，但這些「小石子」所惹起的波瀾，對推動整個七十年代火紅的學生運動帶來不能忽視的影響。

珠海事件的起因

早在珠海事件發生之前，珠海校方與部份學生之間早已積存不少矛盾，甚至處於對立的局面。例如早在六八至六九年吳仲賢爭取在珠海校內組學生會的運動，以至後來的文學研究社事件、土木工程系事件、建築系事件等，已經看到學生爭取自治的願望，以及校方如何打壓學生組織。但「珠海事件」逼使校方採取開除學生的強硬手段，是因為它真正刺激到珠海校方的神經，原因是：(1)一篇刊登在公眾刊物《大學生活》的文章，及(2)學生刊物《社教之聲》「開天窗」的行動。

「從夢想到絕望」

在《大學生活》第四十二期，吳仲賢以珠海書院畢業生的身份以筆名「伊雲」發表「從夢想到絕望」一文，批評珠海書院打壓和剝奪學生在校內學生建立、實踐民主的制度及自由的權利，以及過於側重牟利。文章開首是作者以畢業生身份發表的感言：「四年後的今天竟然懷着絕望離開校門；更想不到這絕望竟是珠

---

7   毛蘭友(1983)「香港青年學生運動總檢討」《學運春秋：香港學生運動(第二版)》，頁204。

海書院賜給我們的禮物。」顯然，作者對於「學生的基本人權在校方的強權高壓下受到剝奪」感到非常失望。他更說：「我們當然嚮往民主和自由，可惜在珠海我們同樣不能嗅到民主和自由的氣息。」[8]

接著，文章羅列了關於珠海書院的指控，其中包括校方如何打壓學生組織：

1. 訓導主任悍然迫令已經成立的外文系組識的「文學研究社」解散；
2. 訓導處禁止學生召開會員大會，讓會員罷免有醜聞的建築系會會長，破壞學生自治團的民主程序問題；
3. 懷疑在訓導處的施壓下，使學生會學術組計劃舉辦的「課程研究會」流產；
4. 校方干預學生會的成立及制度，否決直接選舉和內閣制的方法組成學生會，只接納代議制的學生會，最後更成為七、八十人選學生會會長的小圈子選舉，學生會不能發揮預期的作用，淪為訓導處的工具。

文中也記錄了同學和校方交涉的經歷：

1. 當時仍然就讀數學系的吳仲賢、外文系的李雲峯、建築系的田開揚、建築系的陳同學、社教學系的張同學等都是珠海學生會成立的背後推手；
2. 吳仲賢曾因「文學研究社」解散事件被系主任、副校長和校長召見；
3. 吳仲賢被選為出席「課程研討會」的其中一位代表後，

8　吳仲賢(1997)「從夢想到絕望」《大志未竟：吳仲賢文集》，吳葉麗容，頁99–112。

校方立即向數學系的系主任及數學系會副會長施壓，要求罷免吳仲賢的代表資格。

當時，積極參與這些活動的同學，頗為受到自由主義思潮的影響。例如吳仲賢於《社教之聲》所發表的「珠海學生會的展望」一文提到：

> 珠海學生會並非偶然成立的，而是由於在校一般同學都覺察到各系會各自為政，疏於聯繫，以致同學間形成很大的隔膜，進而阻礙學生自治能力的發揮，和培養一切普遍性學生活動福利工作的進展；再加上自由和民主兩大思潮的衝擊，部份醒覺的同學便自發地站起來為組織學生會而不惜付出最大的努力……基於「民主」與「自治」這兩個常用名詞的語意常令人誤解，實在有必要首先引進普遍的詮釋。[9]

為了解釋民主、民主政制及民主精神的關係，他在文中引用不少自由主義哲學家的見解：例如Ortega y Gasset認為民主政制裏的公共權力是屬於全體公民的，所以社會上每一個公民都應有同等機會，參與政府各種政策制定的程序。他又引用盧騷(Rousseau)的直接民主理論及洛克(John Locke)的間接民主理論，論證代議政治的基礎。[10] 此外，他更緩引台灣自由主義學者殷海光在《中國文化的展望》的論述，討論如何消除民主制度下出現「多數的暴政」的危險性。

《社教之聲》開天窗

　　六十年代的珠海書院容許校內有不同的學生刊物，但學生

9　　吳仲賢(1969)「珠海學生會的展望」《社教之聲》1969年2月14日，頁2。
10　　同上。

組織並非擁有完全的出版的自由，按《珠海書院學生團體組織規程》第十條規定：「本校學生團體之刊物、通告及對外行文時其稿件(包括封面、插圖、照片等)須先送請訓導處審查方得發行。」[11]當時在校內出版的幾份主要學生刊物，包括由新聞系出版的《珠海新聞》、學生會出版的《珠海學生報》，以及由社會教育學會出版，開放給全體學生的《社教之聲》，都受到上述的條例約束。而由於校方主導了學生會的組成，所以立場貼近校方，逮屬學生會的《珠海學生報》，言論也大致反映了校方的立場和取態。唯一稍有不同的只有《社教之聲》，它開放給全體學生投稿，但發行前都需要經過訓導處的審查，只要文章內容不符合校方的要求，校方都一樣可以要求撤掉。

在《社教之聲》創刊之初，校方規定刊物必須於附印前兩星期，將文章交到訓導處接受檢查。到了第二期(1969年5月號)的文章呈上審核的時候，訓導處突然要求所有文章都必須呈交所有作者的真實姓名，不能只提供筆名，否則就要撤銷文章。編輯部分別與作者及訓導處協調，但最終失敗，於是決定抽起那四篇文章，包括《一個典型的知識分子 —— 殷海光》、《我們多醜》、《雨霧濛濛》及《稚子》，原有位置只留下題目，以抗議校方干預學生的出版自由。正由於《社教之聲》是校內惟一由同學自由投稿的園地，《社教之聲》突然被逼「開天窗」即時引起全校轟動。

為何作者沒有附上真實姓名的文章就要被撤銷刊登呢？當年珠海書院的學生會會長李銘輝解釋：「私立大專必須向教育司署註冊，學生刊物如果刊登沒有作者真實姓名的作品，將來便無法追究責任。」[12]但這種解釋顯然得不到學生的信任，觀乎其中三篇被撤的文章《濛濛霧雨》、《我們多醜》及《稚子》的內容，

11　「珠海書院學生團體組織規程」，《學苑》1969年8月1日，頁2。

12　「自由的恥辱」，《學苑》1969年7月1日，頁1。

既説不上批評校政，又看不到有任何政治不正確的觀點，再加上《珠海學生報》的文章，也經常刊登沒有附上作者真實姓名的文章，所以珠方校方的指控的確難以服眾。這亦更加令人斷定，校方真正針對的是「一個典型的知識分子——殷海光」這一篇。例如香港大學學生會刊物《學苑》就曾刊出一篇短評，題為「自由的恥辱」，指出校方的解釋只是欲蓋彌彰。文章指出，即使不知道「一個典型的知識分子——殷海光」的內容如何，「但這篇文章之被禁止刊登既發生在珠海書院，其中緣故也就呼之欲出，不必纍述了。」[13]

當時香港的大學生討論殷海光思想，其實沒有任何禁區。港大的《學苑》也不時有作者為文引介和討論。但唯獨是珠海書院卻對這樣一篇文章下刪禁令，令人不得不懷疑這是珠海書院本身靠近蔣介石黨國系統中的當權派這背景使然，因為文章剛好觸犯了他們的禁忌。事實上亦只有珠海校方背後的蔣介石政府，才會對文章提及的自由主義思想視為一種威脅。他們認為整件事是「第三勢力」在背後策動。

所謂「第三勢力」是指在原在中國大陸上，那些處身於國民黨和共產黨之外，崇尚自由、民主的獨立知識分子及其他小黨。國民黨在1949年撤離大陸之後，部分「第三勢力」留在大陸，變成中共卵翼下的「民主黨派」，而離開大陸的一部分，則散落在香港與台灣。五十年代一度受美國部分自由派的青睞，認為他們有潛力發展成共產黨和國民黨之外的政治力量，但最後無疾而終。其中，一些文教機構例如友聯出版社等成為受美國資助的對象，充當美國文化冷戰的盟友，對戰後香港文化發展影響甚大。當中有一部分人更與位處台灣的雷震有所接觸。當雷震於1960年因為意欲在台灣籌組「中國民主黨」而被捕下獄，香港的第三勢力刊物《聯合評論》也作出聲援，部分人更準備在組織上予以配

13　「自由的恥辱」，《學苑》1969年7月1日，頁1。

合。而在這一系列影響台灣深遠的自由主義反對運動中，代表國民黨黨中央的《中央日報》均迅速針對「第三勢力」展開批判。

言論反擊與反共狂飆

由於珠海學院歷來與台灣國民黨當權派關係密切，不難理解校方撤走殷海光文章的理由。因為殷海光是知名的自由主義學者，在台灣的《自由中國》及《文星》雜誌發表一系列宣揚民主、自由的政論性文章，而其著作《中國文化的展望》被視為批判國民黨蔣氏的專制獨裁體系，因而觸怒蔣介石，與《自由中國》的雷震及《文星》的李敖等同樣受到蔣氏及其政府的打壓。因此，珠海書院禁制殷海光的相關文章只是貫徹國民黨的政治立場。按照當時蔣介石等國民黨中央的判斷，雷震、殷海光之類的自由主義思想，都是美國國內一些自由派，例如漢學家費正清等主催。他們要求美國與蔣氏的獨裁政權疏遠，轉而採取更同情共產黨的政策。在香港珠海事件中，我們可以看到當時蔣介石系統的喉舌，將六十年代世界性的學生運動，都視為同一個「赤化」潮流及他們眼中所謂「第三勢力」的產物。

珠海書院對殷海光的「敵意」反映在《珠海學生報》的文章裏，例如第六期《殷海光死了！》的文章說：[14]

> 珠海有幾個社教系學生，在上學期編印《社教之聲》時，不知從那裏弄來一篇大捧殷海光、大吹「反叛精神」的文章……究竟這些文章是由那位殷海光「得意門生」代為「捉刀」的呢？現在殷海光死了，他們應該趕快為這個偶像恩師舉行追悼會，不要再躲在幕後替幾個珠海學生出謀獻策了。[15]

14　轉載自1969年9月24日《快報》「快語」。

15　「殷海光死了！」《珠海學生報》1969年10月10日，頁8。

同期的另一篇文章《小爬蟲珠海碰壁攬學運一事無成，學校當局招數好連消帶打獲全勝》[16] 也提及到殷海光：「我們曾報導第三勢力小爬蟲，裏應外合，要在珠海書院攬學運……他們存心和國府過不去，所以先攬珠海，宣揚『殷海光思想』，同時新舊學生裏外呼應，以為大功告成，將學運攬大。」[17]

《珠海學生報》是由校方所支配的學生會刊物，但評論這件事的時候卻用「上綱上綫」的風格，以「小漢奸」、「小爬蟲」、「左仔」、「搗亂分子」、「國際第三勢力」、「共產黨支流」、「新左派」、「友X」……這些字眼來形容參與的學生，充滿謾罵與人身攻擊。而且，這些文章也直接轉載到當時校園外的右派報章，例如《萬人雜誌》，可見珠海書院的校方當時非常重視這事件，不惜以高姿態來作政治性的大批判。

例如學生報的一篇由尚義(筆名)所寫的《小漢奸那裏走！》寫道：

> 近一年來，我校一小撮別有用心的搗亂分子，妄想利用種種卑鄙的手段，企圖醜化甚至推倒這所中華文化海外轉播站——珠海書院……這一小撮搗亂分子，在學校無所施其極，又不能向其主子有所交待，乃進而勾結校外不知所謂的爬蟲，向學生會攻擊，甚至詆譭二千餘同學的人格……近三個月來，他們在一本標榜民主自由的「XX生活」雜誌，連續發表數篇類似左仔口吻謾罵式文章……如他們不是受人指使，存心破壞本校的聲譽的奸人，就是天下第一號的蠢人……他們不是中華民國的國民，那麼，他們若不是左仔，便是「友X」那一小撮妄想賣國求財的小爬蟲了......我們建議學校當局，調查這些小漢奸的真面目，未畢業的趕出珠海校門，剛畢業的不要發給文憑。[18]

16　轉載自第九十八期《萬人雜誌》，《萬人雜誌》被視為採取極右的政治立場。

17　「小爬蟲珠海碰壁攬學運一事無成，學校當局招數好連消帶打獲全勝」《珠海學生報》1969年10月10日，頁7。

18　尚義(1969)「小漢奸那裏走！」《珠海學生報》1969年7月28日，頁2。

另一篇轉載到《萬人雜誌》的文章「小爬蟲們愈來愈猖獗了！」更將珠海學運歸類為國際第三勢力的陰謀，而矛頭更指向美國的「姑息分子」，而且他們將各種不同的政治組織和力量混淆起來，視為皆受同一源頭的指示而進行不同層面的破壞。[19]

> 所謂國際第三勢力，實在是共產黨的支流，也就是新左派。共黨明知擺正左派的招牌會嚇怕人，於是利用一班無知的小爬蟲，假民主自由的美名，幹其反民主反自由的事實……舊金山華埠的中國少年有紅衛兵組織；中華少棒隊在美奪標，有「台獨」分子在球場內打人；珠海書院有人大攪學運，鼓吹「殷海光思想」。這一切，全是一個老板的傑作——美國姑息分子，要更徹底地出賣中國，非「嚴厲對付」不可！[20]

文章所指的「姑息分子」即是美國的中國歷史專家費正清，他大力主張美國應與中共建立關係。文章接着寫道：

> 華埠中的紅衛兵、球場上的打手及香港大專的爬蟲，其實後台老板同是一人，是以費正清為首的美國姑息分子的傑作。他們不以出賣中國大陸為滿足，還要繼續努力，促成台灣「獨立」，使中華民國反攻大陸的最後基地也喪失，則今後毛共可以永遠保有大陸政權，安枕無憂，不必時刻擔心國軍反攻；七億中國人也永淪苦海，無法超生。尼克遜上場後，美國的姑息分子顯然更見活躍；羅傑斯國務卿不斷向毛共拋媚眼，送秋波，顯而易見又是姑息政策進一步表現。[21]

19　轉載第九十七期《萬人雜誌》。
20　「小爬蟲們愈來愈猖獗了！」《珠海學生報》1969年10月10日，頁6。
21　同上。

六十年代末，國民黨面臨腹背受敵的處境，既要反中共，但同時「盟友」美國開始嘗試拉攏中共，以圖削弱蘇聯的勢力，對內又有「台獨」甚至「第三勢力」的挑戰。面對風雨飄搖之局和長期積聚的強烈焦慮感，令他們無法處理哪怕是十分細微的挑戰和異見。對於蔣介石政權而言，《大學生活》、《盤古》及X報等一系列報刊，是香港第三勢力小爬蟲的陣地。[22] 故此當這些報章刊登了攻擊珠海書院的文章，他們就立即提升至國際第三勢力集團所策動的陰謀的高度，並懷疑這些活躍的學生是職業學生，滲透大專院校，利用刊物影響學生思想，故此必須除之而後快。

開除學生清剿異見

　　1969年8月下旬，珠海教務處向十二名學生分別寄出掛號信，邀約他們回教務處一談，當時收到掛號信的學生包括：文史系的李傑雄、釋源慧、外文系的黃志衛、范啟超、社工系的盧惠冰、社教系的陳清偉、張雅典，而陳清偉與張雅典同時是《社教之聲》編輯委員會的委員，相信兩人亦因為《社教之聲》開天窗事件而被秋後算賬。[23]

　　有傳校方一直希望查出在《大學生活》刊登「從夢想到絕望」的作者「伊雲」的身份，可是校方一直無法「破案」，於是以寧枉毋縱的方式，開除十二名懷疑與「從夢想到絕望」一文有關的學生。後來，應屆畢業生吳仲賢(數學系)及李雲峯(外文系)承認自己才是《從夢想到絕望》的作者，與被開除的十二名學生完全無關，但校方辯稱説即使那十二名學生不是伊雲，亦是同情伊雲的作品，同情「伊雲」對珠海書院絕望的心情，故此堅持要

22　同上。

23　荻兒(1969)「文字獄復辟」《珠海之聲》1969年9月，頁1。

那十二名學生離校。[24] 自珠海書院發出開除令後，外文系的講師余理謙神父與教育司處的介入無果，學聯會與學生的抗議行動亦令學生無法復學，這場學生運動就無聲無息地結束了。當時挺身出來的支持者甚少，被一些人譏諷為「三分鐘熱度的香港學生運動」，學運歷史上亦只簡單記上這是「珠海事件」。[25]

由於珠海書院的歷史記述比較含糊，後人或許會認為這純粹是一場珠海書院為了展現校方不容挑戰的權威，因而懲罰或報復校內不聽話學生的事件。然而，上述對事件始末的還原，顯示出《珠海學生報》上親近校方的言論，對涉事學生的批評其實是一場向學生大派政治帽子的攻擊，而非一般的學生違反紀律事件。

總結

冷戰對抗的需要，讓台灣蔣介石政權得以依附美國。可是，蔣介石卻對於美國聲言要保衛的自由民主毫無興趣。一切以依從蔣政權鎮壓異見分子需要的珠海書院當局，也無法容認它的學生受自由、民主的思想所「荼毒」，一如蔣介石也不能容忍雷震、殷海光的自由主義一樣。在冷戰的氛圍當中，香港青年接受的「右派」思想資源其實非常龐雜，當中包含了忠貞於蔣介石黨國正統的思想，也包括美式自由民主主義，以及文化保守主義的新儒家。在蔣氏威權主義打壓自由主義的舉動中，卻暴露了當時所謂「右派思想」的內在矛盾和整個陣營的弱點。「珠海事件」正是台灣當政的國民黨威權主義鎮壓內部異見分子舉動的引伸，卻無意中成為催生香港產生本土學生運動的序幕。

六十年代由親中「左派」(毛派)發起的「六七暴動」雖然失

---

24 陳清偉(1969)「我們的控訴」《社教之聲》1969年10月，頁1。

25 毛蘭友(1983)「香港青年學生運動總檢討」，《學運春秋：香港學生運動(第二版)》，頁203。

敗，但卻在香港激盪起青年學生求變之心。一直在香港大專學生中有重要影響力的「右派」意識型態陣營之內的矛盾亦暴露無遺。自由主義者如殷海光的思想在台灣受打壓，但他所引發的「反叛潛力」卻在他死後在香港繼續發揮作用，點燃了一場學生抗爭事件，把吳仲賢這些青年活躍分子推向學生運動，在院校的細小範圍內實踐自由主義。學校的威權主義打壓劍指自由主義思潮，但卻使本來擁抱自由主義的青年加速向左轉，找尋另一種更激進、更具行動力、主張直接行動的新左理論和力量。吳仲賢日後領導的托派運動雖然是屬於「左派」，但和珠海親校方言論所指斥的「第三勢力」等卻毫無關係，而且「托派」的一貫立場正是反對中共主流的「毛派」。吳仲賢由右翼陣營的自由主義異見者轉為左翼光譜上的反對派，顯見六十年代香港青年正在正統的「左」與「右」之間的兩黨冷戰對抗，受制於二元對立格局的夾縫中，尋求一種獨立的反對派政治方向，促使香港發展出獨特的異見者文化和社運傳統。

香港一直是國共兩黨對抗的前沿地帶，二戰之後全球冷戰的爆發為兩黨對抗加添了新的元素，右派陣營中的親蔣介石威權主義者，一方要面對美國這盟友輸入的自由主義，也惶惶於歷史上曾經批評過自己的自由民主人士(第三勢力)，會對自己產生新的威脅，忙於打壓，終於產生裂縫，導致統治出現危機。香港作為兩岸流亡者和異見者棲居之地，過去不相往還的左翼「托派」與「自由主義」竟然在此交匯，讓不能見容於兩岸政權的思潮可以在香港互相揉雜(hybridzation)和再創造。珠海事件本身雖然未足以直接成為一場波瀾壯闊的學生運動，卻開了風氣之先。而在主事者之一的吳仲賢身上，我們更可以具體指認出「冷戰」交鋒如何留下自由主義和香港新冒起的獨立左翼互相糾纏的印記。

火紅年代與香港激進主義的流變

「激進主義」從來都不是政府向外國人介紹香港時會用上的詞彙，因為香港一向習慣被描述為一個全面地功利化的經濟城市。唯一例外的是二十年代的「省港大罷工」，和六十年代的「六七暴動」。可是，這些「例外」往往就像一些突如其來的災難一般，被描述成只是短暫地影響了香港的繁榮安定。當一切回復「正常」，香港就會自動地重新啟動那列由「一條小漁村」開出的快車，直駛往她的終點「國際大都會」。

七十年代的香港歷史，往往就是這樣被淡忘。過去，主流論述都把七十年代看成是「暴動後」百廢待舉的經濟快速增長期，麥理浩總督開明施政、建設廉政、廣建公屋等大計，一切都是向着一個香港全盛的發展時期推進。直至近年香港本土意識迅速冒升，七十年代才開始引起更多深入討論，特別是連繫到這個階段對「戰後嬰兒潮」一代的影響。而原先只是在學運和社運圈子流傳的「火紅年代」一詞，方才重新出土，進入公共討論的範圍。

所謂「火紅年代」，其實並非實指香港出現激進政治的時代，因為戰後影響最大的激進政治行動，發生在六七年那場由親中左派發動的「六七暴動」。但「火紅年代」一詞一般並不包括六七暴動，而是經過後暴動兩年左右政治沉寂期後，由1969年直至1982年中英就香港前途談判開始的一個較長的七十年代。這段日子裏並沒有發生大型的社會動盪，但卻是香港土生土長一代最熱心投身於學生運動和青年運動的年代，也是種種左傾激進思潮雄據大學生和青年活躍分子思想，所以被當時參加這些學生運動和青年運動的活躍分子稱之為「火紅年代」。

不過，正因為「火紅年代」的意義正在於從戰後社會打開一個新的局面，所以要了解香港「火紅年代」的重要性，就不能不從戰後香港的文化及政治格局，亦即所謂冷戰對抗與及戰後殖民體制談起。

殖民–難民城市下的冷戰對抗

二戰結束之後，蔣介石領導的國民政府雖曾有收回香港之心，奈何忙於應付與共產黨的內戰，無力與英國周旋，於是英國順利地從日本人手上直接接收香港。旋即在國共內戰中佔上風的中共，雖然奪取了大陸上大部分國土，卻在香港實行「長期打算，充分利用」的政策，默許此地繼續作為英國殖民地存在。戰亂和政治運動導致大量內地難民逃港，把香港變成一個難民暫居地。結果孕育了一個獨特的「殖民–難民」城市。

由於英國人在香港希望維持此地為一自由港，國民黨和共產黨都能夠繼續並存，而且維持他們在香港活動的權利。這使得香港這個「殖民–難民」城市，也成為一個冷戰雙方相互延續其對敵鬥爭的中間地帶。在不危及殖民者保持此地安定的前提下，雙方努力進行文化和意識型態鬥爭。

右派方面，國民黨繼續支持他們過去在香港建立起的各類文教社會機構，而美國也在香港非正式地實行「美元文化」政策，資助反共的教育家可以延續其教學事業，作家可以寫反共小說拿取稿費，反共的書刊得以印行。左派方面，中共也擴展在香港的工作。為了抗衡右派對香港的反共活動和宣傳，也針鋒相對在香港建立了一整套的工商團體、社會組織和文教系統，由中共直接或間接管理和指揮。

於是，冷戰對抗令香港出現了兩套各有政治所屬，互相敵對的冷戰文化系統。國共雙方在港都有代表官方立場的「黨報」，

以及照顧不同階層文化品味需要的報刊。從兒童讀物，到中小學生文藝雜誌，以至大專青年的書刊，左、右兩方都有各自的地盤。冷戰文化對抗使香港的報業特別繁盛，其他文化事業也百花齊放，成為海峽兩岸之間一個獨特的自由空間。[1] 不過，由於文化發展受冷戰政治的偏擺，非黑即白的政治宣傳也缺少與本地生活的連繫。雙方宣揚的要不就是對紅色中國硬硬生的歌功頌德，要不就是共匪萬惡必亡的詛咒，或者飄泊寄居的「南來文人」對「中國」的懷戀。漸漸地，這些為冷戰對立立場所左右的思想和文化，與本地「土生土長」的新一代產生了隔閡與疏離，原因是它們都沒有貼近香港青年新一代的經驗和想像。他們對中國沒有切身的體驗和感受，冷戰雙方對中國的描寫又是如此極端和完全對立，他們對身處社會的關懷也因為不民主的殖民政府的冷漠而無處安放，缺乏參與社會的渠道，所以處身於極為困惑的迷失狀態。

六十年代的世界青年反叛

不過，其實青年人對戰後世界秩序的不滿並不只發生在香港。美蘇之間的軍備競賽，軍事–工業體制的勢力無限擴張，使追求獨立自主、掙脫殖民宰制的第三世界反成為美蘇各自擴展勢力的新戰場。新的世界大戰的威脅，以及各類型的不平等和危機，使受到人權、自由、平等等理想主義價值呼召的青年人，為了表達對世界局勢以及既有體制的不滿，在六十年代爆發出廣泛的青年反叛呼聲。在西方，黑人民權運動、反越戰運動、婦女運動、同性戀運動、嬉皮士運動等，相繼爆發。反抗的呼聲也在東歐民主運動中得到響應，例如被蘇軍殘酷鎮壓的「布拉格之

1　鄭樹森(2004)：「東西冷戰、左右對叠、香港文學」於馮品佳編《通識人文十一講》台北：麥田出版社，頁165–172；鄭樹森：「1997前香港在海峽兩岸間的文化中介」，頁173–198。

春」。這股橫跨東西方的世界性反叛運動,當然也包括中國發生的文化大革命在內。在西方,不少青年人視六十年代「文化大革命」中敢於衝擊共產黨高層官僚的紅衛兵為青年造反的楷模,而毛澤東當其時支持的「第三世界」路線、不結盟運動,也表現為一種拒絕在美蘇之間選擇任何一方的反冷戰立場。這種不再在「美帝」和「蘇修」任何一方尋求出路的想法,反映在為青年反叛高歌的「新左派」思想,他們要求在資本主義和國家社會主義之外,尋求「第三條道路」。文化大革命要求文化意識上進行徹底革命,也呼應了「新左派」提出要在文化上對工業社會資本主義生活價值實行「大拒絕」。

可是, 這股主要在西方世界出現的青年「抗衡文化」(counter-culture)和「新左派」思想並沒有對香港產生即時的影響,因為在殖民和冷戰支配的文化傳播和教育機構,要不是掌握在殖民政府手上,就是受親中共左派,或親國民黨右派把持。除了香港大學和中文大學之外,香港只有一些規模相當小的私立大專院校。香港大學被廣泛視為為殖民地培養管治精英的堡壘,其他院校或多或少都有反共的傳統,他們的學生都受老師們支持的反共文化所薰陶。兩者對於「新左派」在西方所掀起的青年反叛,其實抱有極大的懷疑態度。他們更對中共在六十年代出現的文革絕對的否定。而西方新左派中雖然對文革有很多幻想,但親中左派對於西方學潮卻也並不熱衷,遑論協助其相關思想的散播。

事實上,西方戰後新一代萌生的這種反叛體制的思潮並非一場偶發的事變,而是早早反映在文學、藝術、哲學等各領域的新思潮、新理論運動。可是,由於受限於冷戰文化對抗的既定框框,香港的左派和右派都沒有積極的宣揚和引介這些吸引青年人「離經叛道」,帶有激進主義意味的文化思想資源。又或者更正確的說,他們都小心翼翼的把這些新思想置於一種安全地帶。例如本來頗受歡迎的右派青年刊物《中國學生周報》,為

了迎合世界各地出現的青年運動和新思潮的湧現，在六十年代也改版，引介了一些西方新思潮，也成為歐洲新浪潮電影文化在香港最初的提倡者。而美元資助下的友聯機構，也試辦過「創建實驗學院」，最後並醞釀了《盤古》雜誌的出版。這些變動的目的，在於迎合青年對新事物的好奇心，把新理論、新觀點化為精神消費。雖然這些來自西方的新思潮和新文化背後有整個西方世界出現的青年反叛浪潮在背後，但右派刊物上對它們的介紹，並沒有連結到政治上的抗議，更加沒有連結到本地狀況。當年一位青年大學生，就讀珠海書院的吳仲賢在回顧這一年代時說，這些只是一種「形而上的反叛」，因為它們並沒有推動社會改革的力量。[2]

　　左派方面，由於一直以來都是以宣傳愛國主義的統戰為主，以不挑戰港英的殖民統治為大前提，所以左派在香港的青年工作，都是以文娛康樂活動為主，爭取青年認識和認同祖國為目的。在傳統「愛國」學校之外，左派也以地下的方式對香港主流精英名校的青年進行不張揚的統戰。但因為香港大學的親殖民政府傳統和私立大專的親國民黨右派傳統，左派對大專學界影響一直都不顯眼。不過，面對六十年代的世界青年學生政治覺醒大趨勢，親中的左派也曾經嘗試在大專學界加強影響。例如，「大專社會服務隊」發動同學以義務工作的方式，去偏遠和貧困的地區做一些修橋補路式的服務工作，貫徹一種左派的社會關懷。然這些服務和組織工作都是以「非政治化」的方式進行，反而避免發動同學去工廠支援勞工運動。這些柔軟的做法都是因為要配合中共政策，一方面要團結青年人於左派愛國主義旗下，但另一方面又想消弭大學生可能採取激進行動的可能。

2　毛蘭友「回憶六十年代」收錄於文集編委會編《大志未竟・吳仲賢文集》(香港：吳葉麗容，1997)，頁820–828。

文化大革命與六七暴動

　　不過，六十年代的香港本身已經是百孔千瘡，不思改革的殖民體制下，經濟縱有成長，但階級矛盾和社會危機卻一觸即發。而事實上，在文革還未在大陸正式爆發的一九六六年四月，香港就發生了因為天星碼頭加價的九龍騷動，造成死傷。當時左派報章的輿論也在支持政府平息動亂。可是，國內文化大革命的爆發，急速地為路線轉向提供條件。六七年五月新蒲崗一間膠花廠的工潮，迅速被香港親中左派轉化成「反英抗暴」的大暴亂。這場暴動使不少無辜香港人受到傷害，他們對左派的支持在暴動之後大幅下降。[3] 暴動之後，保守主義盛行，防左恐共的氣氛濃厚，殖民政府顯然在六七暴動中爭得了相當的管治正當性。從發起暴動的愛國左派來說，暴動的失敗是毫無疑問的。不過，暴動為香港所帶來的長遠影響，卻不能單從愛國左派的命運來評斷。因為，這場在香港發生的暴動，畢竟是在殖民地香港發生。

　　暴動以左派組織和號召而來的群眾為主，但也引來不少圍觀的青少年，「造反有理」的意識也廣泛散播，顯見社會在港英不思進取、欠缺改革的情況下，早已積聚了不少社會矛盾和民間的怨氣。只不過，當時的大學生組織並沒有出來支持左派，那些傾向溫和保守的學生組織更紛紛支持殖民政府鎮壓暴動。原因是左派過激的鬥爭策略最終脫離了群眾。港英政府在暴動之後反而由被動變為主動。麥理浩時代大刀闊斧的進行改革和社會建設，修正戰後以來一直的自由放任，為晚殖民時代的港英政府建立了一種管治正當性。

　　不過，雖然左派的挫敗令殖民政府有喘息的空間，但卻沒有使右派得益，因為右派其實也是被暴動的出現而弄得手足無措。在冷戰年代覺醒較早而又有思考的青年，多半受右派的新儒家知

3　　張家偉(2012)《六七暴動‧香港戰後歷史的分水嶺》香港大學出版社。

識分子那套文化民族主義的教養，寄望將來以文化復興中國。而右派主理的刊物，諸如《中國學生周報》雖然成功地以文化藝術團結了不少青年人，但他們面對突然而來的暴動，卻完全提供不了甚麼解釋，遑論領導運動。[4] 暴動帶來破壞，最後也被鎮壓和失去支持而平息，但青年們對當時現狀的不滿已被激發。右派青年刊物突然間失去了讀者的信任，他們提倡的文化保守主義，亦失去了對青年人的感召力，青年們反感覺他們的內容愈來愈老化，更加未能應青年人回應被殖民統治的現實。

土生土長的新一代精英雖然大部分都不贊同暴動的方法和目標，但暴動也激發了他們的社會意識，這令他們決意要從父母一輩各家自掃門前雪的難民心態逃脫出來。暴動發生後的幾年內，大專校園充滿了焦慮不安和失落的情緒，因為暴動暴露了社會的不公平和其他弊病。他們對殖民地體制的不滿急劇增加，但他們卻沒有方法去改變，他們更不知香港的未來和前路應如何走下去。於是，大學校園關於前途的討論日漸增多，也有愈來愈多的青年人和大學生希望將爭論轉化為行動。

百花齊放的火紅年代

在暴動之後，親中左派被社會主流所厭棄。社會上亦瀰漫政治無力感以及恐左反共的氣氛。然而，精英大學生建制中一些開明的華籍議員，同樣感受到暴動所揭示的，遠非僅只來自外來的干預，殖民政府過去的施政也有一部分責任。在六八到六九之間，他們共同地發起了「爭取中文成為法定語文運動」(簡稱中

4　也斯(1997)「解讀一個神話？——試談《中國學生周報》」，《讀書人》，第26期，頁64–71；陳文鴻(1997)「落後於社會變遷．談《周報》的『政治觀』」《讀書人》第26期，頁119–125；盧瑋鑾(1996)《香港故事．個人回憶與文學思考》牛津大學出版社，頁46–73。

文運動)。初則小心翼翼，只敢開開研討會，寫寫報告，陳情上達，乞求政府體察民意。但見殖民政府不為所動，於是把訴求化為公民行動，上街派傳單和搞簽名運動，並且號召海外港人聲援。其後，主張以激進方式推動運動的新型文化刊物《70年代》主動發起大學以外的青年工友參加，並發展中學生的中文運動組織，中文運動就開始如火如荼地大步開展。

親中左派原先對「中文運動」態度冷漠，甚至對之冷嘲熱諷，認為這場運動只是粉飾港英的「民主櫥窗」，為殖民政府建立威信，推動者的目的其實是尋求「港獨」。但後期見運動受大部分同學支持，於是改變方針，並改換政策，以求主動去領導學生運動。[5] 雖然中運並沒有即時取得顯著成效，但市民和大學生的社會動員，打破了暴動後的冷漠空氣和政治無力感，也開創了親中左派失敗的暴動後民間發起的和平、非暴力公民抗爭的先河。

而在中文運動進入低潮後不久，台灣及香港就先後為了釣魚台問題發生第一波的「保釣運動」，左派青年工作又重新活躍起來，在「保釣運動」中與托派及其他傳統的學生團體力爭領導地位。當時參加保釣運動的分別有三個主要派別，包括以托派為主的「聯陣」，毛派的「保釣會」和代表大學學生會的「學聯」。他們的保釣綱領並不一致，但雖然有種種分歧，但運動整體來說在動員同學參與方面十分成功。保釣運動大大刺激了香港青年的民族意識，更因為在一次示威行動中，洋人警司向同學施加暴力，令同學非常反感。保衛釣魚台主權的行動，又加添了反對殖民政府的意義，使六七暴動失敗後擱置了的「反殖」訴求重新出場。可是，保釣運動之後，把反殖訴求視為要務的不再是親中的左派(或毛派)，而是托派。

那些相奉毛澤東思想的學生領導，也被稱為「國粹派」。他們承保釣之後的民族主義風尚，取得學運的領導地位，並且把同

5　見本書另一章節「『爭取中文成為法定語文運動』與『反殖』的歧義」。

學的民族主義熱情轉移往認識新中國的「認祖」方向。當年學運人士把他們號為「國粹派」，其意不是說他們是清末民初，提倡宏揚傳統「國粹」的文化保守派，而是戲稱他們是凡中共路線必緊緊跟隨，缺乏獨立思考的一群。他們組織嚴密，實行中共群眾工作的方法，在不同的組織據點滲透發展。他們領導學生運動，以「認祖」和「關社」作為口號，兩者比較，前者方是重點。[6]主要是透過各種活動，例如「中國週」，帶領同學「認識」「新中國」，宣傳中共的成就，和文革當中的「社會主義新生事物」。他們也常組織同學透過地下安排的「回國參觀訪問團」，參觀革命聖地，直接與中國國內青年工作單位和黨團部門連繫學習。他們以「認祖」工作為重心，相對之下，較為次要的是「關心社會」，更加不輕易帶同學介入社會公義事件的抗爭。所以，學生運動在國粹派領導下思想上相對「激進」但行動上絕不激進。

七十年代初，中國尚在「十年文革」的中期。毛澤東已經改變親蘇的戰略，把「蘇修」視為頭號敵人，預期不久就會發生第三次世界大戰。為了應付新的世界格局，中共實行與西方和好的政策，與美國建交，並進入聯合國。當時人造衛星上天、試爆原子彈等，都在說服西方中共已經是一個強國。在西方興起的「中國熱」底下，不少人對「新中國」開始另眼相看。中共也加強了對海外華人的統戰，勸說他們放棄反共復國的幻想，冷戰對抗心態，重新回歸新中國找出路。香港就成為一個海外華人知識分子圈中開展「中國統一運動」的據點，李怡主理的《七十年代》月刊就成為其中一個統戰工具(刊物的名稱顯然是針對前述那份托派和無政府主義刊物《70年代》)。

6　作為聯繫各大專院校的香港專上學生聯會(「學聯」)在學運高潮的時候提出「放、認、關、爭」的四字口號，意指「放眼世界、認識中國、關心社會、爭取權益」。當中「認識中國」還是「認識祖國」是一個派別分歧的爭論焦點，而「認」究竟是指「認識」還是「認同」是另一個爭論焦點。兩者都和對新中國的態度有直接關係。

另一份成為國粹派主要思想陣地的是《盤古》月刊。在1967年創辦的《盤古》，原來是由一群以《中國學生周報》為基地的香港文化精英成立，成員包括陳炳藻、戴天、胡菊人、梁寶耳、吳昊、羅卡、金炳興、古蒼梧、岑逸飛等。雜誌剛成立不久，香港就發生暴動，這份刊物立即譴責，認為一切都是香港的左派發動，破壞香港社會安定。但在短短數年之間，《盤古》的編輯方針發生了鉅大的變化，轉而變成一份激進的親中左派喉舌，用文革時期毛派社會主義者的觀點引介西方激進青年運動、批判香港社會，特別是攻擊文化學術界中的右派。所以，《盤古》雜誌的轉向，最能夠反映在中共對青年的統戰如何影響香港的文化政治格局，在青年人當中產生了由右至左的急劇改變。[7]

由於這個時期左派激進思想盛行，而中共文革對西方左派有相當大的吸引力和刺激，不少人傾心於紅色中國，視為理想的人類烏托邦，或者一場偉大的實驗。但在香港，除了左派理想之外，更重要的是民族主義的感召。所以，雖然大陸文革思想中並沒有民族主義的元素，只有階級鬥爭和革命的理想，但香港的「國粹派」則以民族主義承載社會主義，甚至把民族主義放在首位，導致感情掛帥，理論薄弱。當時他們努力緊跟中共方針，一度把香港學運的任務定位為追隨中共革命外交路線下的「愛國反霸」。「霸」是指毛澤東三分世界理論中「蘇修」代表的「社會主義帝國主義」，是比美帝更邪惡的敵人，因為蘇修會在將來發動第三次世界大戰。可是，蘇聯在香港並無任何利益，連領事館也沒有一個。何來「反霸」？結果是把矛頭指向托派，因為托派被誣指為受蘇修所操控。

國粹派的學生歌頌毛澤東，讚美文化大革命，並直接學習和發揚文化大革命中的「社會主義新生事物」。和大部份以往冷戰

---

7 羅永生(2014)「六、七十年代香港的回歸論述」，《殖民家國外》，牛津大學出版社，頁68-89。

世代受反共思想所影響的知識青年不一樣，這部份受文革感召的大學生不會接受文革乃中共黨內權力鬥爭的說法，也並不認為文革所造成的破壞和死傷是不可饒恕的罪行，因為他們服膺於一套文革的世界觀，認為一切對文革的負面報導都是帝國主義者為了圍堵「新中國」的抹黑，而就算有部份是真實，也只是建設新的理想社會的革命過程中必然出現的現象。當然，「國粹派」學生對文革宣傳深信不疑之外，更重要的是他們也被七十年代初紅色中國的國際地位突然冒升(加入聯合國、中美建交、中日建交、人造衛星上天以及西方「中國熱」等)所吸引。他們不少是來自中學名校的精英學生，因而成為青年統戰的對象，他們也樂意繼續向其他同學開展統戰工作，在他們所領導的學生組織中執行中共的政策。

不過，正是因為要緊貼國內變幻快速的政治形勢，他們無法維持獨立思考。在文革後期，更參加了反對鄧小平復出的「打擊右傾翻案風」運動，導致他們在毛澤東死後，文革被徹底否定，「四人幫」被批鬥下台之時頓失方所。受此打擊，「國粹派」主導的學運局面亦于焉瓦解。

托派和無政府主義

在火紅年代中，一直和國粹派針鋒相對的是托派和無政府主義者。他們當中有部分是受海外學潮及新激進思想影響的回港留學生，他們在七十年代初創辦了《70年代》雙週刊的刊物，大幅刊登文章，報導海外青年反抗運動和反抗文化、及第三世界人民抗爭運動，為香港的青年讀者帶來了新的視野和思想資源，突破了左、右兩派共同壟斷的冷戰思想局面。這份刊物亦利用與讀者的聯繫，連結他們加入社會抗爭。如上所述，其中最重要的是推動了暴動後首次帶有反殖色彩的「中文運動」。為了爭論運動的

重要性和方向，刊物亦與當時親中的毛派展開辯論。雖然，中文運動是打破暴動後社會政治禁忌的重要突破，《70年代》也在鼓動青年工人和中學生參與方面作了很大的貢獻，不過，他們影響卻未能深入大專院校校園，原因是大學校園中主導的是國粹派，而國粹派則堅決執行「反托」的路線。[8]

事實上，香港托派的歷史傳承是來自中國托派。[9]中共奪取政權及特別是1953年「大肅托」前後，一批中國托派流亡香港，當中有人繼續逃亡歐洲或英國，但部分隱居香港，秘密進行一些低調的活動。七十年代一些托派開始重新活躍，培養青年，當中一些更前往歐洲與那些老中國托派連繫，也有和「第四國際」這個正規的國際托派組織建立關係。這些青年托派也曾建立不同的運動組織，例如革馬盟、戰訊、新苗等。雖然主張各有差異，但都站在香港左翼政治的最激進一翼。相對地，親中的毛派/國粹派則變成最保守的另一極端。托派既在理論上批判毛澤東，也對中共官僚主義持激烈反對立場，但他們並沒有否定「中國革命」有其正當性，而非像右派一樣全盤否定。不過，他們也一直以托洛茨基所堅持的國際主義世界革命觀點來批判國粹派的民族主義。而國粹派則以托派為心腹大敵。兩者在工人和學生的領域常常互相鬥爭。

雖然托派在大學校園被毛派(國粹派)排擠，在社會上也受到左、右兩大黨國文化系統所操控的媒體所敵視，但托派在社會上卻親自發起過或介入過不少社會運動。[10]例如盲人工潮、「四反運動」(反加價、反失業、反貧窮、反壓迫)、「反貪污、捉葛柏」運動，以及「金禧中學」貪污事件。在這些運動當中，托派

8　星河(1975)「香港托派與青年學生運動」，《風雷》，1975年創刊號，頁8–17。

9　吳基民(2008)《煉獄：中國托派的苦難與奮鬥》(星加坡：八方文化創作室。

10　李志平：「群眾運動中的反托傾向」，《戰訊》，1979年3–4月號，頁9。

和國粹派都針鋒相對。[11] 雖然這些運動並不能動搖香港的體制，但在「火紅年代」對於打破政治冷漠的氣氛，激活反殖民意識起着先鋒作用。當時，傾向保守的社會運動圈，由於其領導也是匿名的毛派(例如司徒華所領導的教師運動和教協組織)，所以都一樣排拆托派。意識型態的分歧是一個原因，但托派所堅持的激進姿態和行動至上的風格，也使他們和其他比較保守的社運組織存有不少分歧。

社會派與火紅年代之後的民主運動

大專校園內，托派並沒有取得過領導地位，和主導的「國粹派」取一日之長短。唯一和「國粹派」抗衡的是「社會派」，以及有另類激進思想資源的基督教和天主教學生「社關」(社會關懷)組織。所謂「社會派」是大學校園內不滿國粹派的學運分子的統稱，基本上也是抱持左翼的價值觀，對殖民地現狀和資本主義也是抱批判態度，亦基本上肯定中國民族主義。不過，他們沒有後者的龐大組織能力。但他們的共通點只在於拒絕「國粹派」無條件追隨中共的做法。在學運方針上，更多強調社會參與而非以情感帶動來認識中國。

社會派中也可以再區分出有對中國興趣較大，理論分析和研究傾向較強的一群，另一群則有更強的傾向，投入社會改革和建立民主草根組織。前者在學運走向低潮之後，轉化為一些論政組織，例如以推動「民主回歸」立場而知名的「匯點」；而後者則有不少投身社區，建立組織，並且以此為基礎，參與在八十年代初的區議會選舉，成為以參與選舉政治來推動民主運動的「民主派」，例如「民協」(民主民生協進會)。這些廣義的民主派都或

11　李志平(1983)「托派如何插手學生運動」，《香港學生運動回顧》廣角鏡，頁90–93。

多或少傳承着火紅年代的學運回憶，將火紅年代視為他們投身政治的起步點。不過，他們在愈來愈體制化的民主選舉制度中，都告別了在年青時期為意識型態理想而提出的爭辯，全力投入以選舉為核心的政治生涯。

相對之下，當年親中的國粹派在文革結束，四人幫倒台，及鄧小平復出主理「開放改革」事業之後，在八十年代紛紛遠離政治，走向犬儒和沉默，消失在香港的政治舞台上。但隨着主權移交，部分當年的「國粹派」領導人物，因着與中國內地的各種關係和人脈，反過來變成香港建制派的一分子，進入統治集團中間，而只有極其少量重新投入社會運動。而在這兩股勢力之間，托派分子則維持其永遠的異見抗議角色，轉化成為社會運動的其中一部分，從事基層勞工工作，只是當年那些托派黨組織已經紛紛解散。

獨立工運・公民社會・文化左翼

在七十年代，學生運動、工人運動和地區居民權益運動是主要的社會運動。學生運動有較多的意識型態爭論，而在校園之外，除了托派堅持宣傳其信奉的革命馬克思主義，其他社會運動則較少理論的爭論。不過，在托派和國粹派之外，宗教領域也引進了一些激進主義的資源。在香港的天主教會雖然一貫比較保守，但七十年代天主教會內也透過一些外籍神父引進了解放神學。香港天主教大專聯會和它的刊物《曙暉》，在這方面擔當過推動角色。[12] 另外，香港的基督新教門派繁多，其中戰後擴展得最快的，是四九年由大陸南逃到香港的福音派教會。這些教會一

12　訪談的記錄見「火紅年代的天主教大專聯會・馬國明訪談」，《思想香港》，第4期，2014，頁1–12。https://bit.ly/3aylTi6，2020/04/29瀏覽；「服侍最小的兄弟」：七、八十年代天主教的社會運動・陳順馨訪談」，《思想香港》，2014年第4期，頁13–20。https://bit.ly/2RZvng1檢索於29/04/2020。

般都有受共產黨打壓的背景，亦強調信仰與政治應互不相涉。但在七十年代福音派的洛桑會議之後，也有部分教會人士打出「關社」的旗號，積極鼓勵信徒以信仰角度介入社會，並在多個範疇幫助建立民間組織，推動社會運動，成為日後香港公民社會的基石。[13]

七十年代初，獨立工運的出現，打破了一直以來工會分別由傳統左、右兩派組織和控制的局面。獨立工運的出現並不單增強工人階級團結，因為獨立工運不單只推動工人在行業和工作崗位上爭取權益，更主動向政府爭取勞工立法，改善勞資關係。獨立工會更傾向於發起跨界別行動，連結各界組成市民聯合陣線，以和平非暴力的公民抗爭方式向政府施加壓力，所以也是香港公民社會和公民運動在八十年代漸次發展起來的其中一股主要力量。

八十年代開始，因為中英就香港前途問題展開談判，政府開始下放部分地方行政架構，以民選方式選出議員，引入選舉政治。不少原來的居民運動組織被吸納入政黨，民主政治運動環繞選舉而開展，成為民主運動的主流。但八、九十年代各式課題的民間組織一直蓬勃發展，活躍的公民社會和政黨保持距離。在政治民主權利的爭取上，互相合作，但在個別社會改革議程上，民間團體各自發起社會運動，形成一個與政黨(民主派主流)平行的一個泛左翼力量。

除了社會運動之外，部分七十年代激進左翼及社會派領袖，也曾在七十年代末期轉化成一個小小的「文化左翼」圈。七九年，他們出版了《文化新潮》雜誌，對快速走進消費資本主義的香港留下文化批判的傳統，把西方的「文化馬克思主義」付諸實

13　黎惠儀、張穎珊(2007)「歷史篇：與時代處境同游的FES」，《FES五十週年特刊：生不盡　火在燒——FES與學生福音運動(1957–2007)(初版)》〔FES研究及對外訓練部編〕香港：FES，頁11–43。

踐。[14] 刊物把新馬克思主義、法蘭克福學派、以及符號學等左翼理論帶入香港，並結合一些衝擊文化產業機構的社會行動，提倡「文化批判」的思潮，鼓動新左翼的意識型態鬥爭，找尋新的文化創作方針。他們倡導知識分子加入文化工業，從文化生產環節中介入，參與意識型態鬥爭。他們也挑戰右派「舊文化人」在報業的權威地位，以及對親中左派的機會主義、「風派」作風以及道德主義的虛偽給予了批判。雖然這些激進行動後來並沒有繼續發展，但也啟導了一種具有獨立性和批判性的文化實踐試驗，抗衡受傳統左、右黨政系統及大資本控制的文化工業。在八十年代，雖然這些文化激進派也星散，但其思想餘波仍然在香港「新浪潮」電影、街頭劇運動、獨立書店、前衛音樂和不同的藝術文化實踐中仍能找到其痕跡。這些激進文化力量在八十年代末年支持北京的學生運動期間，也重新活躍，當中一些托派積極分子和進步學生，走在政黨和民間組織前頭，帶頭介入。[15] 香港後來延續了二十多年至今未衰的悼念活動，也是緣起自七十年代那種異見左翼文化的實踐。

總結

　　歷史學家華勒斯坦曾經論說，1968年是資本主義世界體系發展史上的一個分水嶺。[16] 在這一年之前，針對資本主義的反體系運動是以爭奪國家權力，來挑戰資本主義的體系運作邏輯。可

14　方卡謬(1984)《反調》香港：廣角鏡，頁117–133；趙來發(2008)「香港沒有新左派」，《文化現場》，2008年10月第6期，頁14–17。《文化新潮》各期內容均可由下列網址找到：http://www.sensibility1978.com/

15　例如有不少前托派分子組成的小型行動組織「四五行動」在支援1989年中國學生運動中扮演了先鋒角色，相對於當時反應非常緩慢的主流民主派和民間團體，「四五行動」的前期介入，對香港人後來大幅參與八九學運的影響甚大。

16　Wallerstein, I. "1968, Revolution in the world-system. Theses and queries." *Theory and Society* 18 (1989), 431–449.

是，在1968(或廣義的六十年代)之後，這套「舊左派」的反體系運動已經走到盡頭，取而代之的是一套全新的反體系邏輯。雖然，不以國家權力為爭取目標的新型反體系運動還是有很多問題，但它們已經開始為新的反體系運動開創了新的範式。用長時段的歷史眼光去看六十年代，就會發現那是一個非常重要的歷史分水嶺。

的而且確，六十年代全球性的左翼運動是以超越美蘇的冷戰對立體制為基礎，西方「新左派」既反對資本主義，也反對國家社會主義(斯大林主義)。這股反叛浪潮帶來了各種新社會運動，放棄舊左派爭奪國家權力，以工人階級為中心的政治。不過這股運動的高潮在七十年代漸漸退卻，因為部分青年採取了暴力的極端主義行動。六十年代的青年反叛浪潮於是逐步從高潮滑落。香港處身於中國與西方的交界地帶，既受中共領導的左派系統的影響，也受西方新左及其他激進思潮的衝擊，而且也部分傳承了中國托派的遺產。與台灣青年大量留美不太一樣，香港青年左翼思想資源也來自英國、歐洲、澳洲等地，既有反美也有反中共的傳統。

西方學運和青年運動的浪潮在六十年代沒有在香港引來即時的響應，是因為中國的文化大革命，當時正透過親中左派而直接延伸到香港。六七暴動先於七十年代火紅年代的出現，弔詭地讓舊左派國家主義忠誠的弊病坦露，而六七暴動的失敗，卻未致令左翼一沉不起。倒是香港的冷戰文化格局被徹底打破，並且讓右派主導的青年思潮向左大幅搖擺。撤除了「國粹派」所走過的那條彎路，火紅年代仍是一個歷史的分水嶺，當時新打開的「後冷戰對抗」空間，讓非官方的左翼，在七十年代的學生運動、青年運動和獨立工會運動等的新平台上有開展的可能，並且首次在香港完整地提出「反資反殖」的左翼激進主義訴求，而非聽命於共產黨默許下資本主義與殖民主義之間的共謀體制之下。然而，雖然這些思想從思想尺度來說相當激進，青年人在脫離既

有思想框框，打破一切政治或理論權威的情況下論辯香港前途、探索革命遠景，但當化為社區實踐，打破殖民主義政治箝制和保守主義氛圍的行動，卻是和平、非暴力的公民行動，促使香港公民社會快速增長，使得香港日後的反對派實踐，並不受單一意識型態所指揮。因為，經過「火紅年代」的衝擊和調節，香港的反抗文化已變成一種融匯各種反抗和異見想像的文化匯成(cultural syncretism)。這種反抗文化，既有華勒斯坦所描述的新社會運動成份，也有與其論斷有所不同的成份。

火紅年代的香港青年運動和學生運動，並沒有能力把香港從她一貫的殖民主義資本主義體制改變過來。但如非在當時就有由非官方左派提出了諸如「反資反殖」的徹底批判聲音，形成一股一直頑強不滅的非主流政治傳統，香港就不可能在七十年代之後能夠持續地維持異見，為香港創造了另一個面貌。事實上，火紅年代激進思想探索未來想像的衝動仍未過去，就一如當年一位《70年代》雜誌的創辦人暨戲劇藝術家莫昭如所說：「覺得自己沒有經歷過革命理想的幻滅，最少是因為，社會上不會有一種革命意欲的真正滅絕，中國民運、香港社運，一路有延續和承繼，不過有高低跌宕吧……身在運動的版圖裏，你不知道高潮何時來臨，永遠都要準備，但永遠準備不夠。」

民主回歸論的萌芽與夭折

—— 從曾澍基早年的幾篇文章説起

前言

　　數年以來，香港社會躁動不安，人們對「一國兩制」的信心大幅下跌，本土意識急速膨脹。重新評價過去三十年的政治發展道路，檢視香港和中國的關係，以至質疑本地泛民主派一貫的抗爭策略和一直沿用的民主運動模式，成為一個熱門的公共議題。三十年前，部分香港青年介入香港前途問題的爭議，提出「民主回歸」的方向，及後部分人更成為民主派領導的重要人物。他們過去的言論和行動，成為今天的歷史回顧和反思的對象。當中國人大關於香港普選的所謂八三一框架公佈之後，不少人感到非常憤怒，無論是立場相對溫和還是相對激進的新老民主運動參與者，都發出「民主回歸」已死的哀嘆。自此，不少評論都將爭取民主失敗的責任推到「民主回歸」路線的頭上。但對於三十年前「民主回歸論」出現的歷史脈絡，以及「民主回歸」的主張在中英談判期間的實質影響，以及繼後這幾十年來作究竟「民主回歸論」塑造了怎樣的具體實踐內容等等問題，上述那些「原罪審判」式的評論卻往往輕輕帶過。

　　網媒《立場新聞》為推動民主回歸論最積極的政治組織「匯點」做了一個分八期刊登的專題報導，詳盡深入。將「匯點」由創立以至分裂、解散過程的內外矛盾一一展露，為歷史深度的反思和評價進行了有用的梳理。可是，這個將焦點放在單一組織身上的分析，並未能涵蓋那個孕育出「民主回歸論」的(包話社

會、政治及思想話語上的)大環境。本文希望在這方面能夠補充這個空白。筆者在下文主要圍繞曾澍基在不同時期的幾篇文章，試圖説明這位備受各方敬重，而同時對民主回歸論的形成起過重要作用的人物，當時是如何思考和判斷相關的問題。本文並且期望由他寫下的這些文本出發，帶引出當年民主回歸論的問題，以及在另尋出路之時有甚麼值得吸取的教訓。

香港往何處去？

首先是刊登在1975年12月5日港大學生刊物《學苑》的一篇曾澍基的演講稿，題為「香港往何處去？」。[1]他首先從分析香港政治經濟狀況入手：他認為香港的政治現況是代表英國及本地少數資本家利益的落後政治架構，而因為英國下議院已在1967及1974年表明了，這不合理的架構將來並不會有憲法上的改革，所以改良主義的改革必須失敗。再者，香港是一個高度壟斷的經濟制度：自由放任只是讓壟斷財團自由地剝削的口號，而壟斷資本也會迅速地國際化，與大多數人的利益尖鋭地衝突。他的結論就是，為了建立公平合理的、消除剝削的政治經濟制度，只有一條道路可走，就是徹底地改變殖民地主義和壟斷資本主義的政制。

接着下來，曾澍基分析了對中國的看法：他分別介紹了文革中的極左派和香港托派的觀點：前者認為中國基本上不是一個社會主義國家，因為黨及國家機器代替了人民，實施行了國家極權資本主義。新生國家資產階級剝取了大部分勞動的成果，鼓吹個人崇拜，支配人民思想，需要一個全面的政治、經濟和文化革命。但托派則認為中國經濟仍屬社會主義性質，但政治上出現了官僚層，因此中國的社會主義是變態、墮落的。由於官僚層阻礙了群眾的創意及經濟發展，剝取了人民的基本民主權利，所以中

1　「香港往何處去？」，《學苑》1975年12月5日，頁2–3。

國需要一場政治的革命，推翻官僚以實現真正的社會主義。因此，托派積極鼓吹香港人進行反資反殖的鬥爭，在意識型態上和組織上武裝起來，可以成為中國群眾反官僚力量的助力。如果形勢許可，香港的群眾可以武力奪取政權，成立一個工人政權，與中國官僚層對抗，以引發國內的革命運動。

對於上述兩派的中國分析，曾澍基都有保留。他同意中國在多方面都有驕人成就，從一個爛攤子成為一個初步昌盛繁榮，獨立自主的國家。但存在問題很多，特別是政治的。中共以政治手段解決文化、文藝問題。上層黨政人員掌無限權力，缺乏人民監察，助長官僚主義、修正主義。這並不是官方所說是乃資產階級的殘餘，或外國資產階級的鼓勵所導致。他認為中國應實行社會主義民主化，把權力下放。容許有各種傾向社會主義的黨派存在，並確立明確的法律制度。很明顯，他並不認同文革極左派逃港紅衛兵的判斷，要再次發動全方位的中國革命，而是認為基本上仍是社會主義國家的中國，需要一場民主運動去改革官僚主義。

他認為這種社會主義民主化的目標是「可以用大規模的群眾運動進行，由下而上地迫使上層把權力下移」的。他亦認為：社會主義和資本主義有基本的不同，後者的改革需要革命，前者的卻不一定。他還引用1968年捷克出現的「布拉格之春」說明當時捷克的共產黨在杜錫克領導下仍有實行民主化的機會。如果不是蘇聯坦克佔領捷克，這個非暴力民主化運動是有機會成功的。他也樂觀地認為，一直以來中共上層幹部是比較自覺的，如群眾的志願可以藉大規模的運動表達出來，所以民主化運動成功的機會不會太小。他又指近來大規模的工人運動相繼出現，例如杭州、黑龍江的事件，都象徵工人開始進行由下而上的運動。經歷過文革的青年亦開始反省他們對中國的看法，新思潮正不斷滋長。所以在中國，變革的力量是存在的，可以有所發展。從上述分析可見，雖然曾澍基是以身為「社會派」的學運領袖而知名，但他在

相當程度上是受到毛派所重視的文革經驗和群眾運動實踐而對中國當時仍然屬社會主義的判斷。

與中國「復合」的雙重任務

基於上述對香港和中國的綜合分析，他認為「在香港，反殖的目標應是與中國復合，反資則是溶入中國民主化運動內……我主張香港應進行一個以廣泛群眾為基礎的大規模的反資反殖運動。」而為了突顯他對中共(及其對港政策)是有批判的肯定，他也嚴辭批評香港的左派工會，說他們亦反映着中國權制的缺點，如過份集中的權力；在一些問題上不能充分照顧下層群眾的意見，在對付通貨膨脹的問題和政策是「過右」。他也指出白領工人和青年學生應該是新的團結對象，因為他們文化水平高，容易接受開放、進步的思想。他說，

> 在香港進行反資反殖的同時，應對中國加深認識，檢討和批判中國的政制。如果香港要成為中國民主化運動的一部分，對中國的認識及批評就非常重要。當時機成熟時，即動員群眾；在意識方面，在實際權力掌握方面成熟時，應主動地提出與中國復合的口號。與中國復合可以通過談判，形式由英國、香港及中國三方的談判來解決，當然主動的一方應是香港和中國。當香港與中國復合後，香港的運動立刻成為中國社會民主化運動的一部分。

簡單來說，曾澍基也贊成「國粹派」學生所説要認識中國，只是這種認識是要促成香港與中國復合後，使香港的反資反殖運動立即成為中國社會民主化運動的一部分，而不是僅僅要建立中國人的身份認同。

最後，曾澍基在總結中提出一個「雙重任務論」。他說：

> 香港人民有雙重的任務，不只是針對香港問題，亦針對中國問
> 題。但整個香港的發展要與中國的發展相配合。究竟中國的民
> 主化運動是以甚麼方式進行？速度如何？對香港都有極大的影
> 響。可能當香港的運動未成熟時，中國的民主化運動已大致上
> 成功了，那時可能是中國主動提出收回香港，結束殖民地統
> 治。也可能中國的民主化運動還未開展，那香港將要扮演一個
> 較重要的角色。但這種種的具體問題在現時是不可能預計的。
> 但我覺得現時要開展對香港前途的討論。至於認識中國，不應
> 是那麼消極地適應或服從中國的政策，而是積極地提出批評，
> 尤其是當國內的人民都開始提出不同的展望時。

認識中國 vs 反資反殖

曾澍基這篇演講是發表於1975年，當時中國的文化大革命尚
未結束。在整個七十年代上半葉，香港大專校園內各派的大學生
活躍分子，正在為香港與中國之間的關係辯論不休。例如發表於
1973年5月16日的《學苑》，署名「肖其」題為《從大方向到現
狀與個人》的文章，就曾這樣描述過中國和香港在學運方向上的
優次關係。[2] 這位隸屬於國粹派陣營的作者說：

> 從六十年代中期到七十年代，學生界先後提出「關心香港、改
> 革社會」和「向心中國、致力香港」兩個口號。從前一個口
> 號的局限於香港社會到後者提出的「向心中國」，是一個躍
> 進……[但]政治局勢影響所及，一般人對「國家」的觀念都是茫
> 然的。「向心中國」畢竟還是空口的「向心中國」；連中國也

2　肖其：「從大方向到現狀與個人」，《學苑》1973年5月16日，頁 2–3。

不知在何方，那又向心甚麼呢？還是「致力香港」比較實際一點。[但]這兩年來，隨着同學對社會的了解加深和一連串社會突發事件的發生，使人逐漸認清殖民地「繁榮安定」背後的醜惡與黑暗；再加上國際形勢的轉變，中國的日益強大，更使人感到對自己的國家認識的迫切。「認識中國、反對殖民地主義」很當然的成為了我們學運今後的路向。

不過接着作者又立即嚴格地分清「認識中國」和「反殖」之間的從屬關係，寫道：

香港是中國不可分割的領土，我們打倒了殖民地政府之後，又怎麼樣？難道搞香港獨立嗎？這是每一個有血性良心的中國人所不願見到的事。談愛國，做事就得以國家的利益為大前提；我們都是中國人，是絕對不願意見到香港的學生運動損害到全中國的利益的。在香港，若不放眼世界，縱觀國際大局，而單談打倒殖民地政府，不確及全中國的利益，是狹隘的左傾盲動……在這裏單談打倒殖民地政府，而不去切實的認識自己的國家，是主次易調的行動。

將「認識中國」牢牢地安放在「反對殖民主義」之上，這是當年大專學生運動中國粹派路線的總綱領，他們認為香港的命運和出路全在於中國，而「反殖」本身除了是成為增加「認識」的手段之外是沒有意義的。肖其一文就提到，「若希望在殖民地主義的社會制度下得到甚麼理想的改革，那是妄想的；其實若果能夠將這個社會制度改革到完全符合人民群眾的利益，這個社會也不是殖民社會了。」換言之，對國粹派來說，「反殖」的改革只是「加深殖民地社會認識和揭露的一種鼓勵」，「爭取改革便成

了認識事物的手段，從而加深對殖民地社會的認識和揭露，也更堅強了我們要徹底推翻殖民地主義的決心。」

與這種「反殖」行動的犬儒態度針鋒相對的，是由托派及其他非親中非毛派的新左翼(包括托派、無政府主義等)所提出的「反資反殖」路線。他們認為在香港反資反殖，不單有爭取香港本地社會改革，繼而造就革命條件的意義，更加有激發中國國內挑戰官僚特權的意義。

作為一名「社會派」的領袖，曾澍基並不贊同國粹派對中共政策路線的言聽計從，也不接受國粹派認為「反資反殖」是從屬於「認識祖國」，所以在「香港往何處去？」這篇演講中，他並沒有把焦點放在「認識中國」，也沒有一面倒地歌頌中共的成就，以低貶在香港進行反殖反資運動的意義。相反地，他直接了當地提出了香港在殖民地政治和經濟上的死局，這些死局讓他得出香港殖民和壟斷資本結構乃無藥可救的事實，間接說明反資反殖的合理性。可是，他也開宗名義就提出，香港前途一定要與中國結合來看。他在文首就提出，「問題不在香港何時或應否歸返中國，而是香港應以那種方式與中國復合。」他邀請他當時的聽眾/讀者，思考中國的發展和香港未來的發展，應該如何互相配合。

理想主義年代的辯證綜合

置放在當時國粹派與托派對辯，各執一些先驗的命題相持不下的狀況，曾澍基的「中港復合論」和最後提出的「雙重任務論」，可說是一種相當精巧的「辯證綜合」。他要求從動態的角度去看待中國和香港。他當時要求的「復合」，不是出於「香港從來都是中國的神聖領土」這些民族主義宣稱，也不一定是中國作主導的「回歸」(當其時並沒有政治上「回歸」的議題)，而是

討論到要按中國和香港民主運動的實際情況，在條件成熟的時候可由香港或中國任何一方提出的「復合」。而為了這種「將來復合」，認識中國就是題中應有之義。不過，和國粹派「認識中國」論不同的是，曾澍基的「認識中國」既不是為了「消極地適應或服從」，也不是只是為了「重拾中國人身份」，而是製造條件，讓雙方發展出來的民主運動力量可以互相促進。

七十年代是一個動盪的年代，也是一個理想主義的年代，當曾澍基目睹蘇聯入侵捷克，粉碎「布拉格之春」之事，他沒有跳到蘇式共產主義極權底下，民主必然會失敗的結論，反而是從杜布切克(Alexander Dubček)的能夠上台領導改革，看到社會主義仍存有自我革新可能的啟示。他當其時身處的時代，也令他無法想像和預知後來諸如「四人幫下台」、「鄧小平復出」、「開放改革」甚至「中英談判」的出現。但正是在這類近羅爾斯(John Rawls)設想的所謂「無知之幕」(veil of ignorance)的前提下，我們才看得見一種讓後來「民主回歸論」萌生的思想準備。

這種中港「復合」思想是從動態角度去衡量香港的問題和中國的問題。香港和中國都被想像成各自有內在矛盾和變革動力在內部的社會。而「復合」並非給構想為一個按期必須實行的進程，而是雙方在追求變革過程中，可以如何產生相互影響時採取的一個選擇。究竟是將來會是由香港影響、帶動中國，還是由中國帶動、影響香港，這是一個開放的命題，端視乎各自在發展民主運動的方式、速度。在這前提下，香港前途應該積極地被討論，而認識中國也有一個目標，因為認識不應為被動服從而服務。這種主張，在相當時的大專學界是獨樹一幟的，因為在香港的毛派、國粹派和傳統的親中「左派」都只是形而上學地抱持「國家必須統一論」。並且據之而否定香港有自身發展革命的可能性和需要。

不過，曾澍基的這套「雙重任務論」在提出的時候雖然並

沒有變成一種政治的旗幟，但是，認真看待香港的改革/革命議程，以及如何和中國的革命或民主運動產生互動的問題，在七十年代末的香港，一直擾動着激進青年的心情。曾澍基參與編輯的一份名為《左翼評論》的刊物，在1977–78年間就發表過幾篇文章，討論香港的革命策略。[3] 當時黎則奮以「吳也民」署名批判當時流行的各式各樣思想，都逃避面對香港革命的逼切性。[4] 作者認為無論是托派、香港「左派」、毛派、「社會派」、無政府主義者，甚至資產階級保守派和改良派，都犯上「中國遲早解放香港」的宿命論謬誤。他認為這是一種思想上的麻痹症。而署名梁木的吳仲賢，也就此而回應，認為縱然「解放香港宿命論」是不對的，但他也以實例說明中國龐大的陰影存在，使得中國問題不可能不是香港現實鬥爭中的一個十分重要問題。[5]

五星旗下的香港

1975年，曾澍基提出這種辯證的「雙重任務」論去理解「復合」與中國和香港革命的互動。但在七年之後(1982年)，香港前途問題就突然從推想、選擇變成現實。四人幫下台、文革終結，鄧小平復出後的「開放改革」政策，以及以收回香港作為中共轉向以民族主義樹立意識型態基礎的轉向，把香港前途問題推到台前。這意味着中共採取了主動，以自己選擇的方式令香港「回歸」。這個時期，曾澍基開始和志同道合的論政者，力排當時主導的「維持現狀」論，另自提出關於「民主回歸」理念的各類相關構想。

3　《左翼評論》http://bit.ly/1QZXVvM

4　吳也民(1977)「香港革命策略初探」《左翼評論》1977年4–5期，頁 57–68。

5　關於當時整個中國與香港革命如何互動的問題的討論，由於論證複雜，恐怕要另文再述。

在當時出版的一本名為《五星旗下的香港》小冊子當中，曾澍基等編輯了發表在報刊上的多篇文章，作者群包括吳南山、方卡謬、王卓祺、艾凡、魯凡之、吳默然等。[6] 在這部小冊子中，曾澍基有兩篇文章：第一篇名為「改造現狀的考慮」。文章中，曾澍基既援引「民族主義」原則，也訴諸現實的政治經濟考慮，並提出著名的「歷史契機論」。[7] 他寫道：

> 九七問題，在既得利益集團營造之下，變成是收回或「維持現狀」的抉擇問題。這種簡化自然有其意識型態的作用。實際上，香港是中國領土的一部分，始終要回歸到祖國的懷抱，無論從民族主義原則或實用的政治經濟考慮出發，這都是不爭的結論。

很明顯地，這個時候的曾澍基不再把民族主義視為次要，而且他要以照顧現實的實用姿態積極介入。他說：

> 剛巧有這樣的歷史契機：由於對中國的現代化有利，香港無必要立刻收回，一個過渡時期乃成為可能。這個過渡時期對中國和香港的民眾雙方都有好處，中國可以繼續利用香港賺取外匯，開展資本及技術引進，香港的民眾可有較多的時間適應，而不須一夜之間從「自由放任」的資本主義社會躍進社會主義社會之中，距離逐漸拉近，陣痛乃可減弱。但過渡時期之作為過渡時期，意味了「現狀」必須不斷改變，因為最後香港仍要溶入中國的政經文化體系裏去。

在提出過渡期內香港政經制度可作的各種安排之後，作者

6　曾澍基等(1982)《五星旗下的香港 —— 香港前途問題探討》，曙光圖書。

7　曾澍基(1982a)「改造現狀的考慮」《五星旗下的香港 —— 香港前途問題探討》，頁1–3。

説，：「一句話：在過渡期內，香港應實行半民主的、改良了的資本主義制度。這種制度和民主的、現代化的社會主義制度——中國現正企圖邁向的目標距離是拉近了。隨着形勢的變化，民主和經濟『社會化』的程度可以加深，政治經濟制度亦可加強掛鈎，在初期則不必過於急燥。」

很顯然，在這篇發表於1982年8月4日的短文，曾澍基並沒有堅持他在1975年的演講中從中國和香港革命的高度去談香港與中國的「復合」，亦沒有再提出「當香港與中國復合後，香港的運動立刻成為中國社會民主化運動的一部份」的觀點，或者以「英國、香港及中國三方談判」來解決與中國復合的問題。相反地，曾澍基在文中逕直就視中英兩國就香港前途問題展開的談判，乃一項「歷史的契機」，這個契機可以有助實現的是在香港實行改良的資本主義。在這個新的「改良了的資本主義」香港底下，他認為只需實現一個「半民主」的制度。這樣的話，香港就能夠和中國正邁向的「民主的、現代化的社會主義制度」拉近距離。

另外，他在同書另一篇訪問記錄中也談到「非殖民地化歷史潮流難以改變」，並且提出一個「過渡期論」。[8] 他說：「我覺得現在中共主權下的資本主義可作為一個過渡時期的形式，使香港從一個自由資本主義制度過渡到一個社會主義制度。香港的資本主義制度可加深社會化，逐漸與中國接近。如果這樣看，香港的前途問題並非是拖多久的問題，而是怎樣使香港過渡到中國的體制裏的問題。」談到這個由資本主義過渡到社會主義的過程，曾澍基說：「在過渡時期，香港是在中國主權下的一個改良了的資本主義特區，所以經濟運作的原則依然是資本主義，如私有產權應該維護，而改良的意思是在福利制度方面。財富較為均分，經濟方面改正現在過份着重金融地產，政府介入去援助實業產的工業發展，提供較多的就業機會。」他在訪問中最後又補充

---

8   曾澍基(1982b)「曾澍基談香港前途」同上書，頁4–9。

道：「有一個原則很重要，需要強調，當我們考慮這個過渡期的體制，應該用這個機會，改善香港整個社會制度，經濟制度，加強福利，改變不正常的發展途徑，法律、民主的代表性。」

很明顯地，從比較兩個不同時期的言論，我們可以看出，1975年與國粹派的交往辯論，使得曾澍基與民族主義保持較為遙遠的距離，對香港的反資反殖鬥爭持更為肯定的立場，更加不相信香港的反殖問題，可以假手於中共的政權和他的代理人(即左派工會)。當時的曾澍基，更加重視香港如何能成為中國民主化運動的一部分，更加重視要在「意識成熟和實際權力掌握方面成熟時」，香港應主動提出與中國復合，進行香港有明顯角色的三方談判，解決「復合問題」。但是，在1982年抓着「歷史契機」的曾澍基，則將上述這些香港與中國復合的目標和前提大部分都拋諸腦後，轉而主張不能讓「現狀」維持下去，進而鼓吹利用收回主權的機會，在香港推行一種改良的資本主義模式，踏上邁向社會主義的「過渡期」。而為了與那些鼓吹「維持現狀」的右派辯論，曾澍基的反殖論調即時套上了強烈的民族主義論述。並以民族主義原則，代替了本地反殖的考慮。更加訴諸於非殖民地化為「歷史潮流」這種目的論歷史觀。大抵在1975–1982年之間，中國的巨變，例如四人幫的倒台、文革的終結，鄧小平的復出等，令曾澍基改變了認識，認為香港的殖民資本主義制度只有透過「改良」才能一步步與在中國實行的社會主義銜接。中國和香港兩地「革命」的考慮和構想已經在他的視界之外。

民族主義與《巨龍口裏的明珠》

1984年出版的另一本曾澍基文集《巨龍口裏的明珠》內，收錄了一篇題為「民族主義、回歸與改革」的文章。[9] 文章中，曾

9　曾澍基(1984)「民族主義、回歸與改革」《巨龍口裏的明珠・政經論文集》，廣角鏡，頁103–108。

澍基將矛頭指向當其時「維持現狀」論者。他以維護民族大義的角度認為「[對]三條不平等條約的立場態度，是香港知識分子的最佳考驗⋯⋯爭議所涉及的，遠超出討價還價及力量對比問題。它根本就是民族尊嚴和歷史立場問題。」他認為，「反對『回歸』的人士之中，並不全部都是否定民族主義的，他們有些可以容忍民族主義，有些甚至自認是民族主義者⋯⋯他們不應該利用對民族主義的否定來為『維持現狀』的意識型態張目，而應該把對民族的認同與對政權的認同加以嚴格的區別。」

可是，曾澍基作了如此強烈的民族主義宣示之後，他也認為「香港前途問題當然不單是民族主義問題。」他說，「在價值取向的層面，它牽涉到對社會制度(社會主義？資本主義？混合經濟？自由民主？)的取捨」他更坦誠地說：「很多時，對民族主義的態度只是一個幌子，真正的問題是對社會制度的取捨，以及方案及策略的考慮，擁護自由資本主義的人士所否定的，是中共的社會主義多於民族主義⋯⋯」

接着，他表明他的價值取向是支持民族主義，但亦不只是民族主義。他說：他認為「民主的、現代化的社會主義道路也是香港未來的最佳選擇，雖然這個選擇的實現日期可能是數十年後的事。」他說道：「民族主義與社會制度的取捨卻是相輔相承的，單有前者而沒有後者，我們可能變成盲目的、感情用事的民族主義者，就像部份七十年代初的『國粹派』一樣；單有後者而沒有前者，我們的理想亦無所寄託落實」。

曾澍基說他主張回歸，但卻不主張順從。過渡期的政治、經濟、社會體制，都是我們爭取的目標。他又說：「無論如何，誰也不會天真到認為一個理想的過渡體制會自然降臨，它只可能是我們爭取的結果；而且，一部份人士對中共的恐懼亦不可能在中國變成更合理的社會制度後才會真正解除，香港的前途最終決定於中國的前途，民主的中國才是民主的香港的最佳保證。」他認

為，他提出的不純是理性的分析，他說：「在我們眼前展開的並非一片坦途，大多數人其實都明白這點……筆者的論點如有甚麼特別的話，便是主張我們應該積極地迎向未來，接受歷史的挑戰。但積極性是需要支持、需要鼓舞的。在這方面，純粹的理性分析、狹窄的自利主義，都無法向我們提供必需的動力……香港和中國前途既然緊密地連繫在一起，民族主義就自然而然地成為了我們向前邁進的重要推動力之一。

最後，曾澍基也承認民族主義與中共的態度之間並無任何必然的關係，反共的台灣政權也鼓吹民族主義。而民族主義只是必需但非充足的條件。但他斬釘截鐵的否定他所稱之為「香港式的本地主義」作為一個社群的認同。他說：「筆者反對獨立，不單只由於它沒有可能(它明顯地沒有可能)，而且還因為(一)對這些急就章的本地主義完全不能認同，甚至感到厭惡，這些突然而來的對香港的熱愛本質上其實不過是個人主義甚或是自利主義的最新變種；(二)深切地體會到這個殖民地根本就沒法發展出一套完整的、獨立的精神式文化系統，百多年的屈辱和廿多年的物慾主義根本沒有給予自足的文化基礎任何機會。換言之，香港就是沒有獨立的精神條件。」

八十年代初期當中英就香港前途問題的展開談判時，大專校園的學生運動已經走向低潮，不復見七十年代那種「火紅年代」的氣氛。而在保釣後一度獨領風騷的「國粹派」也因為四人幫的倒台而分崩離析。可是，七十年代遺留下來的中國民族主義熱情，仍然非常普遍。當年曾經扮演國粹派批評者的社會派領袖曾澍基，卻取代了國粹派學生維護中國民族主義的角色，甚至激烈批評偏離民族主義的選擇為支持港獨。如斯論調，其實與七十年代初親中左派青年刊物對「港獨」的批判如出一轍。[10] 但事實上，當時反對中國收回香港的建議的主流意見，其實是「維持現

10　見本書另一章節「『爭取中文成為法定語文運動』與『反殖』的歧義」。

狀」而非要求獨立。當時能夠被指認出來的反對中國民族主義的聲音，其實只有文化雜誌《號外》編輯陳冠中和中文大學政治行政系講師黃宏發。前者早在1980年(當時還未有中英香港前途談判的爭議出現)就在《號外》發表過幾篇支持港人有權自決的文章，也為文批評過民族主義乃落伍思潮。而黃宏發則從自由主義的原理出發，發表過一些香港人有權自決的說法。這些零星的有「本地主義」色彩的聲音，並無引起過明顯的政治效果，雖然在港大「致戴信事件」和中大校園內先後引起了熱烈的爭論。[11]

對改良資本主義的批駁

不過，雖然當時的社會和大學校園都已失去了探討革命問題的熱情，只有很少數的人可以從革命的角度去再思考中國與香港關係，以及為香港前途找尋答案。但是在校園以外的青年激進主義圈子，仍然有一股左翼激進主義的力量，質疑由曾澍基提出的民主回歸構想。當時，托派的運動組織革命馬克思主義者同盟(革馬盟)及其刊物《戰訊》，花了不少篇幅討論香港前途問題。1983年1月5日，《戰訊》就發表了數篇梁國雄(署名小兵)的書評，逐一批駁上述曾澍基等編輯的《五星旗下的香港》小冊子。[12] 在「一評《五星旗下的香港》評曾澍基有關『改良資本主義』的過渡構想」中，作者尖銳地批評了曾澍基的過渡期論。作者說：

11　蔡子強編(1998)《同途殊歸：前途談判以來的香港學運》，香港人文科學出版社。

12　梁國雄自2004年當選立法會議員至今，綽號「長毛」。小兵(1983)「一評《五星旗下的香港》評曾澍基有關『改良資本主義』的過渡構想」《戰訊》1983年5月1日第5卷第1前，頁4–5。

由於這本小冊子堅持了民族立場，同時又主張實行「改良的資本主義制度」，是頗能迎合時下一般知識分子的心態的。同時，也使一般勞動群眾得到安慰，不需擔心收回後生活水平下降和接受官僚統治。再者，中共又不謀而合提出了類似的方案，增加了它的可行性。所以它勢必會成為有愈來愈多信徒的意識型態。

梁國雄認為，中國和香港之間隔着一條「制度」的鴻溝，中國收回香港，意味着香港將溶入中國的政經制度，即完結必須改變的香港資本主義制度。但曾澍基卻訴諸一個過渡期的理論來調和兩者之間的矛盾。他認為，這只是為中國和香港勞動者帶來幻想的海市蜃樓。因為曾澍基沒有提出資本主義要徹底根除的遠景，也沒有考慮革命的可能。他假設十五年後中共的官僚統治不會瓦解。所以他的分析是靜態的。

梁國雄認為，由資本主義過渡到社會主義的確需要一段頗長期間。然而，這不是由於「歷史的契機」和「適應」。因為，無論是由於中共收回主權，抑或是緣於香港群眾的反資鬥爭所引起的社會革命，它的過渡期都不應該是改良的資本主義。梁國雄認為，社會主義社會固然並非一蹴即至的，「但是要踏出過渡的第一步，關鍵在於勞動者能否粉碎資產階級的統治，把後者擁有的生產資料公有化，並且在政治上實行無產階級專政，鎮壓剝削階級的垂死掙扎，並實行社會主義民主政制，使勞動群眾得以民主地管理社會，運用他們智慧和創意力建設社會主義。假如連這一點都辦不到，所謂過渡只會是一個空談。」

接着，梁國雄又說：「曾澍基的錯誤並不在於提出改良的措施，而是他把這些改良當成了一個過渡到社會主義制度的長期制度。」他說他並不反對改良的行動，但卻堅決反對把這些行動與根本的革命割裂起來……「由於這些壓迫是植根於資本主義制度

的，革命者必須在參與鬥爭的同時，一定要指出基本出路，促使人們在實際經驗裏認識革命的必要性，從而發展推翻統治階級的革命運動。現在，曾先生卻反而肯定資本主義可以通過改良，更符合勞動群眾的利益，甚至倡議實行長時間的改良資本主義，簡直有點『為了一碗紅豆湯，而出賣了長子權』的氣味。」

事實上，梁國雄對於曾澍基提出的改良資本主義遠景能否真正落實，是十分悲觀的。他認為，資產階級既然壟斷了社會財富，也必然壟斷各種統治工具。曾澍基建議半民主的議會，希望透過議會來下令改革，但統治者必然會利用委任和壟斷選舉的力量。而經濟改良方面，群眾可以去改良的機會更是微乎其微。所以他認為曾澍基「在提出這些改良方案的同時，曾先生其實應該考慮一下它同社會主義革命的關係，而不應當作一個漫長的過渡時期去估量。」

然而，梁國雄認為最有問題的是，曾澍基對於我們必須回歸的祖國，卻沒有甚麼分析。「曾先生不揭露中共官僚統治的禍害並從中探求出路，而乞靈於在港實施長期改良的資本主義制度，（與中國保持一定距離），然後才與中國結成一體。筆者不禁要問，所謂距離拉近也者，到底是香港的改良資本主義把中國的政治制度改變呢？還是中共的統治自我改良成為民主化的社會主義制度呢？又或者是中國工農起來結束官僚統治，然後把香港收回呢？正因為曾先生沒有明確的展望。他才用過渡的方法，希望中國政局有所變化，才毫無『陣痛』地回歸到中國的懷抱。」

社會主義民主與民主回歸的終結

如果說曾澍基不認識中國，這個當然不符事實。然而，對比於七十年代參與學生運動辯論的曾澍基，八十年代的曾澍基對中國的觀點，的確流於技術性，也少在公共及政治評論的領域流

通。而更加確切的是，社會主義革命、民主運動的關切，在八十年代曾澍基提出的「民主回歸」構想當中是缺場的(雖然其他民主回歸論者，例如周魯逸就有大量的中國分析和論述)。這比起他在七十年代的論述，顯然是一個思想上的倒退。這個空白，在日後民主回歸論付諸實踐的過程中，就日漸浮現出影響深遠的弊端。一是中國是否仍然是一個社會主義國家？二是社會主義民主化的前景是否仍然存在？八十年代中國變化的速度驚人，按照民主回歸路線而激發起來的本地民主政治運動力量也迅速發展。可是，對中國國家和社會的判斷卻愈來愈失去方向和坐標。及至八九民運的到來，六四屠殺的衝擊，民主回歸派的中國分析已無法在方向上提供有用的本地政治實踐指示。於是，在八九民運期間，民主回歸論者對民運的態度左搖右擺，民運平息以後，又想憑藉與中共政權的固有聯繫，抵制末代總督彭定康的改革，以宣示與中共的政策保持一貫。結果是以匯點的分裂和解散收場。[13]

在這些事情遠未發生的八十年代，梁國雄當日在文章中就坦白的指出，中國和香港之間的困局根本乃在於中共官僚統治的存在。不去處理這個問題的話只會是把真正的問題迴避了。梁國雄當時寫道：「既然大家都明白，官僚統治一日存在，港澳回歸祖國就在官僚統治的陰影下而困難重重。所以改良資本主義顯然不是一個解決問題的方法，相反只有在社會主義民主的旗幟下，面對資殖統治和官僚統治的挑戰，並敢於與祖國同胞一起消滅他們，才是唯一根本出路。」顯然，社會主義民主不會是曾澍基反對的東西。然而在政治綱領上不談及如何落實社會主義民主的話，民主回歸論所構想的改良資本主義路線也會變得空洞和一廂情願。但是，要像梁國雄所建議的去扛起一支「社會主義民主」

13　1993年，為了反對殖民地末代香港總督彭定康提出的政治改革方案，曾澍基、王卓祺和劉迺強等退出他們一手創立的「匯點」。當時的方案被中國方面視為違反了中英雙方對香港問題的共識。

的大旗，並得中國和香港兩地的相關人士和組織都共同承認，這是(香港)資殖統治和(中國)官僚統治的共同出路，方才是最最困難之處。

今天，主權移交已經完成，香港資產階級主導的政治壟斷、經濟壟斷仍然存在，貧富懸殊更史無前例地擴大。曾澍基一向大力抨擊的香港曼哈頓化，亦已無奈地成為事實，在中國的國策規劃下，這種把香港工業淘空，把經濟全面向地產、金融傾斜的方針更形鞏固。而香港因「民主回歸」訴求而提高了不少的民主渴望更是無法滿足。同時，中國的「社會主義」性質已差不多成為笑話。可見，當年民主回歸論者的價值，和那個年頭對前途遠景的想像也一一落空。民主回歸論作為一個理想主義者的政治方案，在曾澍基有份創辦的匯點於九十年代被逼解散的時候其實已經終結。自此，民主回歸派已變成一個任人詮譯的空洞符號，大體上是用來指涉一些不會挑戰香港一國兩制及基本法規定的各種秩序，但仍以為可以在香港追求更大民主權利的人士。論述的真空，見一步行一步的務實主義，成為二十年來民主回歸路線的特徵。這些實踐與其說是太過愛國、太過以推動中國走向民主而犧牲了在香港追求民主的力量，不如說中國作為一個回歸的對象已經變得日益含糊和難以界定 —— 她承載不了當年曾澍基這一類民主社會主義者的理想，也無法提供一個讓香港資本主義進行改良的契機，更拒絕接受香港成為她民主運動的一部分。

今日，「民主回歸」也許只餘作為一個香港思想史個案的價值，讓我們回顧這項理想的創始人如何在七十及八十年代之交改換思考方式，以回應那急劇的歷史交替和轉變，重新檢視在這種思考改換的過程中究竟有甚麼關鍵問題是給遮蔽、遺忘、甚或出賣掉。八十年代開始的鄧小平式開放改革政策，蘊含着巨大的內在矛盾，收回香港就是這些複雜矛盾的一部分。過去這幾年在香港和中國之間發生的巨變，說明了矛盾已累積到不可調和的爆

發階段。這時候,重訪七十年代初到八十年代之間那些一度被遺忘、被掩蓋了的問題,重新檢閱和反思曾澍基早期與及其同代人的思想痕跡,或許可以讓我們重新出發,激發過去幾十年來被權宜之計的狹窄思維所埋葬了的思想活力,再出發去探尋我們未來的出路。

社會民主主義與民主回歸交錯下的民協

社會民主主義與民主回歸

　　社會民主主義是一套溫和的左翼理論，意圖取代正統的馬克思主義革命理論。這套理論認為，雖然馬克思主義正確地指出資本對勞動的剝削會導致階級的對立和衝突，但他們不認為這些衝突一定會帶來階級革命的形勢。社會民主主義者認為，用和平的方法透過民主選舉選出工人階級的代表進入議會，利用國家干預的力量制定有利國家整體和勞工階層的政策，資本主義的弊病會得以改善，這樣會創造條件讓資本主義和平過渡到社會主義。香港戰後政治思想為共產黨和國民黨的冷戰對抗所支配，統治香港的也是一個殖民主義政權，人民並不享有民主的權利。共產黨師承馬克思主義和毛澤東的革命理論，國民黨則奉行孫中山和蔣介石的國民革命理論，兩者均以「革命」作為各自意識型態的基礎，針鋒相對，排斥其他選擇。在這背景下，要依賴議會民主選舉機制的社會民主主義思想，由於缺乏實現基礎而乏人問津。

　　「六七暴動」是毛派革命思想所導致，失敗之後，社會更趨向保守。惟有在「火紅年代」的大學校園，以及獨立工會運動、社區居民爭取權益運動中，方見左翼思潮的滋長。惟青年激進派仍然有強烈的先鋒主義承傳，毛派、托派對峙，對溫和的社會民主主義仍然缺乏興趣。直至八十年代到來，七十年代青年激進派所期待的「革命形勢」已不可能再現，再加上香港前途問題已放

＊　　本文與劉麗凝合寫。

在中英談判的議程上，香港社會才有機會迎來結構轉變。民主制度也有機會在香港發展。鄧小平以「一國兩制、港人治港、高度自治」這些口號描劃中國對港的政策與方針，並與英國達成協議，簽署《中英聯合聲明》，把香港主權移交。英國也搶先在1981年推行地方行政改革，首次引入地區選舉。如何面對民主選舉變成任何一個關心香港政治前途者不能迴避的問題，社會民主主義方有契機成為香港其中一種受重視的政治思想。

社會民主主義進入香港近代政治舞台是與「民主回歸」理念的誕生緊密相連的。八十年代初當大部分香港人都基於恐共心理希望「維持現狀」，部分七十年代的學運社運中人卻認為「回歸」大抵是不可避免的命運，殖民「現狀」不可能永遠維持下去，香港的未來的保障不能離開這個現實，惟一積極的做法，就是要在中國主權底下尋求最大的自治。得悉北京有意以「一國兩制」方式收回香港之後，這些活躍分子便提出「民主回歸」理念以作配合。雖然提出之初，只有大專院校的大學生支持，但當《中英聯合聲明》簽署後，主權鐵定了要在1997年移交，「維持現狀」無望，「民主回歸」才慢慢開始為更多人認同。除了「匯點」、「新香港學會」等，有愈來愈多的參政團體以「民主回歸」作為他們的綱領。這一期專題研究的對象「民主民生協進會」(簡稱「民協」)也就是其中之一。

近年香港民主普選進程遭到很大的挫折，不少人歸罪於當日追隨「民主回歸」理念的組織和人物。2015年及2016年期間香港網上媒體《立場新聞》分別發表了「滙點原罪背後」及「概觀民主黨」等一系列文章，以歷史文獻、個人訪談等方式呈現八、九十年代滙點發展的過程，亦質疑滙點當年大力推動民主回歸路線，是受到中共統戰的影響。這些討論大都將焦點集中在匯點和民主黨身上，作為本文焦點的「民主民生協進會」(民協)，則較少被人們論及。長期服務於「民協」的馮檢基在受訪時被問及為

何如此，他苦笑說這是民協在民主陣營一直被邊緣化的結果。究竟民協為甚麼會被邊緣化？他們對「民主回歸」又有甚麼貢獻？以及他們與社會民主主義這套溫和左翼思想的關係，是本文要探討的問題。

八十年代 —— 規模最大的參政團體

民協成立於1986年，前身是多個地區關注組，主要成員都有基層社區居民運動的經驗。當時和民協背景相近，同時也支持民主回歸理念的新的政治團體還有「街坊工友服務處」（「街工」）（1985年由「新青學社」改組過來），這些組織都是由基層活躍分子組成。這些團體的共通點是他們都有左翼思想的背景，和靠近基層大眾的價值觀，分別只在於「街工」是由托派所主持的「新青學社」轉化過來，而民協則從開始就以社會民主主義自我界定。

民協由成立於1986年，至今有超過三十年的歷史。它是一個歷史悠久的團體，在八十年代民主陣營中，甚至規模最大的參政團體之一。八、九十年代的民協，在各級議會選舉中都取得理想的成績。然而，後來的發展歷程卻頗為坎坷，由於創黨之後，無法擴張民協在全港層面的立法會選舉中取得更多議席，在很多香港市民印象中，民協始終是「一人黨」，民協這個組織就差不多等同於馮檢基。而又因為複雜的路線爭論和人事問題，發生過不少知名黨員退出的事件。在1998年和2016年的兩屆立法會選舉，民協均無法獲得任何議席，僅憑區議會所贏取的議席服務市民。本文的目的不在於疏理這部複雜的黨史，而是突顯及民協在創立初期，以及九七主權交接前後的兩個歷史關鍵時刻，社會民主主義思想和民主回歸的信念，如何共同塑造民協的組織的發展軌迹以及簡中的矛盾及張力。

民協成立的脈絡

　　1981年，港英政府發表《香港地方行政白皮書》，將香港、九龍、新界劃分成十八個地區設立區議會，更開放部份直選議席，鼓勵港人積極地參與地區事務。1982年第一屆區議會進行選舉，當時活躍於社區的壓力團體一直保持觀望的態度，因為不少人抱着陰謀論的心態去看待這場選舉，認為英國政府並不是真心去推動香港的民主發展，而是以此作為延續香港管治權的手段。民協的嚴天生就是抱有這種想法的人之一。他在受訪時回憶道：「英國政府在八十年代以前都是用高壓的管治手段，而踏入八十年代後就突然變得如此開放，全都是為了增加談判的籌碼。除了在兩國之間就香港主權進行的談判外，英國政府還想製造一個局面，就是香港人自發地追求一個代議政制和民主的社會，以便突顯與中國的社會主義的差異。[這做法是]將香港人變成一隻棋子。」[1]對港英政府來說，1982年的區議會代議政制選舉是不容有失的。殖民政府不願意看到投票率低、參選人少的情況。為了營造出很多人參與的印象，官員們開始接觸鄉事委員會、商會、龍舟會、文藝協進會等組織，積極邀請各方人士出來參選。

　　當香港政府推出《地區行政諮詢文件》的時候，後來成為民協重心人物的馮檢基仍在英國的百拉福大學求學。[2]他與「私人導師」Jim Kin Caad一起討論過這些文件，結論是馮檢基要回港參選。馮檢基除了自己決定要參加選舉外，亦寫信鼓勵自己的好友參選，這些好友是當時不少壓力團體的領袖。但他們的回應全都是不參加。「你會相信由殖民地政府搞的選舉嗎？他們只是想

1　嚴天生(2017)「推動屯門民主化的原居民」《思想香港》，第九期。https://bit.ly/2UFxIyr，2020/04/04瀏覽

2　馮檢基(2017)「令『中國人一家吃一餐飯』的從政夢」《思想香港》，第九期。https://bit.ly/2wcmt76，2020/04/04瀏覽

把你吸納入去然後無法發聲吧。」1982年7月馮檢基回港當時，整個社工界及壓力團體界都覺得不應該參選。而由於時間不足，馮檢基轉而遊說大坑東和元洲邨街坊參選，自己則轉做助選團顧問。1983年，馮檢基終於參加了市政局選舉，提出「一加一大於二」的說法，即是壓力團體與議員的雙重身份，比單一身份會帶來更大的效果，尤其是可以吸引到政府官員和主流媒體的注意，所以會更有效地推動他們所關心的政策。當時馮檢基身兼公屋評議會的總幹事。當選了市民局議員後，他在深水埗建立了「深水埗民生關注組」，組織社區的街坊去爭取改善房屋的問題。馮檢基的參選實驗成功了，於是其他壓力團體領袖也就紛紛改變態度出來參選。

1984年中英兩國正式簽署《中英聯合聲明》，落實1997年的主權回歸。中方承諾「港人治港」，帶給當時的參政人一個期望，就是他們將來有份參與香港的管治。馮檢基說，這亦是民協成立的主要原因。他說：「1983、84年開始中英談判，結果出現了『一國兩制、港人治港、高度自治』。我們覺得港人治港的『港人』就是我們，如果我們有興趣[參與]的話，我們的視野是否仍停留在深水埗區呢？我們是否有需要發展一個全港性政黨？這樣我們才能達到一國兩制。『港人治港』我們是有份的。」

不少早期推動「民主回歸」理念的人，都意覺到要令「港人治港」成功，香港要有一個壯大而團結的政黨。所以，除了參選之外，組黨是一個必要達成的目標。馮檢基、陳立僑等人於是開始找一些想法、理念接近的朋友，合作嘗試建立一個具規模的政黨。當時他們是兩條腿走路。馮檢基負責政黨註冊，同時邀請有興趣的團體走在一起商討組黨。最後民協成立時有十一個團體加入，可以說是香港基層對民主運動最積極的回應。

不過，除了來自壓力團體的成員外，民協還有一些智庫人才幫助，當中最重要的是「新社會論壇」。這個組織的核心人物是

作家魯凡之和張家敏。魯凡之(原名周魯逸)是七十年代保釣運動的一名活躍分子,在八十年代初,他以「新香港學會」組織的名義,大力宣揚「民主回歸」的理念。他是除了「匯點」成員之外,最積極在報章刊物發表文章,討論「港人治港」方案,並且構建「民主回歸」論的人物,著有《香港:從殖民地到特別行政區》、《走向民主自治的「港人治港」》、《國情國議》等書。而張家敏則是1982年度香港大學學生會會長。在任期間積極推動中國事務,曾向當時人大提出憲法修訂建議,也參與編印《民主中華》一書,該書收錄當年被稱為「北京之春」的西單民主牆運動和繼後的民刊運動。畢業後張家敏在商界發展,任利豐集團董事,與中方關係非常緊密,2008年後更成為全國政協委員。

民協智庫 ── 《新社會論壇》

如果說當時匯點的「民主回歸」論述是主張以中產階級參與民主運動,作為民主運動的主體,落實「港人治港」的話,那民協所主張的就是中基層組織為員的對象,參與民主選舉,目的也是落實「港人治港」。魯凡之、張家敏等均非長期投身於民間組織工作的人士,他們在民協積極參與日子也十分之短,不過在民協組織的草創時期提供了重要的理論指導。1992年出版過一期的《新社會論壇》(創刊號)的主題就是「社會民主主義」,另一個主題是「香港經濟」,但兩者其實互有緊密關連。《新社會論壇》「編者的話」如此自我介紹:

> 新社會論壇的創刊號終於面世。本刊既是香港民主民生協進會的機關刊物同時是本港民主運動的理論刊物。作為前者本刊將討論國外有關理論及實踐經驗再結合本港的發展為民協進一步政黨化的發展方向起帶動作用。作為後者本刊將試圖改變本港

民主運動中過份實用主義與經驗主義的傾向。現在各政治團體極少進行理論總結形成了為「奪權」、「掌權」而存在(唯一目的)的團體對本港政治發展不利。本刊希望能成為一份較有份量的真正能提到社會科學層面去討論問題的刊物促進民主運動的健康發展。

在刊物的封底，我們也讀到這段宣稱：

> 為了迎接歷史的挑戰，我們這群以香港為根、以中國為本的人士，共同於1986年10月26日組成了一個有政綱、有紀律的參政團體——香港民主民生協進會(簡稱「民協」)，願意為實現民主富強的中國，以及落實高度自治的港人民主治港而努力。

從上述兩段文字，可見「新社會論壇」是以「民主回歸」、配合「港人治港」來為「民協」的組織定性，他們矢志要建成有政綱、有紀律的政黨。而且是相當有針對性地批評在政治活躍圈中的所謂「實用主義」、「經驗主義」的毛病，並且批評其他組織以「奪權」、「掌權」為目的。這一期創刊號的重點正是「社會民主主義」，很顯然，刊物是想把社會民主主義充作民協的正式意識型態，以便和其他組織作出區別。不過，「編者的話」也表明要把這刊物辦成「本港民主運動的理論刊物」，顯見其理論介入的意圖並非局限於民協這組織本身。

在推介社會民主主義的專題中，魯凡之的一篇文章名為「社會民主黨與社會民主主義的歷史淵源——由馬克思主影響到兼容並蓄的轉變」，交代了社會民主主義的歷史和理論背景。這篇文章指雖然在二十世紀早期，馬克思主義內部曾有關於修正主義的爭辯，但戰後發展證明，走「選舉主義」、階級調和、改良主義「和平改革」、「和平長入社會主義」的廣義社會民主主義道

路可能性其實是增加了，新工人階級的出現已經取代了昔日的工人階級革命，「革命形勢」已經不再。民協經濟組的黃富榮則是另一篇文章《社會民主主義的政策取向》的作者。他分析了社的會民主主義的主導思想，在經濟、政治、社會文教及國際事務方面，羅列社會民主主義者一些共通的政策立場。在經濟方面，社會民主主義的政策包括社會資源的重新分配、透過政府計劃和介入市場來維護大多數人的利益、私有制和公有制的混合和強調工人參加企業管理的重要意義。在政治方面，社會民主主義強調要透過民主建立一個新社會，當中個人私生活不受國家的任意侵犯、政治自由、人民擁有普及、平等、不記名的選舉權，選出其代表。政府由多數派組織，同時尊重少數派的權利、所有公民在法律面對一律平等。另一位署名世宙的民協會員，則介紹法國、英國(工黨)和瑞典等三個西方社會民主黨的特色。

《新社會論壇》創刊號的另一專題是香港經濟。羅祥國書寫「民主派的經濟理論和政策基礎」，他是經濟學者，曾任民協副主席，也是1971年第一屆中文大學學生會會長。當時在美國深造經濟的陳志誠則寫「西方『反托拉斯』政策剖析」。另外，專題還有兩篇非成員的稿，分別來自工聯會的陳婉嫻和稅務學會的麥貴榮，兩人的文章分別論及稅制問題，配合一篇以經濟組署名的直接稅改革建議。從這一期的作者陣容看來，民協當年是有志於將以一套左翼的理論架構，統攝民協的基層運動組織者。而他們結盟的對象，也包括親中左派的工聯會，大抵是認為在這些左派改革(社會民主主義的)訴求底下，他們和工聯會也有共同語言。不過，《新社會論壇》並沒有發展成香港民主運動的理論刊物，反而在出版了一期之後無疾而終。民協的歷屆政綱和文獻，我們也找不到「社會民主主義」這個詞，或者可以見到民協本身的實用主義取向，並沒有因為「新社會論壇」的主張而發生重大改變。

基層路線與社工式地區組織

　　馮檢基解釋民協的政策取向時，也不特別突出理論的作用。在訪談中他說道：「因為我們這班人的背景主要是在地區與弱勢社群一起抗爭，希望可以改善社區和弱勢社群的問題，自然地意識型態會偏向社會民主主義……我們沒有很多研究的政策。但我們做大量的地區和弱勢社群工作，加上我過去SoCO(社區組織協會)以及公屋評議會的背景，整個系統或意識型態都是向左傾。」不過，在另一個訪談中，民協資深成員許錦成卻將社會民主主義視為民協一個自身的定義。他亦解釋，為何部份民協的成員最終沒有加入港同盟，是因為涉及社會民主主義等意識型態的分別。他說：「民協的成立[時決定了]政策上是走社會主義、社會民主黨的路線。但港同盟沒有太清楚提及這方面的理念、或者是否走中下階層的路線。」[3]而馮檢基則指，港同盟是跨階層的大政黨，但他們則持守基層路線。馮檢基更批評跨階層的政黨會帶來「誰有錢誰就話事」的問題。

　　毫無疑問，如果純粹說走低下階層路線的政黨，那民協的確是為做好這個角色而做了大量的地區組織工作。但有助於地區組織工作的，其實是他們社工式的社區組織方式，而並非一套關於公權力如何應該干預市場、改革社會的社會民主主義理論，因為這些宏大理論其實更適合用於一個政黨可以靠民主選舉而執掌政權的真正民主體制，而非一個只有諮詢功能的區議會，或只有極有限監察政府施政能力的香港立法機關。在運用出色的社區組織工作技巧方面，馮檢基沿用他過去在SoCO的社區組織經驗，另外，民協另一位資深成員廖成利也從中大社工系吸納了不少義工。他們的組織手法是走入社區，發掘社區的民生問題，培訓街

3　　許錦成(2017)「社工式議員與地區工作」《思想香港》，第九期。 https://bit.ly/34lgdH3，2020/04/04瀏覽

坊代表,然後再推動街坊參與抗爭。呂大樂說當年他們在SoCO學到的理論是「任何一個綿羊見到血就會改變,不會再如此純品。」他們要讓街坊經歷與政府抗衡和衝擊的過程,這樣,他們就會有意識和角色上的改變。這亦是我們今天經常說的「充權」概念。

在八十年代至九十年代初,這種社工式的社區組織無往而不利。一方面是香港的社工專業發展越來越成熟,殖民政府對香港的福利政策亦有長遠的規劃和支持。同一時間香港的房屋政策還未完善,不少低下階層都面對嚴重的房屋問題(如遷徙重建、住屋環境)。每逢發生天災的時候,政府的安置工作來得相當緩慢,這給予大量空間讓社工或其他壓力團體進行居民組織的工作,慢慢鞏固支持他們的街坊群眾,他們也會成為這些參政團體主要的票源。然而,雖然民協在這方面無疑比起其他民主派更為熟練,但又很難說民協運用的這些技巧是民協獨有。因為,民主黨等也大量依靠這類組織基層街坊的方法去鞏固對黨的支持,與民協之間也沒有重大的區別。

六四事件.港同盟爭議

前面提及,民協要以社會民主主義作為定位,是考慮到要和港同盟作出區分,那就不能不提及九十年代民協面臨的另一次重大的定位抉擇。經歷了八九年北京民運和六四事件之後,香港政壇面對史無前例的衝擊。因為,和民協這些成立於八十年代的民主運動組織不同的是,1990年成立的港同盟是受六四事件的衝擊而產生。不少在六四事件發生之前對參與民主運動並不熱衷的人,因為六四屠殺而改轉態度,成為新來的民主運動積極分子。但對八十年代按着「民主回歸」的藍圖,目的是要以落實民主選舉以迎接「港人治港」的組織來說,這些新冒升的力量究竟對

「民主回歸」、「港人治港」有多大的認同，實在是一個不能充分掌握的變數。

再者，一直以來很多民主運動活躍分子都認為，香港要有發展出一個足夠大的政黨才能應付這未來的挑戰。可是，由於香港的政治組織，一是受國共之間的意識型態分歧而形成不可共存的敵對態度，二也因為利益分散而缺乏團結的動機。所以，合併成為一個大政黨的基礎一直都不存在。在港英政府推出的有限地方行政改革下，議員更沒有制訂政策的權力，所以，長期只有小規模的政治組織。直至六四屠殺，組大黨的時機才出現，香港民主同盟(「港同盟」)就是在這個背景產生的。當時港同盟聚合了非常多有志參選的人士，他們合組港同盟的目的是參與1991年在區議會、市政局和立法局與三個層面的選舉(即所謂「三級選舉」)，這次也是立法局首次有直接選舉議席。在六四屠殺事件的影響下，加入港同盟平台而且熱衷參選的，不單只是原來支持「民主回歸」的人士，也不只是來自既有的基層組織，而是包括了親國民黨的右派和反共的某些鄉事力量。民協部分成員與何俊仁所領導的「太平山學會」(八十年初以論政團體形式出現)，是促成港同盟平台成立的主催者，而「太平山學會」在意識型態上比較靠近西方自由民主。六四之後，立場比較右傾和反共的，也紛紛起來加入民主運動。李柱銘在八十年代是港英政府重視的青年才俊之一，當年也沒有表示過支持「民主回歸」。但在六四之後，司徒華和李柱銘卻要合作把民主運動擴大。當時就有言論指，民主回歸路線或會轉向為「民主抗共」。

馮檢基很清楚的記得，在八十年代，司徒華一直對組成大黨的建議並不熱衷，主張「化整為零」，但在六四之後，司徒華卻持相反的主張，積極推動港同盟的建立。馮檢基也記得，他當年和司徒華、李柱銘之間，也曾就着如何評估將來要和中央建立關係，還是繼續不接觸、不溝通，以示杯葛、抵制，有着頗為重大

的分歧。民協在1991年初，經研判過後，認為「中國政府將不願平反『六四』，但繼續大搞經濟改革，以此放鬆社會的緊張」後，決定在有條件下接觸與北京恢復接觸。而馮檢基亦憶述，1991年初他們就和當時的港澳辦主任魯平接觸，亦與魯平談及六四。此事令司徒華及李柱銘等不滿，也埋下民協和其他民主派主流之間的裂縫。雖然馮檢基說他們和其他民主派關係不錯，但也抱怨說直至2007年之前其他民主派都追打民協，一如最近「人民力量」追打民主黨一樣。

事實上，港同盟成立一事，對民協的發展有決定性的影響。因為有一半佔有公職的成員離開了民協轉而加入了港同盟。從民協轉投到港同盟的成員，如李永達等，陳偉業等，其實也一樣用功於基層居民組織，在社區形成政黨的樁腳。受惠於六四後的「民主恐共」情緒，港同盟在1991年的三級選舉大勝，雖然民協也沒有遭遇太大的損失，大體仍然維持原有的規模。但由於由民協領軍組成民主大黨的機會已經錯失，民協這個緊貼最初的「民主回歸」原則的政黨，也開始踏上其變成小黨的命運。

另一個相關的問題是，同是「民主回歸」早期的積極倡議者，為甚麼匯點和民協不會匯流？而據許錦成的憶述，其實1992–93年間，民協曾向匯點建議合併，以達成學者與社區工作者互補，可是對方不置可否，倒是1994年就突然和港同盟合併。許錦成推想，「可能滙點覺得馮檢基跟中方有少許連結，所以不信任他」。的而且確，情況有點像今日的本土派不信任民主黨和匯點一樣。但其實，1993年匯點內部也因為如何面對彭定康方案而產生大分裂，創會成員曾澍基、劉迺強和王卓祺退出，其餘的則加入新成立的民主黨。當時整個民主派形成了是否附和「彭定康政改方案」[4]的內部對立，互相猜疑的氣氛嚴重。民主回歸路

4　1992年上任的彭定康總督，派來香港負責六四屠殺後產生巨變的香港局勢。他在1995年提出的政改方案，給予香港更大的民主選舉權利，但被中方拒絕，然

線的實際內涵，在民主黨成立之後，已經不能和八十年代初由曾澍基、魯凡之等人所構想的圖像同日而語。

回歸後的博弈與困頓

當然，繼後對民協的最大負累，要算到九七過渡，當時民主派各政黨中，只有民協願意加入「臨時立法會」。「臨時立法會」是中方因為不滿末代總督彭定康推行他的政改方案，憤而摧毀讓1997年前選出的立法機關，可以自動過渡至九七之後(所謂「直通車」安排)而產生的。[5] 當年大部分民主派都支持彭定康方案，開放更大程度的民主，也杯葛1997年1月25日成立的「臨時立法會」，因為它並無經選舉的認受性。可是，民協卻有四名議員加入。彭定康時期有大量英殖民時期的惡法經過「去殖民地化」的改革或廢止，但在「臨時立法會」在運作期間，這些惡法卻被「還原」。而參加了「臨時立法會」的四名民協議員，在接着一屆的選舉中均全部落選。民協為此而付出沉重代價。

綜觀民協的發展，我們不單可以了解香港民主運動啟動的八十年代，民主的訴求如何和香港的基層權益運動緊扣。基層權益運動不單為民主運動輸送第一批參政人材，也把擴大基層權益的訴求轉化成活躍分子參選的動機，也使基層人士成為投票支持民主制度、民主政黨的票源。在這個環境下，民主運動也有一種自然的左翼傾向。可是，民協的個案也讓我們可以清楚了解到純粹以基層導向，或者擴大這種導向為一套宏大的「社會民主主義」意識型態，並不能真正跨越如何處理與中共的關係的核心問

而彭定康照樣提交立法會通過，成為香港民主運動當時最大的爭議性問題。

5　為了反擊按彭定康方案所組成的最後一屆立法局，令其無法在主權交接後延續，中方在1997年1月以委任方式組成「臨時立法會」。臨時立法會在主權交接前在深圳開會，交接後移往香港，運行至1998年6月底，方才按《基本法》所訂的方式重新選出立法會。

題。以「民主回歸」為組織核心信念的民協，正是因為被困在這項矛盾當中。而建基在民主選舉制度之上而發展出來的社會民主主義，也難按當初的倡議者所期待的，成為統合香港民主運動的理論綱領。

1997年主權移交之後，政局相對沉寂，直至2003年的「七一大遊行」。之後興起的政治組織，例如社會民主連線(「社民連」)等也並非沒有基層取向，甚至也採用了「社會民主主義」這鮮明的意識型態旗號(社民連就是一個也標舉自己以社會民主主義作政治綱領的政團)。足見民協終究未能把「社會民主主義」作為標識自己的獨特旗號。[6] 相反地，因為民協對中共的政策，給予人們「又傾又砌」的「溝通主義」印象十分深刻，抵銷了他們在早期推動社會民主主義的先行者地位。只不過，當年以此來猛烈批評民協的民主黨，最近幾年卻以相同理由被新興的本土主義者攻擊。

不過，對於民協來說，往後發展的困難，其實在於他們原來擅長的社工式社區工作模式開始不奏效。除了因為公共房屋政策已經相對完整外，更大程度是來自建制派的威脅，因為建制派已經學懂這些社區組織的手法和工作方式。而且2003年七一大遊行後，中央開始介入香港選舉。他們投放大量資源在社區做社區福利，即今天我們耳熟能詳的「蛇齋餅糉」。這對非建制的地區工作帶來極大的衝擊。另外，長年以來非建制派內各黨派的撕裂和不信任，亦為香港民主運動的推進帶來不少阻礙。在雨傘運動後民協內部出現了不少路線爭論。2016年的立法會選舉，民協以「自主香港，抗拒中港一體化」為政綱，不過當其時組織內對「香港自主」的解說卻未見統一，卻已被親中媒體發文強烈抨擊為等同於其他本土派政黨的「民族自決」路線，沒有前途云

6　鄭偉謙(2017)「八十年代香港社會民主主初探」《思想香港》，第九期。https://bit.ly/2JFWKHe，2020/04/04瀏覽

云。[7] 2019年民協在「反送中修例」所掀起的「逆權運動」高潮中參與區議會選舉，這次組織並沒有再捲入意識型態爭議，而是穩守作為運動的一部分。結果民協贏取了十九席，比上一屆十八席還有進展。似乎任何要把民協困圍於這許多年來與中共「又傾又砌」這固有角色的企圖，已經難再奏效，成為歷史的過去。

7　文章寫道：「民協的價值不在於甚麼『自決』、『自主』，也不是要跟激進派靠攏，而是『又傾又砌』路線，既溝通又監督，既批評又合作，這才是民協與其他反對派政黨的最大區別，也是最大優勢。」見郭中行(2018)「民協走『自決』前途黯淡」《文匯報》7月30日，頁A15。

文革香江‧夢魘中國

　　文化大革命毫無疑問是現代中國的一件大事。但香港位居中國邊緣，自始至終是一個資本主義社會，九七前又受英國統治，與中國大陸之間建立了一道「防火牆」。然而，因為香港存在着規模不小的一個「愛國左派」陣營，在商貿、文化、教育和社會組織各方面都舉足輕重。這些「左派」組織受中共指揮，在左搖右擺的路線鬥爭底下，不時有人會因跟不上形勢而犯錯。中英為香港前途談判期間，國務院港澳事務辦公室(港澳辦)副主任李後就指中共在香港工作總結出三次「左傾」錯誤。其中最重要的錯誤就是1967年的「反英抗暴」事件，很明顯它的「錯誤」在於破壞了戰後中共與英國在香港合謀協力維持殖民現狀的政策。這政策名之為「長期打算，充分利用」。

　　在這項政策底下，香港左派雖以言文批判資本主義，但從不動員它屬下的工會組織和宣傳系統，進行大規模的反資或反殖行動。左派組織內部雖然要成員嚴格服從階級鬥爭之教導，厲行紀律，但對社會大眾進行的卻是「群眾工作」，也即是以靈活手段為工人供應平價的糧油食品，提供當時欠缺的社區照顧，輔之以「愛國主義」為主的宣傳。對香港上流社會和西方勢力也出於「統戰」的需要，左派廣泛交朋結友、做生意，除了與「美蔣」勢力服務的右派力量針鋒相對之外，罕有以階級鬥爭為綱。所以，雖然香港左右之間有冷戰式的對峙，但左派的聲譽和影響力都不低。

　　就如左派報業系統都是按不同階層需要而各有分工，不會困囿於同一意識型態。《文匯報》、《大公報》、《新晚報》是政

治性的黨報，傳遞中共官方政策方針，但《商報》、《晶報》和《正午報》都是中間偏左，以軟性新聞和趣味內容吸引廣大讀者。除此之外，還有以滿足草根階層的閒暇娛樂需要為主、滲透少許愛國政治內容的《新午報》、《田豐日報》和《香港夜報》。後面這幾份以低下階層為主要讀者對象的報章，甚至包含「馬經」和色情內容，意識型態上與中共官方的社會主義甚有距離。但為着統戰需要，這些門類不同的「左派」刊物，都能相互分工協作，擴大中共對香港各階層的影響。而整體而言，文化大革命發生前左派各種刊物在香港報刊市場的銷售數字十分可觀，單以非民營的六家左派報章為例，就已佔全港報刊發行數字一半以上。

六七暴動使香港左派由盛轉衰

不過，1966年文化大革命的突然來臨，打破了這個局面。大陸的激烈政治鬥爭，令一大批原來位高權重的中共高官下馬，弄至人人自危。澳門與香港這兩個本來並非處在政治鬥爭漩渦中心的地方，也受到波及。

1966年11月，因為一件微不足道的修校舍糾紛，澳門發生了一場引致死傷的騷動，史稱「一二·三」事件。事件中，廣東省政府出面交涉，逼澳葡當局投降，並且清除一切境內親台灣國民黨的力量，左派從此全面支配澳門政治。香港左派見澳門的鬥爭輕易取勝，大受鼓舞，並立即派人到澳門取經，磨拳擦掌也準備一試。

1967年初，大陸文革的形勢邁上高峰。一月份，姚文元更發表了「評反革命兩面派周揚」一文，借毛澤東批評香港永華影業出品、朱石麟執導的電影《清宮秘史》(1948)，以間接批判劉少奇。三月份的《紅旗》雜誌更發表了文革悍將戚本禹一篇「愛國

主義還是賣國主義？——評反動電影《清宮秘史》」的文章，批判的筆鋒直指永華為反動的電影公司，電影的作者姚克是反動文人，以及在他們背後、為這套電影吹捧和讚譽有加的黨中央宣傳部，及所謂「黨內最大的走資本主義道路的當權派」（意指劉少奇）。文章掀起了繼後直指劉少奇的連串批鬥。

　　香港左派大抵驚覺這場政治運動史無前例地巨大，必然波及香港。在大浪中為求自保就一定要「寧左勿右」，保證站在正確的政治路線一邊。對港英殖民政府採取「勇於鬥爭」的態度，最能立桿見影。五月新蒲崗膠花廠爆發工潮，正好給左派一個展示革命政治忠誠的契機。他們年初前往澳門學習得來的鬥爭經驗，立即大派用場。在左派介入底下，工潮旋即上升為「反英抗暴」鬥爭。時任新華社社長梁威林並且通傳中共「中央文革小組」，批准在香港成立「香港各界同胞反對港英迫害鬥爭委員會」（即「鬥委會」），並在北京成立「聯合指揮部」，直接領導在香港的鬥爭，上演香港版的文化大革命。

　　這場港版文革延綿數月，死傷甚眾，大批示威人士被捕，更引發炸彈浪潮，全城宵禁多日，陷入恐怖主義狀態。不過，這場港版「文革」，並非「革命群眾」對官僚的批鬥或者「革命群眾」不同派系之間的內鬥，而是針對港英政府的鬥爭。但這場鬥爭最終因為過激和脫離真正廣大的香港市民，變成一場「左派」與「香港社會」的全面對抗。

　　在暴動期間，香港左派報章，無論之前扮演過甚麼其他角色，一律變成反英抗暴鬥爭的宣傳工具。鬥爭的初期，左派報章報導暴力事件曾一度刺激銷量，但隨着港英以非法刊物罪名打壓，以及市民對暴力鬥爭的厭棄，對無辜者造成的傷害（包括知名的反共播音員林彬被殺害事件）的不滿和反感，左派聲譽一落千丈，甚至「聞左色變」。而左派報章的銷量也急劇驟降，在暴動過後更是一蹶不振。結果，港英政府成了這場失敗的左派暴動

的最大贏家。政府鎮壓暴動的手段雖然也相當過火，但卻獲得了「左派」之外大部分社會團體的支持；相對之下，左派在暴動之後，只能龜縮療傷，直至1980年代，藉「回歸」過程的開展才再冒起頭來。

至今無人敢挖的歷史瘡疤

可是，雖然香港社會對六七暴動的否定是如此一致，但這種判斷並沒有得到中共官方的正式認可。事實上，雖然目前中共對文革已有一套官方說法，但中共對香港在1967年發生的事，仍然沒有一個正式的定案。毛澤東死後，文革被徹底否定，改行鄧小平的「開放改革」路線，但對於港版文革，卻始終沒有一個官方定論。既沒有把對「四人幫」的清算，伸延至對香港「鬥委會」的否定；也不敢把「反英抗暴」樹立為香港人民反殖反帝鬥爭的豐功偉績。毛澤東死後政治由左急劇轉向右，鬥爭中左派的參與者陷入價值觀的巨大迷茫，半個世紀以來各方都掩蓋着這傷口，不少身受其害的人都選擇主動遺忘，拒絕受訪。

只是在過去幾年，香港左派出現了一些為「反英抗暴」辯護的聲音，試圖抹去了整件事的複雜背景，只着眼於當年參與者的簡樸愛國主義，為「反英抗暴」的口號辯護，把工潮的擴大簡化為港英暴力鎮壓的後果。例如著有《香港左派鬥爭史》的前《文匯報》記者周奕、工聯會的鄭耀棠，及當年訪問澳門學習鬥爭經驗的葉國謙，都只把責任推到港英方面。他們到目前為止仍未取得中央同意平反「六七暴動」的其中一個原因，是因為當年左派中人，以及不少中央大員都不諱言，六七暴動主要是文革極左思潮的產物，這些人既包括前港區人大代表吳康民、「左派影人」廖一原、《文匯報》前記者程翔，以及曾任港澳辦副主任的李後等。

要求重新肯定「港版文革」之所以不容易成功，是因為無論

誰想翻出舊賬，都勢必要掀動各方今天仍然在位的政治勢力，抖出誰要為這場悲劇負上賠償和政治責任的問題。所以，雖然習近平時代有重新樹立毛澤東權威的趨勢，也有不能否定共和國前三十年歷史的說法，但文革在香港的歷史則照樣含糊下去。

於是，當年的「鬥委會」主任楊光，雖然被第一屆特區政府授予大紫荊勳章，但頌辭中竟然抹去了他在文革時期的政治角色。香港坊間輿論持續為此聲討當權左派，指摘他們要為當年暴動造成的死傷和損失負責，但特區政府都充耳不聞，可見香港根本沒有任何條件，去讓六七暴動這段歷史真正成為過去。

暴動之後，親中左派人士被香港主流社會排斥，但他們日益孤立，也因為他們在文革期間，不少人為文革那些極左派的理想主義所影響，而自困於一個愈來愈封閉的圈子。例如，當年左派嚴厲批評港英實行「奴化教育」，以會考制度來灌輸奴化意識。左派陣營不少人鼓吹青年學生不要參加會考，拒絕去英文中學讀書，這些青年長大後的出路也因此而收窄，只能在左派機構的小圈子中找出路。一直到開放改革在大陸雷厲風行地展開時，香港這些受左派和中央資源暗中補貼的左派機構，也拒絕改革，左派小圈子化的情況也曾經十分嚴重。

滯後的文革式叛逆

從發起暴動的愛國左派角度來說，暴動的失敗是毫無疑問的。不過，暴動(以及背後的整個文化大革命運動)為香港所帶來的長遠影響，卻不能單從愛國左派的命運來評斷。因為，這場在香港發生的暴動，畢竟是在殖民地香港發生。而一九六〇年代的香港，本身已是百孔千瘡，階級矛盾和社會危機一觸即發。

而事實上，在文革還未在大陸正式爆發的1966年4月，香港就發生了因為天星碼頭加價而引起的「九龍騷動」，造成死傷。

這件事明顯是香港內部經濟和社會矛盾引起，和文化大革命沒有關係。雖然港英政府在事後立即進行檢討，但改革建議未及實行，六七年這場暴動就爆發了。暴動以左派組織和號召而來的群眾為主，但也引來不少圍觀的青少年，「造反有理」的意識也廣泛散播。只是因為左派過激的鬥爭策略最終脫離群眾，港英政府往後才能反被動為主動。麥理浩時代大刀闊斧的改革和社會建設，修正戰後以來一直的自由放任，為晚殖民時代的港英政府建立了一種合法性。

另外，暴動的失敗也意外地為新一代本土意識的出現奠定了基礎。因為，雖然反殖暴動不能動搖香港的殖民體制，但土生土長的一代，也受到文革期間那種挑戰統治者的鬥爭氣氛所感染。

文革出現的六十年代，也是世界上不斷發生反抗運動的年代，在西方有巴黎五月風暴、美國的反越戰運動、黑人民權運動和抗衡文化(counter-culture)運動，東歐亦有民主運動。中國的文化大革命，特別是其紅衛兵運動，正是以一種青年叛逆精神的象徵形象，為西方提供一種青年運動想像的資源。西方學運和青年運動的浪潮，在六十年代沒有在香港引來即時的響應，但卻在七十年代迅速發酵。當年這些激進青年，也從西方世界吸取了各種激進主義的思想資源，並通過例如搖滾音樂等抗衡文化形式，重新理解激進政治的含意。在這些經西方過濾後的文革式叛逆精神，迂迴地以一種滯後的方式，在七十年代青年反殖思潮中重新浮現。

正因為這個原因，七十年代以大專生和一些在職青年為主的學生運動和青年運動，構成了所謂的「火紅年代」，當中就有着非常錯綜複雜的思想因素：無政府主義、西式自由民主主義等思想，林林種種。當中有部分則特別傾向紅色中國，歌頌毛澤東，讚美文化大革命，並直接學習和發揚文化大革命中的所謂「社會主義新生事物」，成為新一代土生土長的毛派(亦即「國粹派」)

學生。環繞着是否支持中共和文革，不同派別的左翼青年互相對壘。和大部分冷戰世代主要受反共思想影響的知識青年不一樣，這部分受文革感召的大學生不會接受文革乃中共黨內權力鬥爭的說法，也並不認為文革所造成的破壞和死傷是不可饒恕的罪行。因為他們服膺於一套文革的世界觀，認為一切對文革的負面報導都是帝國主義者為了圍堵「新中國」的抹黑，而就算有部分是真實，也只是建設新的理想社會的革命過程中必然出現的現象。

當然，「國粹派」學生對文革宣傳深信不疑之外，更重要的是他們也被七十年代初紅色中國的國際地位突然冒升(加入聯合國、中美建交、中日建交、人造衛星上天以及西方「中國熱」等)所吸引，因而成為中共在香港青年統戰的對象。這些具有熱情的新愛國學生，被安排往大陸革命聖地朝聖，回港後通過緊密的學習和組織連繫，在他們所領導的學運中執行中共的政策。而由於要緊貼國內變幻快速的形勢，他們在文革後期參加了一些運動，例如為反對鄧小平復出而發起的「打擊右傾翻案風」運動，導致他們在毛澤東死後文革被徹底被否定時頓失方所。

受此打擊，「國粹派」主導的學運局面亦於焉瓦解。文革後期，一些前度屬極左派的紅衛兵，親身見證文革只是上層利用了他們的革命熱情來作權力鬥爭，感到幻滅和被逼害，設法逃來香港。這些逃港紅衛兵，例如後來成為經濟學家(改名楊小凱)的楊曦光，與當時香港的大專生聯絡上，並公開分享他們批判文革的見解，也加快了香港知識青年從對文革的烏托邦主義中清醒過來。

廣義的文化大革命(即所謂「十年文革」)是由1966年算到1976年。香港初期受到的文革影響是六七暴動，在1968年就大致平息，社會回復秩序。但繼後的文革影響則是透過紅衛兵形象、社會主義新生事物的宣傳和中共國際地位提升、西方中國熱等因素，在大專界發生持續影響。雖然這些後續影響隨文革被否定，文革的陰暗面被大量揭露而潰散，但它所做成的改變卻是持久的。

土生土長的新一代精英雖然大部分都不贊同暴動的方法和目標，但暴動也激發了他們的社會意識，令他們決意要從父母一輩各家自掃門前雪的難民心態中逃脫出來。而在冷戰年代覺醒較早而又有思考的青年，多半受右派的新儒家知識分子那套文化民族主義的教養，寄望文化復興，但七十年代左傾思潮(包括文革中的毛主義)的衝擊下，右翼的文化保守主義失去了對青年人的感召力，因為這些思想未能對應香港當其時的社會矛盾。文革在香港的副產物「火紅年代」經驗，卻為新一代的政治及文化先鋒塗抹上一種不同的感性底色，裏面有烏托邦主義，也有社會責任感，以及對中國作為認同對象一份相當矛盾和糾結的感覺。這對形塑日後推動香港民主運動的「泛民」領導人物的世界觀，有特別深遠的影響。

文革陌生化中國

文化大革命思潮所象徵的現世烏托邦雖然經不起歷史考驗，但對於香港土生土長、受過高等教育的一代精英來說，卻正好燃點了他們青春的熱情。烏托邦雖然最終幻滅，但受青春熱情所改變過來的事物卻是不可逆轉的。而如果我們把焦點從精英身上移開，我們也會發覺，文革由興起到失敗所產生的效應也是多方面的。

其一是中國與香港之間的關係被重新定位。因為文革的出現和發生，根本地改變了過去兩地居民之間基於血緣宗族等因素而建立的親密關係。文革雖然沒有中斷港人往北探親的機會，但大陸人南來交往則實質上中斷了。文革的敵我鬥爭意識也遍及每一個家庭，內地人的「香港聯繫」是一種政治上有危險的關係，港人亦被廣泛視為潛在的境外敵對力量，動輒得咎。年輕人也因為政治恐懼，甚至絕少返回內地，有的話也多視回大陸探親為負面經驗。這種文化心理上的阻隔，導致土生土長的新一代普遍對中

國產生巨大的疏離感，或說一種「陌生化」的效果，無法再像上一代般與國內的親友分享「同屬一家人」的感覺。

這種差別不只表現在經濟生活水平方面，也表現在文化感性和思維方式上。在文革完結後的幾十年，雖然兩地經濟水平差距拉近，普及文化亦令兩地之間共通的趣味話題或溝通內容增多，但並無法重建被文革所改變了感覺差異。一個鄉情連繫被文革徹底毀掉的中國，縱然在傳統復興下有舊貌返回的表象，但一代人生活經驗的差距也形成文化心理和感情上難以拉近的差異。

要說清楚的是，文革令香港新一代對中國產生的陌生化效果，並不立即意味「中國與我無關」，相反地，這嬰兒潮的一代以血緣論出發自我認同為中國人的仍佔大多數。但文革極端化了兩地制度和文化的差異，相互的交往無可避免會把對方作為「對象」，把對方視為非我的「他者」。上一代逃難的創傷經驗在文革的陰影底下跨代強化，促成有別於大陸人的「香港人」意識滋長。就算是那些對於「祖國」抱有好奇，以及對文革中國抱有浪漫想像的新一代精英，其實也是以一個抽象的「中國」作為一個理念，一個充滿異色誘惑、可作心理投射的「對象」。

文化大革命要剝掉中國身上的一切舊文化傳統，結果把中國徹底的抽象化，令得文革結束後取代共產主義的民族主義也變得虛浮。一九八〇年代開放改革初期，香港「回歸」中國的事實已定，香港人大量回大陸旅遊探親，甚至參與投資設廠，互動日益頻繁。但港人、港商在大陸仍被劃歸為一個特別的「港澳同胞」類別，享有各種特殊待遇，按不同的規格去處理，說明了中港差異是以族群身份的方式被廣泛承認。

「同胞」、「愛國」、「民族」的話語被廣泛援用，其實也只是建基於互以對方為對象的事實。這些「同一性」的修辭被大幅濫用，也只是因為要人為地掩飾箇中的隔閡和差異。在這些名詞背後，以刻板形象出現的「文革中國」則成為香港人認知和感

受中國現實時的潛意識，不時以夢魘的方式回返。港版文革又一直沒有被嚴肅的反思和清理，創傷愈往深處埋，就愈發把文革引起的神秘恐慌放大，夢魘揮之不去。

自由主義與抗衡文化匯流

文革的出現和失敗在香港所造成第二個結果，是它將不滿現狀的社會抗爭意識點燃之後，舊的英治殖民狀態受到了根本的質疑，港英統治再難單純依賴難民社會的冷漠保守和舊的買辦華人團體的支持，因為來自社會民眾和年輕一代的挑戰持續不斷。

但香港愛國左派既無法將一九六〇年代燃着了的反殖意識導向中國提早收回香港的結果(暴動失敗)，也無法透過他們的青年統戰工作把認同共產中國的使命延續(國粹派瓦解)，其歷史效應當然就是將新生代要當社會主人翁的意識導向本土認同。所以，當國粹派下台之後，大專青年畢業後投身的香港社會運動，都是以本地社會改革為目標，工運如是、教師運動如是、社區居民運動如是。傳統愛國左派在這些運動中都是被動的。這種獨立於左右傳統政治分野的社運，形塑出新的一種屬於香港的公民意識。它既不是冷漠保守的難民心態，也不是暴力激進的革命破壞。他們當中有一些曾經尋求思考徹底的社會革命、反殖運動的出路，但他們無法也無意重複傳統愛國左派在文革(六七暴動)中採取的那種暴力路線，反而吊詭地成為某種自由主義式的公民意識和公民文化的推動者。

可以說，以反殖之名而爆發的這場香港版文革，雖然有着愛國主義的動機，甚至要求中共提早收回香港(這項提早收回香港的計劃只是在最後一刻才取消)，但吊詭的是，它反而造成香港本土意識滋長的前期動力。英國人固然主動地利用了這個契機，協助形塑一種不以中國國族主義為主導內涵的香港身份，但追求

香港在一種非中也非英的獨特自主環境下發展自身的城市認同，也順理成章地在暴動後的香港新一代中生根發芽。

　　當然，將文革的影響視為單向和內部一致的話是十分粗疏的。事實上，文革和暴動失敗從總體而言是在短期內加強了維護資殖現狀的右翼保守主義的地位，但是這霸權已開始出現裂縫。而文革所直接激發，以及它的失敗間接助長了的其他社會異議動力，也匯合成香港反資反殖的(非親中)進步主義潮流。

　　它們是一種去冷戰化的自由主義，以及多元的六十年代抗衡文化的文化揉雜(cultural hybridization)。前者支撐香港的權力體制，跨越九七主權過渡，後者則塑造出香港的民間社會和反對派文化。對前者來說，文革是一個廉價的負面標籤，它等於一切不服從的言行舉止，也意味反抗既有秩序必然違反理性和會帶來悲慘下場。但對後者來說，文革既是一個專制下暴君操弄人民的悲劇，也是一個「惡托邦」(dystopia)，一個與香港的反對派政治訴求互相背離變異的夢魘國度。

現代性與中國青年論述的流變

　　「青年」的概念 和「現代性」的概念，素有密不可分的關係。這裏所講的現代性，既包括作為一種制度(institution)的「現代社會」，也包括作為一種心理特質和想象方式的「現代人格」。在某種意義上，「青年」的概念本來就是一個現代的社會建構(social construct)。這種想法包含了兩種意思：一方面，歐洲現代工業的生產節奏，令得青年階段和成年階段的劃分，比過去更加清楚，從而打破了中世紀時期，一般把青少年只視作「小成人」的觀念；另一方面，雖然，我們很難概括的說啟蒙思想家有一套統一的青年哲學或兒童哲學，但是，為西方「現代性」奠基的「啟蒙思想」，也致力於考察兒童和青少年的特性，以圖找出「理性」得以發展的條件。

　　事實上，啟蒙思想當中的不同流派，對「青年/兒童」的本質，有着很不相同的理解。例如，笛卡兒(René Descartes)認為，人的兒童時期其實已具備了某種內在的本性。基於這些本性，人才能發展出對世界清晰而獨特的種種認知。不過，洛克(John Locke)則反對這種說法，他認為兒童之心只是一張白紙，成長後的一切知識只能來自外來的經驗。但是，無論這些啟蒙思想之間有多少學理上的分歧，他們都不約而同地認為，如何了解和對待未進入成人階段的人生，決定了一個社會是否能夠擺脫中世紀的愚昧，是否能夠走出那個舊世界。所以，他們都不約而同地十分重視對青年和兒童的教育，因為教育是啟蒙的必要途徑。而一個社會能否讓兒童和青年獲得讓理性和知識發展的機會，是一個社會能否培養出現代人格去打造現代社會的關鍵。

雖然啟蒙思想後來在歐洲引來浪漫主義的強力反彈和批判，但與浪漫主義一同成長的民族主義浪潮，卻絲毫不減對教育和青年角色的重視。更甚的是，當歐洲後發的民族主義要超趕英、法為首的現代工業權力時，更加依重青年和青年人的啟蒙工作，將青年視為民族的革新動力。意大利的馬志尼(Mazzini)為了領導意大利的民族主義運動，就曾在十九世紀的三十年代，組織以青年人為骨幹的「少年意大利」(La Giovine Italia)組織，聚合青年改革派分子，推動改革大業。流風所及，歐洲多地冒現了以青年為主體的改革組織，例如「少年德意志」(Junges Deutschland)、「少年歐羅巴」等。

「少年中國」與青春哲學

　　大半世紀之後，隨着帝國主義肆虐，國家民族之間的競爭日烈，民族主義和現代改革的必要性，也深深地感召着中國的維新改革分子。1900年，梁啟超就高歌馬志尼的改革，並援引他的經驗，寫下「少年中國說」。在這篇慷慨激昂的文章中，梁啟超駁斥歐西和日本稱中國為老大帝國之說，因為他認為老大的只是過去的中國，而那是一個只有朝廷，沒有國家的國度。朝廷是一家之私產，國家乃人民之公產。所以，中國之為一「國」，其實並未完全成立，而正因為他「未完全成立」，所以是一個僅僅在他的少年時代的「少年中國」。

　　梁啟超對「少年中國」是熱情洋溢的，因為對照「老年」和「少年」的形態，則只有少年是邁向將來，是進取、冒險、豪壯等特質的體現，也是希望的所在。而所謂「少年中國」一說，除了說明中國其實是一個有待成長，還未完全發展成熟的國家之外，更意味國家發展的責任要放在少年身上。他說：「使舉國之少年而果為少年也，則吾中國為未來之國，其進步未可量也；使

舉國之少年而亦為老大也，則吾中國為過去之國，其亡可足而待也。」他更說：「故今日之責，不在他人，而全在我少年。少年智則國智，少年富則國富，少年強則國強。少年獨立則國獨立，少年自由則國自由……。」梁啟超將「少年」視為國家的希望所在，甚至將少年等同於國家的這種修辭方式，是建基於將少年時期的生理和心理特質，視為一種自然本性的「青春哲學」。這種「青春哲學」一方面是來對生命力的歌頌，呼應着歐洲浪漫主義對自然的崇拜，但另一方面，也是「進化論」世界觀的延伸，因為進化論不斷強調「汰弱留強」的自然規律，認為老舊事物必將被淘汰。所以，支撐着「青春哲學」的，其實是一種更為普遍的危機意識。

在清末民初時期，這種「青春哲學」極為流行，例如李大釗，就曾對這種「青春哲學」作更深入的闡論。不過他所援引的思想資源不在歐洲，而是儒佛道等東方哲學。在「青春」一文當中，李大釗就利用「宇宙無盡」來說明「青春無盡」。他一則認為莊子、周易和佛理的共通點是宇宙的無始無盡，但是，在此無盡的宇宙中，卻因為有「青春的過程」所以產生了差別、盛衰、生死、禍福等。而「青春」的力量，其實就是宇宙間造就變化的力量，它同時也是青年之所以可以完善自我的精神力量。他說：「青年銳進之子……宜有江流不轉之精神，屹然獨立之氣魄，沖蕩其潮流，抵拒其勢力……故能以宇宙之生涯為自我之生涯，以宇宙之青春為自我之青春。宇宙無盡，即青春無盡，即自我無盡。此之精神，即生死肉骨、回天再造之精神也。」

一如梁啟超，李大釗也是以「青春」為本位的想象，連結到他對國家民族的政治思考，認為民族國家亦各有其生命。而且，「有青春之民族，斯有白首之民族，有青春之國家，斯有白首之國家。」不過，白首之國家仍然可以「回春」，可以「再造」，關鍵在乎發揮青年的自覺性。他說：「苟已成白首之民族、白首

之國家焉，吾輩青年之謀所以致之回春為之再造者，又應以何等信力與願力從事，而克以著效？此則系乎青年之自覺何如耳。」

事實上，在晚清和民初的思想家當中，無論直接取自歐洲浪漫主義的「青春崇拜」或「青年崇拜」，還是重新發掘中國自己的思想資源，目的都是求取民族國家如何能自我革新的精神力量來源。將「青年」說成包含了「主體性」，到將「青年」比喻為「主體性」，直至索性把「青年」等同為「主體性」本身的整個論述體系，要說的並不只是生理、心理與社會群體意義上的「青年人」，也不單只要說在「青年人」身上能夠容易找到那種「主體性」的精神力量，而是要將整個關於國家民族的主體性想象，以「青年」這個形象展示出來。換句話說，「青年」的形象，被想像地塑造成國家民族主體性的化身，以「青年」來動員關於國家民族能夠「回春」、「再造」的想像。

自覺奮鬥與國族現代性

由於青年的主體性被表述為等同於國家民族的主體性，二十世紀初中國的青年論述，不得不被進一步與民族國家主體意志的「政治」論述互相勾連，並且慢慢從青年的「自然屬性」論述(具有本體論色彩的「青春哲學」)相分離。這種分離，沒有比陳獨秀為《新青年》雜誌創刊號寫的「敬告青年」更清楚的了。

在這篇出版於1915年的文章中，陳獨秀除了以「青年如初春、如朝日」等詩意類比來繼續延衍關於青年的「主體性」修辭之外，並沒有再以自然、生理或宇宙的本體論觀點來論證「青年」或者「青春」，而是直截了當的以中西文化對比的方式，試圖說明存在着兩種不同的青年觀。他寫道：「竊以少年老成，中國稱人之語也；年長而勿衰(keep young while growing old)，英美人相勉之辭也。」也就是説，他是以文化價值觀的對照來開展他對

「青年特質」的定義。中國人稱讚那些能夠表現得成熟世故的青少年，但英美文化卻反過來要老年人處處保持年輕的樣子，顯見中國是一個以老年為中心的文化，而英美是以青年為中心的文化。

先勿論陳獨秀這種文化的刻板定型是否完全正確，在論述方式上，這篇文章的獨到之處在於，他開始不再從自然(生理、心理)屬性的角度，來論證「青年」或「青春」的本質。他認為，少年既可以「老成」，年長也可以表現「勿衰」。青年也好，老年也好，其實只在乎文化價值的選擇和態度。

既然「青年」不是一個隨年齡而具相應本質的自然範疇，而是一個政治和文化的範疇，出現與年齡期望背反的表現，也不是奇怪的事。陳獨秀寫道：「吾見夫青年其年齡，而老年其身體者十之五焉；青年其年齡或身體，而老年其腦神經者十之九焉。」那些容貌、體質看上去是青年模樣的，一樣可以在頭腦中懷抱陳腐朽敗，思前想後，瞻顧依回，卻不敢明目張膽，作頑狠之抗鬥。所以，陳獨秀要「敬告青年」的，其實是六項「作為」青年的態度準則：一、自主的而非奴隸的；二、進步的而非保守的；三、進取的而非退隱的；四、世界的而非鎖國的；五、實利的而非虛文的；六、科學的而非想像的。

顯然，這六項非此即彼的選擇，並非引伸自任何哲理思辯或經驗學問，而是一系列文化和政治意志的抉擇。也就是說，它是關乎是否能夠對社會上陳腐朽敗的現象作鬥爭的主體意志。「青年」可以是具備這種鬥爭意志的能動力量，也可以不是，因為陳腐朽敗的文化心態一樣可以在青年身上出現。所以，所謂「青年」並非指年齡、身體上的青年。「青年」的定義和特質，反在乎一場關乎主體性的戰鬥，而這場戰鬥的戰場也包括青年人自身。問題的關鍵是，青年人是否具備「自覺」——也就是能否「自覺其新鮮活潑之價值與責任，而自視不可卑」；是否能「奮

鬥」——也就是能否「奮其智慧，力排陳腐朽敗者以去，視之若仇敵，若洪水猛獸。」所以，與其說「青年」是這場意志戰鬥的力量，不如說是「自覺」與「奮鬥」的存在與否塑造着青年人的「青年特質」。

作為《新青年》雜誌主編的陳獨秀提出的這套「唯意志論」的青年論述，奠立了往後主導的五四青年論述的基本範式。[1]要明白的是，這套論述並不是對「青年」作本體論的沈思，實質上，它而是座落在一系列關於個人、社會和國家關係的「現代性」論述和實踐方案之上的。以《新青年》雜誌為首所展開的對「孔家店」的攻擊，及一系列中西文明對比的論述，以及對「國民性」的批判等，都是在「個性解放」和「想像一個新的民族國家」之間，找尋一種既屬文化亦屬政治的「現代性方案」。所以，五四的青年論述，一方面是關於中國社會上世界觀和政治取態選擇的鬥爭，另一方面也是關於如何把青年納入到政治場域裏，爭取青年人認同的鬥爭。它透過動員自覺奮鬥的精神，以打破傳統的文化政治體制，形塑青年人的自我認同。這種認同的客觀作用，也就在於它符合了現代民族國家所需要的人格，完成中國式的「國族現代性」(national modernity)的建造。

這套「國族現代性」方案的特點是，縱然它也在陳腐老朽的封建傳統下，從解放青年的自主性和進步性的角度，高舉「個性」、「個體」、「自由」等等的「現代性」範疇，但它從來沒有充分的發展一套以個體、個性自由為基礎的「自由現代性方案」(liberal modernity)，而是將這些都透過「青年」的範疇，轉換到民族國家的想像中去，從而統統融攝在「民族國家」的需要之下。[2]

1　龐雜的五四論述或者《新青年》的論述當然不能以陳獨秀作為惟一代表，但陳獨秀的青年論述顯然有一種明顯的主導性。

2　相比之下，高一涵的「小己」觀、周作人的「人間本位主義」則較接近一種「自由現代性」的方案。

革命主體與青年運動

在往後的大半個世紀，這套「五四青年論述」不單成為論述青年時的一個基本話語範式，它也是一套實踐的標準，與不同政治及意識型態方案相互扣連，成為不同的政治力量開展青年政治工作的原則和依據。事實上，「少年中國」的理念，在五四的前夜(即1918年)就感召了李大釗、王光祈等籌組了一個「少年中國學會」。這個組織的參加者來自各方面，思想和政治傾向也十分分歧，包括共產主義者、國家主義者和無政府主義者。不過，他們的共通點都是支援或曾經投入五四運動。

在五四運動之後的好幾年，少年中國學會聯繫和協調了五四運動的發展，直至二十年代中期因政治傾向分歧而解散。不過，在繼後的日子，無論是從學會分裂出來的右傾國家主義者，還是左傾的共產主義者、無政府主義者，都投入爭奪關於「青年」和「青年使命」的詮釋。到了三十年代，抗日戰爭的形勢更加速了國民黨和共產黨對青年展開更積極的組織工作。

1938年蔣介石在「為組織三民主義青年團告青年書」中寫道：「青年為革命之先鋒隊，為國家之新生命，舉凡社會之進化，政治之改革，莫不有賴於青年之策動，以為其主力」他說，抗戰和建國必賴「全國青年之覺醒與團結」，但因教育之散漫，無恪守紀律之習慣，所以要以「紀律嚴格的訓練，矯正舊日之惡習，務使青年受本團之訓導而後，盡成為現時代之國民，一洗舊時代殖民式人民之生活與習慣，而充實其現代國民之獨立的新精神與自強的新生活」。而為了統一意志，這篇「告青年書」認為，中國實「無須效法其他國家，任多種不同之政治信仰與行動，並存而發展。中國今日所以作育青年者，祇有示以一個主義，一個努力方向之要義」，也就是說，中國青年只需遵從三民主義。

而當國民黨和(「少年中國學會」分裂後成立的)「青年黨」所代表的右翼國家主義者，堅持以國家認同和「一個主義」來定義國民團結，以紀律和訓導來演繹五四青年論述中所提出的「覺醒」、「奮鬥」時，青年的主體性自然是給完全吸納在「黨國」的超越主體性之內。相對之下，共產主義者就忙於為中國找尋能推動中國革命的，更根本的能動力量，並且在這項考量下，重估青年的角色。

　　1939年，毛澤東在《青年運動的方向》一文中，回顧了五四運動，並作出總結說，五四以來的青年的確起過某種先鋒隊的作用，帶頭站在反帝反封建革命隊伍的前頭。但是，青年並不是革命的主力軍。青年能否真正幫助戰勝反革命的力量，則在乎青年們是否願意和工農大眾相結合，因為只有工農大眾才是革命的骨幹。毛澤東更在這篇文章中，特別指出「過去的青年運動」中一個「錯誤傾向」，那就是不願意甚至反對和工農大眾的聯合。毛澤東認為，凡是反對和工農聯合的青年運動，不是不革命，就是反革命，是青年運動中的逆流。

　　毛澤東對革命主體力量的分析，一方面承繼了五四青年論述裏面以政治意志的鬥爭來界定青年主體性質的進路，另一方面則在以工農大眾作為革命主體的論述當中，給「青年」分配一個從屬、含糊、甚至可疑的角色，「青年」的政治作用和角色被放置到對工農革命的立場和態度上來衡量。很顯然的，這一套從工農革命主體論所引伸出來的青年論述，一直支配共產黨的青年政策，直至文化大革命。

　　在「文革」初期，在毛的呼召下，革命的能動性雖然好像在很短時期內，全都放到青年「紅衛兵」身上。一下子，「青年」們又好像回到五四那個年代，被確認可以擁有充分的主體性，在「踢開黨委鬧革命」的口號下，掙破「黨國」建制的束縛，「敢教日月換新天」。可是，當「打倒黨內走資派」的目的達到之

後，「紅衛兵」運動立遭制止，隨後而來的「知識青年上山下鄉運動」，號召青年接受「再教育」，也只是換了另一個方式，重新回到延安時期，要求青年和工農大眾結合，也就是重新接受「黨國」的安排。

「被盜的青春」與「第四代人」

不過，文革時期對青年的廣泛動員，卻也造就了後來「青年論述」的重新發展的契機。毛澤東死後對「四人幫」的批判，1976年「四五運動」(悼念周恩來而引發的抗議，反抗「四人幫」鎮壓)成為新的人民反抗記憶。在邁向「後毛澤東」時期的過程中，「人道主義」的重新評價、以致史學界批判封建主義的思潮，在七十年代末匯成一股「思想解放」的潮流。及至劉心武小說《班主任》，發出「救救被『四人幫』坑害了的孩子！」的呼聲，更引發了「傷痕文學」運動。當其時「知青」大量從農村回流城市，向社會和歷史作出控訴，《中國青年報》上又進行了「人生意義的大辯論」，觸發了關於「信仰危機」的廣泛討論。一時之間，「知青的叛逆」體驗，成為「思想解放運動」裏不可壓抑的雜音，也成為一種時代動力，使青年論述重新變成焦點。

接着下來，八十年代在「開放改革」的主旋律底下，文化界又興起了重新審視五四課題的熱潮，關於個性解放、個人主義等討論，洶湧澎湃，匯合成「文化熱」(或所謂「新啟蒙」運動)，解構了革命話語的權威性和神聖地位。在八十年代的「青年論述」當中，「文革」的失敗，被廣泛的表述為一代青年人「被盜去了青春」，抱怨過去數十年的「革命論述」，不單掩蓋掉人的個體性，也奪去了青年的主體性。可是，「被盜去的青春」的論述是一套仿擬前人的青年論述，因為它是在承認原有的青年論述絕對強勢，毫不質疑其合法性的前提下，以從過去承襲過來的理

想青年定義，以「缺失」來建構當時代青年自我認同的一套論述。所以，這套關於青年的話語，最終只能以一種「代際話語」的方式出現。

八十年代末有一本名為《第四代人》的書在中國非常暢銷，作者張永傑、程遠忠在這本書中，把那個時代青年論述的問題意識表達得很清楚。他們描繪了一個中國不同的四代人的心理文化圖像，認為只有第一代人(五四時候是青年的那一代)才具有偉大的性格和堅定的理想，他們同時是偉大的現實主義者，也是偉大的浪漫主義者。而第二代人，則是依附前一代的，所以謹慎、忙碌，沒有幻想，只有禁忌，習慣於服從。第三代人是生長在紅旗下的「紅衛兵」一代，他們是在「文革」中「被耽誤的一代」，他們「差不多得到了作為主人的那種感覺」，但終歸要面對另一個陌生的時代。而第四代人則是那些參加了八十年代歷次「學潮」的大學生，他們「想衝擊禁忌，站在消費的潮頭，是傳統道德的破壞者。」

《第四代人》這本書出版於1988年，作者們描述的「代溝」問題(特別是第二代和第四代之間的互不認識，互不接受)預示了1989學生運動失敗和「六四事件」的悲劇發展。可是，它的出現也間接反映了中國新的一波青年論述的困局。也就是說，圍繞著所謂第三代和第四代所發展出來的「青年論述」，其實只是過去了的「青年論述」的仿擬和複製。其關於主體性構造的想像，也根本上依從着「五四青年論述」的基本範式進行。

和六十年代世界性的青年反叛文化(counter-culture)的發展相比，中國在八十年代的青年反叛文化，其實更多地只是一種「審父意識」的展現，而從來沒有真正越出向父親抱怨和哭訴的底線，從而不是一種對父權制度和父權文化的徹底批判。而在所謂「代際溝通」的論述底下，「審父意識」其實可能只是一種所謂

代際「交棒」話語的變奏，也就是說，它談的很容易被局限在利益的代際重新分配，而不是改革跨代的權力結構。八十年代的青年論述，在重拾個性解放等等五四的陳腔之同時，並沒有動搖，甚至反而鞏固了「國族現代性」的霸權地位。其結果亦只是調整了「青年」(或「這一代青年」)在整個「國族現代性」方案裏面的相對位置。

1989年學生運動的失敗，一方面是條件不足和運動策略的失敗，但另一方面也是在想像上缺乏替代的政治和文化方案的失敗。六四鎮壓悲劇性地使整個八十年代興起的青年學生覺醒熱潮突然終結，亦間接暴露了中國「後文革」的青年論述自身在文化上及政治上的極限。因為，在八十年代「文化熱」當中被各種青年論述所表述過的文化實踐課題，包括無論是「個性解放」的目標還是「文化調侃」的策略，都已日漸被吸納到一個重新被闡述的，以國家為主導的「開放改革」方案當中。這個「現代化」方案，以消費主義借代了個性解放的訴求，卻沒有動搖國家民族這個超越主體的地位。那個時候，「改革」要去除掉的，只是背負在其身上的「革命回憶」，終至在「六四事件」之後六年，通過李澤厚和劉再復一本著作的書名，象徵性地宣告了「告別革命」。於是，在「重估一切價值」的狂飆過後，八十年代青年人所提出的對個性的追求，在九十年代輕易地被重新整裝到「國族現代化」的價值體系內，配合不斷深化的市場經濟改革。直至本世紀初，更慢慢演變成「大國崛起」底下青年的國家主義。

結語：文化保守主義還是現代性？

事實上，雖然在八十年代，「革命論述」還是佔有主導地位，但在歷次出現的小規模學潮期間，已開始出現了將第四代人

的反叛，描繪成對「傳統道德」的破壞的論述(這些描述也出現在《第四代人》一書)。這其實是一些重要的論述轉移的開始，悄悄地為「傳統道德」騰出了合法地位。

再者，自八十年代以來，隨着復辦社會學，國家開始引入西方社會科學工具，進行大量的青年研究，也是以「社會問題」的角度在論述上將「青年」「對象化」(objectified)。在本世紀官方主導提倡「和諧社會」的主旋律底下，關於所謂「八○後」或「九○後」的「青年問題」或「問題青年」的論述，亦在媒體大量流通。這種種轉向都在顯示出，以主體名詞出現的「青年」，慢慢如何讓位給被「問題化」、「對象化」的「青年」，使青年成為國家道德規訓和監控的對象。而與此同時，文化保守主義亦正在「和諧社會」大旗掩護下，以不同的形式復興。

可是，無論文化保守主義如何取得實質的強勢，今日以各種次文化形式出現的青年反叛，都無法像五四那時代的人，再以一套簡單的青春哲學作為武器，反抗一套很容易便指認出來的傳統道德。因為，雖然他們周遭都是陳獨秀當年痛心的「陳腐朽敗」，不分老少，但他們要抗拒的，也恰好包括那一整套透過一兩代人的「青春崇拜」而鑄造出來的「現代性」。

毋忘六四

——三十年流亡及香港本土的記憶政治

2019年是六四屠殺三十周年，世界各地出現各種形式的悼念活動，說明六四記憶的重要性，並沒有隨時日的過去而淡化。記憶之所以重要，是因為它是人的切身體驗的沉澱，但因此人們也每每以為，記憶只是與個人有關。可是，記憶不只承載着感情和思緒，也傳遞着難以充分表述的那些社會與歷史的足跡與氛圍。正如開創「記憶研究」(Memory Studies)的法國社會學家哈布瓦赫(Maurice Halbwachs)在討論「集體記憶」(Collective Memory)一詞時所指，記憶其實不只是個人的事，因為個人記憶往往和社會文化互相交接。人們通常是從社會獲取他們的記憶；他們也是在社會中回溯、確認及放置他們的記憶。

哈布瓦赫的這項創見，啟發了有關「社會記憶」及「文化記憶」概念的探討，讓我們了解到記憶總有其公共性的面向，也需要物質條件的配合。而且，「記憶研究」總是提醒我們，記憶總不是對「過去了的事物」完整無誤的再一次呈現，而是按特定的文化與社會脈絡所提供的敘述可能性，成為脈絡化和本地化的文化政治元素。「記憶的政治」如果脫離了這些微細的語境差異，在地的歷史脈絡，根本無從評價。

八九年民主運動在全中國上下捲入過無數的參加者。這場史無前例的運動在這些參與者身上留下深刻的烙印，然而，他們的記憶能否保留，如何保留，卻不能脫離社會的大環境。在內地的政治環境底下，官方管控着絕大部分的公共話語空間，六四的記憶由被扭曲、被淡化、到接近被完全禁絕，連回憶也是罪名。這

種「強制的遺忘」令六四記憶失去了公共的載體，無法與社會現實產生互動，只能成為「地下的記憶」，勉力地掙扎；而這種只能作為個人私下(或地下小團體)記憶的六四，當然也難免進一步遭「自然遺忘」的侵蝕。隨着具有八九六四親身經驗的年長一代自然逝去，新的一代欠缺了對六四的基本認識，產生六四記憶的跨代斷裂的危機。

冷戰的最後一個記憶

審查制度的無孔不入不僅決定了人們知不知道有六四事件，以及相關的事情如何發生，也扭曲了人們能夠記着些甚麼，以及如何把它們記着。不應忘記的是，「六四」絕非六月四日當天發生的屠殺，而是與八九年整場民主運動相關的一切事態，甚至包含着整個八十年代的各種批判性文化思潮與學生運動、民眾抗爭運動。其摧毀的其實是毛澤東之後(文革之後)十多年來，在文化和社會抗爭層面重新甦醒的意識。

但六四記憶往往只能被簡約化為「六四慘劇」。被壓縮的討論和對詰的空間只餘下高度符號化的「記憶抗爭」，同時也讓整個運動龐大而錯綜複雜的面貌被支解和瑣碎化，令六四在被記起的同時，也在被遺忘。而當不少這些記憶的素材和更開放的討論只能在存在於國外、發生在國外，也自然為討論與對話帶來了境內/境外之間的新的隔閡。

不過，平情而論，真正使得六四在中國內地被遺忘的，並非僅只「強制的遺忘」或者「自然的遺忘」，而是三十年來整個社會發展趨勢所造就的「自願的遺忘」。六四慘劇發生之後，中國以全面走資來應對社會經濟再爆發危機的挑戰，九二年鄧小平南巡後整個國家上下都沉醉於「下海經商」，在八十年代具備批判意識的知識分子也大量地參與，退出了任何意義上的社會抗爭。

社會上「告別革命」的新保守主義思潮替代了八十年代的「新啟蒙運動」，並進一步否定五四以來的「激進主義」，實質上是從精神上為知識分子以至整個社會「卸下」八九六四的包袱。

直至九十年代末趁着南斯拉夫大使館遭美軍襲擊事件，民族主義思潮爆發，不少知識分子對「新啟蒙」自由主義開始「反攻倒算」。姑勿論是以「新左派」之名，還是「儒學復興」之名，都掛起「反西方」的民族主義旗號，直接或者間接地貶抑八九年全國抗爭和被全面鎮壓的重要性，為徹底的「遺忘六四」作了理論的準備。

不過吊詭的是，在這段知識界忙於提出要「警惕西方」以至高舉「反西方」旗號的同時，中國其實是愈來愈深地在經濟上投進「西方」的懷抱，而「西方」亦積極地以「接觸政策」終會帶來中國的「和平演變」的自信自誇，漸次從「人權外交」的道德高地退場，換取中國更大更快的「開放改革」。這是由於在這個階段，西方國家認為世界在「蘇東波」後會同步地進入「後冷戰」的共同富裕世界，以為可以安心地與中國共同打造一個「全球化」的世界榮景——「歷史的終結」最終會令中國被「西方價值」和「西方模式」所收編和吸納。

在這情況下，六四記憶只是一個「後冷戰」年代，有關冷戰對抗的最後一個回憶，而六四也只不過是一宗「歷史的問題」，被認為遲早會隨着中國經濟發展、中國政府採取更大程度的自由化改革而被解決。

這種「後冷戰」年代西方搬演的「冷戰想像」和蘇聯時代的冷戰想像之間縱然有相同之處，但差別在於後者把冷戰敵人想像成既邪惡亦具威脅性，前者則減少了「本質邪惡」的成份，但餘野蠻、無理與落後等有待「教化」的面容。但無論怎樣，這種冷戰遺痕卻無阻「後冷戰」式的中美共融，兩者變成「我中有你，你中有我」，也絲毫不影響「西方」成為全中國上下都欽羨的樂土。

西方世界雖然在「檔案材料」的意義上存藏了六四的記憶，但六四記憶所連繫上的中國人權議題卻在高速的「全球資本主義化」進程中日漸被邊緣化，「六四」問題已經不再構成中國與「西方」關係的任何障礙，直至最近才有一些改變。因六四而流亡國外的異見者所組成的「海外民運」也因此而失去位置，影響力也因為各種原因而快速式微。被高度壓縮、孤懸於海外的六四記憶，也失去了與產生它的中國土壤的互動辯證。

後極權把「自願遺忘」推到極致

　　可是，由西方主導的「後冷戰」如意算盤最後卻打不響，因為中國經濟改革並沒有如預期般製造出能被西方同化吸納的、信仰民主自由的中產階級，黨國反而通過高速經濟發展贏來拒絕進一步改革的時間。隨着北京奧運的舉行，「中國崛起」的「大國意識」受到推崇，讓完全沒有八九六四經驗的新一代沉醉在物質追逐和大國光榮中。早早已失去了批判精神的知識分子，則更忙於為黨國出謀獻策，高歌「中國模式」，配合着社會廣泛的犬儒心態，出現一種更徹底的對六四「自願的遺忘」。

　　就如哈維爾所描述的「布拉格之春」之後的捷克社會，經歷了蘇軍佔領和鎮壓後社會的「常態化」(normalization)後，人們已經習慣了無需費力去判斷意識型態是否真理，意識型態與真理是否需要區分，只需要不找「麻煩」表現恭順，日子可以一樣過。同在中國，人們不是因為真正相信正確理論所支持的意識型態而擁護政權，而是對意識型態之空洞習而為常，只要確保個人展現合模態度，行禮如儀地順從「主旋律」，拒絕承受獨立思考而要付出的代價，保證自己和政權同一步伐，六四記憶也自願地永遠被放逐。

　　這種哈維爾所見證的「後極權主義」邏輯，要把每個個人結

合在同一體制內，不分你我，把消費主義與無孔不入的自我監控完美地結合起來。意識型態愈來愈花哨誇張，但也愈來愈無關緊要。因為在虛張聲勢的種種偉大辭令背後其實是徹底的虛無主義、犬儒主義與相對主義。脫離了內地本土脈絡的「六四記憶」更因為只能被放逐而在海外寄生，成為了「流亡的記憶」，慢慢也成為「異外之物」。在網絡時代往往只能成為被不斷肢解再肢解的碎片，不時給網路「五毛」與「小粉紅」捕獵成嘲弄的玩物，把中國對六四記憶「自願的遺忘」推向極致。

如前文所述，回憶並不是簡單地把「過去的事物」原原本本地重新再現，而總是給編織入各地方本身的文化政治肌理。流亡在西方的民運所攜帶的六四記憶，孤懸海外，在「後冷戰」的冷漠國際「現實政治」夾縫中前無進路，只能枕戈待變。但處身於中國大陸與西方世界交界的香港，則提供了讓六四記憶走入本土政治脈絡的土壤，也只能按香港本地脈絡的方式來衍變。

三十年來，香港都是六四周年悼念活動最活躍的地方，1997年之後更是五星旗下唯一可公開高呼「平反六四」、「結束一黨專政」的城市。自1989年以來，因着六四，香港被世界另眼相看，原因是這塊土地被看待成中國人得以傳承六四記憶的重要陣地，扮演着難以取代的角色。可是，三十年來往往被忽略掉的是，六四記憶如何進入香港的本土脈絡，以及由之而引發的「記憶的政治」，對本土社會所產生的影響。

六四在香港脈絡下的三十年

事實上，二十年來香港關於六四記憶活動的發展歷程，已經足夠成為另一個層次的記憶，因為六四記憶已經在香港派生出一個屬於本土的長期運動。要了解六四的香港本地脈絡，得先從戰後香港既作為一個殖民城市，也作為一個難民城市開始。前者令

香港一直以來不能建立民主制度，後者也帶來不沾政治只求安居的心態。雖然戰後香港深受冷戰格局的支配，形成左右派對立的局面，而右派擁護冷戰中的自由民主陣營。在殖民地追求民主的訴求雖然存在，但居民反應並不熱烈，因為民主制度會動搖英國人統治香港的格局，也必會受到中共反對。所以，香港在戰後一直維持着「維持現狀」的主導思想。

直至香港前途問題在八十年代提出，「民主回歸」的想法浮現，人們開始設想以「回歸」後實行一國兩制作為發展民主政制的契機。八十年代中後期，方有組織集結力量推動本地民主運動，然而民眾當時並未真正擺脫難民心態下的政治冷漠，民主發展未獲重視。八十年代末「基本法」起草工作的後期，追求在回歸後實現民主的民主派，方發覺一國兩制之下中國只容許香港發展非常有限的民主，因此待到1989年北京民主運動的爆發，便大大地刺激了香港本地追求民主的熱情。這熱情體現在全民參與「支援北京學生運動」上，一來是受到內地學生高舉五四追求實現「德先生」的理想主義感召，二來是當時人們以為內地的民主運動成功，能大力推動對共產黨政權的改革，香港也會解除對「回歸」的恐懼。

1989年香港人積極參加支援北京學運，首次打破了本地國共兩派的意識型態對立，參加者包羅了冷戰傳統劃分的左右派，起初帶領運動的活躍分子來自學生、教師及非親中左派的積極分子。但後來親中機構中的「老左派們」也發生「起義」，在六四屠殺發生後更強烈譴責「北京當局」。可見八九六四的確把戰後受困於冷戰對立和難民政治冷漠心態的社會徹底改變過來——雖然當中絕大部分的親中左派事後迅速「歸隊」，曾經責難中共的機構也重新被收復，充當中共當權派在香港的代理。

不過，由八九六四所激發的澎湃政治熱情不消兩年就回復常態。就如上面所說，香港一樣受制於西方與中共重新交好的背

景，鄧小平南巡後市場經濟改革換取了西方逐步撤消對中國的制裁。香港的民主派也說服美國讓中國加入世貿組織，並且以把支援內地民主運動的訴求，大幅壓縮為每年度的悼念活動。民主派急於與中共重新建立「溝通」，亦隨之而將八九政治運動未解決的問題化約為要求中共正視香港人內心對「六四事件」的「情意結」。在這情況下，八九年複雜的民主運動記憶很快便進入被簡化及被遺忘的狀態，每年都會有以萬計的人群在維園集會上悼念六四，並且成為一個模版，年年重複。八九運動所曾沖起的巨浪遂變成細細的漣漪，局面也「安定」下來。六四記憶於是成為另一種更深入地與本土脈絡扣連，多於與內地或海外情況同步的運動。

　　三十年來，這場派生自六四記憶的運動由下列幾個部分組成，對香港自身產生了深遠的影響：

1. 每年一度的維園悼念晚會：每年都有數以十萬計的參加者，被廣泛視為保衛香港公民權利，包括言論自由、集會自由等的指標。每年六四晚會的出席人數，也被廣泛地視為香港人政治熱情寒暑表。六四集會雖然始終以悼念的形式作為主幹，集會喊的口號也基本長期不變，但經常有結合本土政治當下議題的動員和呼籲。特別是在2003年的「七一大遊行」之後，本土的民主改革議題往往集中於一年一度的「七一大遊行」，「六四」與「七一」就一先一後成為政治動員的契機。

2. 支聯會：香港的支聯會一直為內地反抗者提供訊息及其他方面的支援，也是向內地人提供六四記憶各種素材的機構，而且持續不懈地為香港與海外提供內地民權運動及異見分子的訊息。支聯會對六四難屬，對例如「天安門母親」等組織長期支持，在道義上和實質上都是延續着八九運動留下的香火。

3. 「反轉軌」：由於八九六四是香港歷史上罕有地出現全民共同意志的時刻，一致對六四屠殺提出譴責，六四後香港的政治版圖就變成以對六四的態度為劃分界線。在香港進入「常態化」後或快或慢地展示「轉軌」(改變立場)的政治人物或黨派，往往成為批判的對象。是否應放下「六四情結」，是否仍支持「平反六四」等，在選舉運動中都常常成為選民評價候選人的標尺。

4. 六四記憶是香港政治啟蒙運動的基礎教材：不少沒有六四切身經驗的新一代，都有被父母或師友帶去六四悼念晚會而獲得最初的政治啟蒙的經歷，因為六四的記憶、關於八九民運的故事，最能幫助傳遞基礎的民主、自由、人權等的信息，奠立兒童及青少年關於公義、平等的價值。

5. 六四記憶也是香港公民社會保衛戰爭持的重要戰場：特別在媒體、教育和藝術領域，一直進行有聲或無聲的角力，爭取納入與六四議題相關的內容，或者反對六四議題被刪除、審查與排斥，三十年來發生過無數大小戰役。香港媒體中的有心人不懈地爭取新聞自由，製作了無數關於中國民運信息、維權運動、異見分子和與六四記憶、六四紀念相關的紀錄片。教師和教師組織爭取在課堂講授與六四相關的內容，製作過不少教材，帶領過或鼓勵過無數的青年學生分享對六四和民主的觀點。藝術家與創作人與策展人及文化藝術機構不時周旋角力，創作及展出六四題材的藝術品……這些創作或行動除了少數之外，很多都沒有被報導或記述。可是，「潤物細無聲」，正是這些微型行動默默構成了今日香港仍然頑強的公民社會，為香港建立了以公義為核心的社會共識，以及她的反抗精神及異見傳統。

反抗暴政，微觀個體作為切口

　　了解三十年來進入香港本土脈絡的六四記憶抗爭，當會察覺它們不是抽象的知識分子思辯或「離地」的論戰產物，而有着強烈的個體實踐面向，並指向具體的抗爭空間。它們既與制度層面的政治(選舉)產生關係，但又不能完全被化約為黨派政治操縱的結果，因為它們大部分是嵌入於人們的生活領域，例如職業崗位、社區組織、人際網絡中間。這些關於六四記憶的抗爭不是意識型態對抗的複製或倒影，而是從苦難、創傷與基本的公義感受出發。在這種關於公民德性的周旋與角力中，既體現了香港人追求建立後殖民後冷戰的公民主體性的熱情，也間接彰顯了哈維爾所曾構想的「否定政治的政治」，即一種應對「後極權」境況，基於公民良知的道德政治。這種微型抗爭不是去製造英雄領袖，卻往往要個人付上貼身或重大的代價。

　　這種「政治」總是在最最微觀的層面質問最最「大是大非」的問題，而不是依靠意識型態的宏大論述為每個在道德行動中的個體，提供簡便的答案(是自由派的嗎？是左翼的嗎？)因為形形式式的這類意識型態答案，總是難逃蛻變被誤用為欺騙或自我欺騙的借口或謊言。上文所述的「自願的遺忘」很多時候就是取徑自這種理論性的意識型態。

　　作為一個難民城市，也作為在冷戰左右派思潮夾縫下成長的地方，香港的文化底蘊就是一種「庶民道義」的直觀，對言詞蠱惑的高度懷疑與敏感，令得她對官方意識型態宣傳具備「天然」的抗拒力。這個難民城市從來就是流亡者的集散地和中轉站，她的文化基因長期孕育出充滿傷感的感性空間，所以特別容易與流亡中的六四記憶產生同情與共鳴。這種以道義與憐憫為出發點的道德政治抗爭力量，是存在於意識型態之外的，所以這裏的人根本沒有興趣去區分「社會主義民主」還是「資本主義民主」，使

自己迷失於這類意識型態迷宮。這不是因為這裏的人對「普世價值」也可能是被利用的謊言毫無警覺，而是他們不會愚蠢或者冷血到以為，在鮮血與赤裸的暴力面前，還有需要去區分「資本主義屠殺」和「社會主義屠殺」。不幸的只是，在別的地方，「自願的遺忘」往往是透過此等花肖的理論分析去完成。

當然，以六四記憶為核心的公民運動也存在着嚴重的局限，因為它無法給予一個完整的中國歷史觀。而建制的教育政策除了要完成「加強愛國主義教育」的目標外，也無意正視給予香港學童完整的歷史教育。例如，官方對五四運動的誤導與扭曲比遺忘六四所造成的破壞更嚴重；香港教育領域長期只存在一類爭議，就是如何平衡關於中國的「正面訊息」及「負面訊息」。

在這環境下，六四記憶的爭持當然尚未能獨自做到讓學習者在六四記憶之上或之外，能夠更全面地從八九民運，以至八十年代中國新思潮激蕩，甚至整個百年中國與世界的背景下吸取歷史的營養，建立具有更強反思能力的歷史觀。但顯然，這種具宏大歷史感的真正歷史教育，也正是日益忙於為黨國方針服務的香港教育當局所害怕出現的。

而隨着「後冷戰」的中國經濟發展衍生出新時代的新問題，中國與香港之間的關係發生了重大的變化，「中港融合」帶來新的矛盾，香港自治權一再被侵蝕，過去以維護六四記憶為重心任務的民主派也因策略分歧問題而產生重大分裂。致力捍衛本土文化及加強政治主體性訴求的本土運動，亦開始質疑本地民主運動的優次問題，甚至每年維園悼念活動以及六四記憶政治的本土相關性。這些質疑在過去幾年刺激起一些爭論，然而，無論爭論曾經如何激烈，但維護六四記憶的重要性反而在爭辯中被重新確認，分歧只在於活動的形式及傳統悼念活動中的中國民族主義想像。

上述香港六四記憶的政治，顯然是本土脈絡下產生出來的問題，因為八九年學運民運及六四鎮壓在全國各地發生，整個事件

的焦點及主要訴求均非中國國族認同問題，而是人權、自由與反專制，以及其他「反貪污、反官倒」等經濟性或政策性訴求。只是香港在面對九七「回歸」的情況下，香港部分民運支持者採用了民族主義的形式去表達其情緒。久而久之，當年內地以「愛國」一詞來修飾「民主運動」以提供策略性的自我保護作用，也愈來愈難以被新一代了解，於是產生了誤導的副作用，令運動失焦。

六四的記憶是創傷的記憶，分享苦痛的回憶本來就具備縫合不同歷史受害者經歷的能力，有助超越身份差異以形成廣泛的團結連線，塑造更有力之反抗。苦痛經歷既能形塑身份，也能超越身份。六四的記憶歸根到柢是關於對暴政的抵抗，抵抗暴政不需要以身份為前提，只需要連結共同陣線，而今日抵抗連線的最大挑戰是「自願」與「非自願」的遺忘。

八九年的抗爭至今已成為記憶，它不只是一件值得悲痛的事，而是不朽的一個歷史真理的時刻。只要記憶一日存在，它的不朽就會再度被確認。然而，記憶並沒有一個固定形狀。它的存在可以用宋明理學中「理一分殊」的概念去理解。「理一分殊」的一個例子是「月印萬川」：分散在千萬江河湖泊中的月亮不是不同的月亮，而都是同一月亮；另一例子是「隨器取量」：用不同的容器去取水，水自然有不同的形狀，但所載的仍然是水。

六四記憶在內地、海外和香港幾個不同的地方遭遇不同的本地脈絡，自然有不同形貌和際遇，發展出不同的力量。然而六四作為偉大的反抗暴政時刻卻是恒久不朽如一。在歷史相對主義、虛無主義積極為「自願的遺忘」添柴加火的時代，保有這如一的抵抗信念，點起燭光，懷念亡者，看來聲音姿態喑啞微小，但對甚麼人來說都仍是至為重要。

香港本土意識的前世今生

前言：被動的回歸

　　這幾年間，香港興起了關於本土意識的熱烈話題，也出現了不少訴諸本土意識和香港人族群身份的新興社會運動。身份政治毫無疑問已經佔據了香港的文化及政治舞台，成為決定香港未來走向一個繞不開的面向。香港人的身份政治在「回歸」前後引起永不休止的爭論，問題的根源來自九七香港的主權治權移交中共的整個過程中，「香港人」一直都是一個缺席的存在。英國在百多年殖民統治中，均沒有讓香港人組成任何可以代表香港人整體意見的機構。香港前途談判中，中、英雙方也無意讓任何有「香港人代表」身份的人參與談判。基本法是在中英聯合聲明簽署，「收回」香港的命運拍了板之後才開始，而且所謂港方參與基本法草擬的「草委」、「諮委」，都是按中共分化統戰策略的安排，而且大部分都由中方委任，談不上可以代表香港整體的民意。

　　政治上的「收回主權」為香港人政治上的身份及相應的權利義務做出了安排，但也留下很多產生矛盾和漏洞的縫隙。在文化意識上，因為中英兩國均要合力營造所謂「順利過渡」的環境，遂大力粉飾香港過去發展經濟的成就，但同時也掩埋香港英治殖民的過去，企圖把人們的眼光都導向美好的未來。香港殖民歷史的真貌，因此也並沒有得以全面的呈現，引起辯論，使人們可以做出公允的評價及妥善的清理。相反地，英國人只是努力去讓香港人相信，殖民史是一段奇跡發生史：英國給香港帶來了法治、自由和先進的城市建設。而中國為了安穩人心，平穩過渡，也對

殖民地的過去諱莫如深，只會選擇性地以「游子歸鄉」的悲喜劇式民族主義故事來述說「回歸」。這種煽情劇的話語，在與英國人同一調子地讚揚香港經濟成就之外，也借用英國殖民者的眼光，把香港人概括為一群「經濟動物」，只是今後要令香港人懂得「飲水思源」，承認「祖國」一直以來都在「支持」香港，有份貢獻這殖民地上香港人享有的繁榮安定。

可是，香港人的殖民經驗，就僅只是一個經濟奇跡發生的故事嗎？香港的過去，就僅只是一個孩子由「養父」交還給「生母」的故事嗎？「回歸」的故事，的確是一個如此簡化的一齣煽情劇，而殖民主義就真是如此就隨之而過去了嗎？

真正徹底的解殖過程，應該是從殖民結構下解放住民們被壓抑剝奪的獨立主體精神，但在「九七政治」底下，香港社會的發展被刻意地安排和設計，以保證殖民時代的政治體制和社會權力結構，在九七之後一樣運作順利。因為中英雙方均沒有承認在這土地上生活的人，應有份參與決定自身的命運，香港人事實上是在極大的無力感和無奈底下，被動地目睹這城市的未來，為兩國政府用作談判的籌碼。這種交易安排底下達成的「回歸」，不可能是「殖民主義」的結束，反而是「解殖」的無限延擱。就如筆者在另文曾經闡述過的，由於香港所經歷的是「被動的回歸」，所以是處於一種「解殖未完成」的狀態，所欠缺仍是一個建構「主體性」的過程，無論這種主體性最終是以真正的「自治」還是「獨立」去體現。[1]

因此，香港近年出現的本土意識和本土運動，可說是一種「被壓抑的回返」，是對「被回歸」命運的清算，回返的是被壓抑的香港文化與政治主體精神，索還被拖欠的「承認」。如果我們不能從制度上去改革這種「殖民未解」的結構，不能從歷史上

1　羅永生(2014)「邁向具主體性的本土性」，《殖民家國外》，牛津大學出版社，頁14–30。

清理「主體參與欠缺」的狀況，檢討與反思在歷史發展的長河中「香港人」主體成長的掙扎，我們亦無從建立香港人對自己的清楚認識，俾使香港人成為自己的歷史主體，洽當地處理自身與他者的關係。

土著紳士的香港人身份

關於香港人在殖民時代，究竟有沒有自己的獨特身份，以及有沒有哪怕是處於萌芽階段的本土意識，存在着不同的說法。按照英國人為自身帝國主義歷史辯白的史觀，香港是一個貿易商港，也是東西文化的交匯點。在這塊土地上，重要的是貨物、資金、人員的流動，因為流動而產生了各種文化碰撞。但是，這些碰撞都是流動性派生出來的，由外面帶進來的。除此之外，真正土生於香港的文化，均只是不足道的地方庶民生活風俗，這些文化風俗也只有等待最終被現代性發展所淘汰的命運。

上述這種殖民史觀輕忽地看待香港的本土文化，但無疑它也點出了一個事實，那就是早期香港的人口的確存在着極高的流動性。這些從外地過來找尋工作和生活機會的人，當中包括大量來自中國大陸的華人，他們並不以香港為永久居留地。殖民地政府不承認他們的公(市)民地位，也不賦予他們公民權責。而中國歷任政府也刻意利用這種含糊狀態，不設邊防，華人基本上自由出入，情況與其他中國沿海城市的「租界」相若。「本土意識」在租界的歷史環境下並沒有太大的意義，因為哪怕是有一種租界住民的意識，它都不會是一種排他和獨一的歸屬，而是和其他的身份認同高度重疊。租界住民的意識亦只在非常有限的情況下，才會轉化成政治上的能動性。

不過，香港是很早就割讓出去的殖民地。英國人在這裏的治理，開始於十八世紀中，比清朝覆亡，現代中國民族主義革命早

了近半個世紀。按歷史學家高馬可(John Carroll)所指，雖然香港這塊殖民地上充滿流動性，卻在殖民早期就冒現出一批以香港為永久居所的買辦資產階級，建立起他們非常獨特的香港身份認同[2]。他們為英國殖民主人所信任，被委任為香港的華人領袖，除了自身參與商貿活動，也主理香港為華人服務的慈善機構，成為香港華洋兩大族群之間的橋樑。他們忠誠於大英帝國，但又不會放棄自身的中國人身份，因為擁有「雙重身份」正是他們可以做到「左右逢源」的最有利條件。他們內化了英國士紳階層的文化價值觀，鄙夷「外來」的中國人道德低下，素質低劣，他們很自覺地和低下層、來自內地的華人區隔。但他們並沒有徹底地在生活上「去中國化」，因為在英國式「間接統治」的殖民體制內，他們是「華人代表」。他們會為華人生活風俗習慣辯護，修正或抵擋英國人或其他洋人提出的改革訴求，例如按西方標準來提升華人居所的衛生水平，及以性別平權的原則禁制華人收養婢女的制度等。再者，這些「高等華人」之效忠於大英帝國，也毫不與他們投身或支持現代中國的民族主義「革命」有所扞格。也就是說，這些擁有獨特「香港人」身份的買辦階級，可以毫無困難地同時是中國的「愛國者」，參與不同時期的中國國家建設。當然，在民族主義走向激進化的時候，他們的「雙重身份」也會為他們帶來麻煩，被民族主義者指責為不中不西的「漢奸」。

民國初期，中國大陸政治混亂，部分香港華商也捲入中國的地方派系政治。後來國共相爭開始惡化，中國民族主義日趨激烈。在1925–26年的省港大罷工中，香港買辦資產階級更緊密地站在打擊罷工，維持秩序的殖民政府一方。因此，香港的買辦階層也開始與來自國共兩黨的激進民族主義者為敵。而自此之後，香港高等華人的政治保守性格亦牢牢地與殖民體制緊扣在一起，成為香港土地上牢不可破的「勾結式殖民結構」的一部分。

2　　John Carroll (2005), *Edge of Empires*, Hong Kong University Press.

回顧這些殖民早期買辦階級的「香港身份」歷史，對了解歷史上的「中港關係」其實十分有用，因為雖然這班華人精英人數並不多，但他們對型塑香港的政治文化有深遠的影響。他們是非常忠誠於大英帝國的土著紳士，接受優良的英語教育，對英國帝國文明下的法治制度、自由主義精神心儀嚮往，他們也不斷努力把這些內化為他們自身的價值標準，並且把這些價值觀納入他們改革中國的藍圖內。但是，他們卻只能在一個殖民體制下取得蔭庇，不能充分地發展成一種歐洲啟蒙時期帶領自由主義革命運動的，具有遠大政治使命的資產階級。所以，雖然高馬可指出了他們之間分享着一種共同的資產階級文化，主動地將自己和周圍的其他中國人區隔開來，也有別於其他國籍背景的有財勢階級，並且積極地追求英國承認他們獨特的香港身份，但實際上，他們的買辦性格使他們和啟蒙時期歐洲的資產階級有很大的區別，這就是他們在政治上的軟弱性。

　　因此之故，他們也無法超出優勢階級的局限，去建構一個包含各階層在內的本土運動，也無法像在印度，把自己改變成反殖民運動的精英。他們孕生於英國人佔領香港之後，那是晚清洋務運動的年代，當時英帝國熱衷於透過香港培養具英國文明素養和技能的華人去幫助改革清朝政府。香港的買辦階級很早就懂得利用這種在兩大朝廷之間穿梭往來的能力，來建立自身的社會地位，並從這種在兩大帝國夾縫之中游走的經驗，塑造了自我的形象，並如此地定義香港獨特的身份認同。他們非常着緊於要英國人承認，他們是有別於「其他華人」的「大英子民」。他們內化了大英帝國的文化價值，也透過這套價值觀去審視中國在那個時期的種種弊端，進而把自身放置在幫助「改革」中國，為中國輸入西方現代文明的計劃當中。他們會猛烈批評中國狀況，但這不妨礙他們自視為深愛中國的民族主義者。但亦因為這個原因，他們並沒有着力於建立與中國完全區隔的香港本土意識，建構香港

城市的政治共同體。他們善於與強勢的外來統治者打交道，政治上長期寄託命運於保護他們階層利益的殖民體制，政治認同上的雙重性也發展出以實用主義為外表的依從主義、甚至投機主義。這種「識時務」的「實用主義」，已經成為香港政治文化傳統的一部份，也是日後香港走上「被動回歸」之路的結構性因素之一。

難民社會與民主自治

香港出現真正有廣泛社會意義的本土意識，始於二次大戰。中日戰爭使香港再度成為外來人口大量湧進的地方，但香港在1941年也淪陷在日本人手上，直至1945年日本人撤出。隨之而來的是國共內戰，以及中共建國初期不斷的政治動盪。香港政府為了管理一個龐大的「難民社會」，也承繼日本制度，實行人口登記，發出識別香港人身份的「身份證」，但對入境人數仍無限制。直至六十年代，大陸發生饑荒導致漫山遍野越境而至的難民潮，殖民政府才開始實施較為嚴格的入境管理制度，中國內地人士再不能隨意隨時移居香港，違者會被遣返內地[3]。

當初日本人在香港實施「身份證」制度，是因為要配給米糧和監控人口。所以「身份證」並不自動等同明確界定的公民權責，也與人們當時的「身份歸屬」感並不完全相應。相反地，當時香港大部分人口仍然自視為內地來港的移民，並不認為自己屬於香港。當時已遷到台灣的國民政府，也視居港華人為「僑胞」，而按中共政府對香港「充分打算、長期利用」的政策，則視香港為「尚未恢復行使主權的領土」，居住在香港的都是「香港同胞」。在東南亞等地，因為英國決意撤退，終結殖民統治，

3　香港政府為限制大量難民偷渡進港，1974年又實施「抵壘政策」。偷渡者若能進入市區和親人接觸，方可留港，但在中途被截獲者會被遣返內地。此政策在1980年取消，任何偷渡人士均「即捕即解」，送返大陸。

當地土著族群的民族主義急速發展，令華人惶恐不安，四處遷移，這些局勢也為香港帶來大量的臨時人口。

由於社會上充滿大量的移居者，五十年代和六十年代初期在香港的土地上，令人關注的並非本土政治，而是在「冷戰」支配下國民黨和共產黨兩派勢力之間的政治角力和鬥爭。不少論者將這種兩派角力視為國際上兩大陣營「文化冷戰」的延伸，但這只是說出了實況的其中一面。因為無論是英國統治者還是冷戰中居西方世界領導地位的美國，都沒有把香港變成冷戰中一邊倒地反共的地方。英國既沒有在香港強加一套明顯的文化政策的傳統，也一貫地維護殖民商港政治中立性的「非政治化」政策。但更重要的是，英國要透過香港維持與新中國的良好關係，方便英國在遠東地區部署自身在戰後的長久利益。所以，一方面香港舊有的華商階層仍然可以公開展示他們對大英帝國的忠誠，但香港一樣可以容許各派的民族主義思想互相競逐。而左、右兩派被高度政治化地組織起來的支持者，不時將他們之間的鬥爭上升為暴力毆鬥和暴動，與警察發生衝突。但是這些暴動與本土意識的關係其實極其淡薄。

可是，這並不表示戰後香港不曾有人試圖建立自身身份的力量。事實上，戰後香港的華商中間，以先施百貨少東馬文輝為首的一群香港華人精英，連同一批受左翼思想或費邊社改良主義影響的外籍人士，包括知名的葉錫恩、貝納祺等，就積極針對殖民地政府的不良施政，成立議政及行動組織，包括「革新會」和「公民協會」。這兩個組織成為香港戰後初期主要的民間反對力量。雖然，它們由於取向基本溫和，也未能完全深入以難民為主的社會基層，所以發展受到很大局限。這些以香港為家的華洋精英，打破了過去乏人關注香港本地政事的消極狀況，公開要求香港施行更開放的政治制度和進行民主化。

他們意圖反映香港民情，以獨立民間的身份向香港政府施加

興論壓力，在中西報章發表批評施政的文章，又直接向英國國會投訴殖民地政府的不善施政，頻頻往倫敦揭露香港實況，令香港殖民政府受到不少來自英國祖家的壓力。這些壓力團體的工作，在六十年代後，更發展成為一股組織政黨之風。他們分別組織過諸如「聯合國香港協會」、「民主自治黨」、「工黨」、「香港民主社會黨」等組織，也策劃過一些基層商戶抗議、小販抗爭和其他示威活動。1961年聯合國香港協會提出全面普選立法機關的要求。1963年，該會轉化為「民主自治黨」，提出既反殖亦反共的綱領，追求英國給予香港自治，及由香港人出任總督[4]。這些不落入國共兩派對抗的，以市民權益為本，以民主自治為主要理念的政治活動，相比於由親國民黨右派或親共產黨左派所組織的群眾暴動或工潮，顯得十分溫和。但在殖民政府眼中，這些同樣是激進的政治活動，因為相對於左、右兩派民族主義者，他們的活動直接針對殖民政府，因而也受到殖民政府密切的監視。

可是，這些由本地華洋精英分子組成的政治運動，並未能像當時的左、右派民族主義組織一樣，深入到廣大的群眾中間進行組織，又因為內部很多領導風格和路線上的分歧，所以頻頻分裂。不過，他們的抗議行動與改革的呼聲，也喚起了香港市民對本土政治的醒覺，這些努力間接地誘發了1966年反對天星渡輪加價的抗議，以及往後的「中文運動」。反天星渡輪加價的示威，是香港首次出現的本地自發抗爭，但因為缺乏組織，最終也失控而引發了暴動，招來殖民政府的強力打壓，引起保守派的巨大反挫，也波及到葉錫恩這類溫和派。而在當時高度專權的殖民地架構下，也着實沒有讓這些立意植根於本土的民主自治主義者有選

4　貝加爾「港獨之父馬文輝：六十年代的民主運動」，http://sparkpost.wordpress.com/2012/12/04/ma-man-fai-1/; http://sparkpost.wordpress.com/2012/12/11/ma-man-fai-2/。

舉參政的平台[5]。況且，民主、自治這些理念，在一個以「非政治化」策略為管治手段的殖民政府，及那個散亂及內部派系傾軋非常嚴重的「難民社會」中，也顯得左右為難，相關的機構和政黨在七十年代之後亦失去活力，無疾而終。

六十年代香港首次出現的自治運動所依據的價值是人人平等，具有自決權利的聯合國精神及背後的一套普世價值。可是，這種具國際視野和世界主義精神的民主自治理念，既反對殖民主義，也反對階級鬥爭的共產主義。但它在五十年代左右派冷戰對立的環境下未能脫穎而出，也不敵繼後在香港興起的左翼激進主義，其功績也被往後在青年人中間流行的新的左傾的民族主義熱情所蓋過。

嬰兒潮世代：本土意識第一波

事實上，土生土長的戰後嬰兒潮一代雖然有着一種強烈的「以港為家」的願望，但他們成長過程所接受的薰陶，主要還是來自父母一代的難民意識。而最能表達這種難民的飄泊命運情懷的，要不是左派的「北歸」主張，就是「右派」以海外作為基地，靜候未來重返大陸，推動文化復興的寄望。在這些「右派」文化民族主義者中，「新儒家」致力中國文化教育，影響至大，吸引不少香港青年認同。但自從出現了1966及1967年兩次暴動，這些文化民族主義理想便顯得過於虛玄和不貼現實。這些土生青年一代希望能夠更深入地去了解香港社會現實，不再像上一代沉溺於飄泊「海外」的悲情。因為他們這一代認定要以香港為家，香港也是個讓他們成長和生活的社會。所以，他們對身旁發生的不公義和社會上普遍的政治苦悶更為敏感。

5　當時立法局只有委任和官守議席，有選舉席位的只是一個權責只及管理市政衛生事務的市政局，而合資格的投票人數又低得可憐。

六十年代末期是香港土生土長一代建立其文化及政治主體性的時期，這一代人成長於一個由英國人殖民統治的香港，對中國的過去和現在都只有朦朧或支離破碎的認識，但甚少有實際的感性經驗。他們在政府學校裏，接受的是非政治化和非歷史化的教育，因為殖民政府非常忌諱歷史教育會讓學校變成宣傳不同派別政見的溫床。香港土生第一代大都受益於六十年代急速的經濟起飛，另一方面也目睹急速經濟成長下各種各樣的社會問題和不公義的狀況。在認知上，他們既對殖民統治懷有不滿，也對「文化冷戰」下二元對立的意識型態困局產生厭倦和懷疑，很渴望可以從這些窠臼中掙脫出來。

　　1966年天星碼頭的群眾自發暴動中，新一代沒有組織起來。但在1967年親中共的「左派」暴動中，卻有高度的組織和完整的政治口號，而且因為深受當時中國國內文革的影響，誘發事件的雖然只是勞資糾紛，但很快便上升至訴諸暴力手段，挑戰整個殖民政府，左派甚至出現要求中共立即收回香港的呼聲。這種急劇激進的政治主張，雖然隨暴動的失敗而退出歷史，但已使年青一代深受震盪。他們雖然對親中左派的政治主張一知半解，也只有小部分是由左派組織所鼓動而加入這次暴動風潮，但大量青年圍觀示威，向警察叫罵，使所有人都感覺到，青年人中間存在着很大的躁動與不安。他們心中的巨大問號是：「香港往何處去？」

　　的而且確，在繼後整個七十年代所出現的社會運動風潮，使人們習慣描述這段時期為「火紅的年代」。這個年代所湧現的政治及社會運動，是以青年一代為主體的。比起戰後初期的「冷戰式」對抗，七十年代的社會運動風潮，更有獨立性和本土一代的自主性。雖然，這些運動仍然與中國民族主義產生千絲萬縷的複雜關係。但是，這個時期所出現的社會運動，是獨立於傳統左右兩派的第一次本土政治社會運動，所以也萌生出香港第一波的「本土意識」。

例如，七十年代初「爭取中文成為法定語文運動」把矛頭針對港英政府的「重英輕中」語言政策。這項運動成為1967暴動後青年首次有組織的和平社會運動，得到各階層的支持。及後發生了「保釣運動」，批判美國和日本「私相授受」釣魚台島嶼。但也因為政府強行以武力驅散集會而使運動添上反殖民主義色彩。這兩個運動同時都展現了一種香港本土意識在萌生的時候，如何面對殖民主義現實的問題，以及在運動中如何重新協商與中國民族主義的關係。一方面，由冷戰對抗所主導的那一種(反共的、否定今日現實[紅色]中國的)文化民族主義，並不能讓這些本土一代回應急劇轉變了的現實，本土一代要打破這些讓他們沒有行動力的舊民族主義思維。但當他們要回應香港壓迫性的殖民現實，他們也只有訴諸華人利益(中文)和中國人身份(保釣)。這種經過重新定義和協商的民族主義，促使他們這個世代，打破了過去的政治冷漠和「無根」心態。香港第一波的「本土意識」便是在這複雜的文化與政治地貌下出現。

火紅年代與香港歸屬感

　　「保釣運動」的其中一個後續方向，是脫去右派文化民族主義的反共精神，把祖國情懷重新嫁接到親共的民族主義，發展出新一代的親中共「國粹派」青年。但對中共較有批判性的學運青年，則把中文運動及保釣運動後激發的關心社會熱情，凝聚成深入社區基層，爭取改善居民權益的居民運動，使香港首次出現了深入到香港本土社會基層的政治運動。他們自我劃定為學運當中的「社會派」，他們介入基層社區的實踐，上承了葉錫恩等老一輩的本地改良主義社會改革傳統。在這第一波「本土意識」的過程中我們可以看見，在殖民體制底下，本土意識的萌生需要直面殖民主義的現實，不能訴諸無處落實的中國悲情，但既然要挑戰

殖民主義，也仍要寄託於某種中國民族主義的華人族群意識。

在落實為究竟是要直接投入現實中的「紅色中國」，還是介入香港本地的反殖民鬥爭的問題上，學生運動出現了重大的分歧和爭論。1976年四人幫的倒台使「國粹派」在社會運動中消失。而「國粹派」盲目認同中共的錯失，也激發了學運的後繼者對中國民族主義更徹底的批判。七十年代中期的激進派社會運動，由托洛斯基主義和無政府主義的青年推動。他們把學生運動及社會運動的視野推向全球，超越國族。而六、七十年代世界性的學生運動、反戰運動及「反文化」運動，也以稍微滯後的方式大量引進香港。香港青年一代也在這個年頭受到台灣的自由主義反對運動、中西文化論戰、鄉土文學論戰的影響。而文革末期極左派紅衛兵逃港，揭示了文革的陰暗面，也傳播了一種有異於官方毛澤東主義的另一種激進批判。從這些異類的激進主義思想資源中，香港新一代建立了一種重新審視現實中國的視角。

在這個既有意識型態急速崩解的年代，如何重新理解香港應面對中國，及在中國的大背景下思考香港的位置與角色，成為七、八十年代之交的重大思想挑戰。受到七十年代末「北京之春」民主運動與魏京生所提的「第五個現代化」即「民主化」的主張影響，香港新一代修正了純屬感性的中國認同，也拋棄失敗了的意識型態，但仍期望以更有批判性的方式自我定義為可以藉香港的特殊地位來推進中國的「民主化」。這種複雜的中國認知一直延伸至八十年代初中英就香港前途正式進行的談判，影響了部分積極分子，以支持「民主回歸」的方式面對中國在1997年要收回香港主權的現實。也就是說，他們認定殖民主義沒有維持下去的合理性和可行性，而香港人也擔心共產黨的專政會破壞香港，在沒有其他更有實現可能的另類選擇底下，用建設民主制度來保障香港的未來發展，應是最佳的選擇。而本地民主的發展，也正好可以平衡甚或克制過往殖民體制產生的社會不公義，發

揮香港人在殖民時代結束之後的主體參與精神[6]。可是，無論是否贊成「民主回歸」，在八十年代初面對香港前途危機時的本土意識，其實都十分薄弱，無論哪一種主張都不能轉化為有效的政治行動力。民主回歸只是少部分論政團體的觀點，除在大專學界較有熱烈討論之外，在社會上並無廣泛回響[7]。而其他立場的論者，包括維持現狀、聯合國託管、主權換治權論、續約論及零星的香港自決論，除了以文章抒發意見，都沒有推動過很有組織規模的集體抗議行動。歸根究柢，香港人當時還是活在殖民政府竭力維持的高度的「非政治化」狀態之下。而且，雖然大部分香港人當時都對中共「收回香港」深有恐懼，但對於香港華人的「中國人」身份，香港原來是中國擁有的地方，都絕少提出徹底的質疑。

事實上，在整個六、七十年代，香港政府也努力建造一種非政治化的「本土意識」，來面對1967年暴動之後暴露出來的社會危機，和政府與市民間之間廣泛出現的疏離感。最近的研究也證明，七十年代初英國已經判定香港最終要交還中國，所以開始積極準備「非殖民地化」政策。殖民政府較從前更積極主動地建立

6　在八十年代初，文革結束後不久，鄧小平開放改革的藍圖開始實現。中共當時展現了很大的決心讓改革落實，中共改革派領袖趙紫陽亦曾覆信正面回應來自香港大專學界關於「民主回歸」的訴求，讓一些熱心人士認為「民主回歸」的確可以落實。然而，中共的官媒和文件卻從未正式接受「民主回歸」這句口號。在1989年發生了六四屠殺之後，趙紫陽自己也下台，香港兩名民主派的基本法草委也辭職。基本法條文草擬在六四後也全由保守派主導。「民主回歸」當時可謂已名實俱亡。但作為一種以積極態度來參與政治，盡量爭取自治可以落實的口號，愈接近九七主權移交的日子，愈多的民主派政治人物說自己支持「民主回歸」，其中包括早年對「回歸」中國有很大保留的人，例如李柱銘。在回歸前夕，香港親中共的《大公報》甚至在社論公開抨擊「民主回歸」論。

7　事實上，當時有群眾基礎的社會組織(除了所謂「根正苗紅」的親中左派)，大都迴避就政治主權爭議表態；以非左非右的獨立姿態出現的團體，也沒有主張民主回歸或支持其他方案，包括當時最大的教師工會「教協」及其領導司徒華等人。

這個晚期殖民政權的認受性，例如推行廉租屋計劃、新「衛星城市」的開發、建立廉政公署切實剷除貪污等。而與此同時，政府也不時通過提供集體娛樂節目，如「青年舞會」、「香港節」等，強調建立「香港市民」的「歸屬感」。可是這種「香港歸屬感」雖然有意建立一種有別於中國的城市市民身份，但也小心翼翼不去讓香港人萌生香港人是「英國子民」的感覺，因為當時英國已決意防止香港人將來以英國國民身份大量移民去英國。

而為了減低殖民地社會內部華洋族群矛盾，殖民政府逐步實行公務員本地化，減少洋人佔據政府領導職位的數目，提供本地華籍公務員擔任部門最高職位的機會。這一系列的改革雖然並沒有觸動殖民地的基本統治架構，只是在「諮詢式民主」旗號下舒緩社會的對立，更遑論承諾建立具市民認受性的民主自治政體，但已對推動香港成為一個有別於中國的政治共同體奠下基礎。問題只是，這項準備英國人「光榮撤退」的工程，香港人是在不被知會，也沒有權參與的情況下一步一步推進的。香港社會只是在有限及被框定的範圍內建立起對這城市的「歸屬感」，但卻無法通過任何正式機制去表達出自己的集體意志。所以，這也只是一種「被動的接受英國人離去」的「晚期殖民」計劃。而這個打造「香港人身份」的計劃，是刻意地以「非政治化」的政策，將香港人型塑成一種只顧經濟成就，不理政治的經濟動物，並由此而為「香港身份」做定位。事後證明，這種非政治化的香港歸屬感，最「成功」的地方是令香港前途談判出現之時，香港人都失去了自發參與的行動力，任由中英兩國擺佈[8]。

8　2013年因為戴卓爾夫人逝世，互聯網上重新流傳香港前立法會議員吳靄儀發表在1984年中英簽署聯合聲明時期的文章，內文說明當時立法局華人議員曾為了顧全大局，而支持英國一方的談判策略。但結果卻發現英國原來在談判中放棄了1997年後在香港有任何角色，對此吳靄儀表示驚愕和失望，見 http://bit.ly/1fIRZu9，29/04/2020。

大香港主義與「比中國還要中國」

　　當然，按照民族主義者的理解，「香港人」這身份是不存在的，因為所有香港的華人都應該是中國人。這是當時社會上左、右兩派都分享的共識。可是，七、八十年代急速地在香港發展的流行文化，卻積極地參與塑造一種具備本土特色的，有異於中國民族主義、中國國家認同的本地文化。只是這種本地文化所承載的既不是冷漠，也不是明確尋求政治自主的意識，而是充滿政治上的不滿，但又對政治往往無奈的「小市民」犬儒主義。這種犬儒主義一面嘲弄政治忠誠及道德文化上的嚴辭偉論，但又承載了很多對現狀的不滿，並且在經濟成就的基礎上，建立小市民式的自豪感。塑造這種小市民意識的最大力量，莫過於當時剛剛引入的無視電視廣播。以香港「無視電視」在晚上黃金時間播出的綜合娛樂節目「歡樂今宵」為中心，電視工業快速地成為七十年代型塑香港人意識的工具。一方面，以抒發民怨為目的「諷刺時弊」，塑造了某種香港社群的共同體想像，但政治上的集體意識又被節目中娛樂的形式及內容所迅速置換。它一方面將當時相當缺乏的電子公共輿論平台，安插入娛樂節目，吸引觀眾產生共鳴；但另一面又以娛樂節目的形式，消解公共事務討論所產生的衝突。調子是歌頌好人好事，經濟成就，不斷強調香港人以安定繁榮為最高價值。它安排了每晚百萬觀眾的生活節奏，以餘暇消融政治，與殖民政府以非政治化的經濟動物為形象建立的香港歸屬感相互配合。

　　不過，這種以大眾文化為本的本土文化，也漸漸擴闊，包含其他形式和潛力。一方面是充滿感官刺激的大眾電影、雜誌之類的商品文化，但另一方面，這種環繞庶民生活來建立的普及文化，也反映了香港生活的獨特感性，包含着香港城市能匯聚各方文化資源的駁雜特質。不過更重要的是，新的香港普及文化，漸

漸脫離了來自傳統中國，及無論是大陸還是台灣的大中國想像。香港發展出獨立於兩岸中國文化想像的香港本土文化，最具體的表現在七十年代到八十年代之間，香港電影市場上國語片與粵語片的市場份額此消彼長之上。七十年代行銷東南亞各地華人市場的國語片，大半的製作充滿中國文化的內容，民族主義的意識。它們挾其規模製作、先進科技的優勢，一度雄霸香港電影市場，淘汰了以舊式道德教化為內容，以本地廣東話族群為觀眾對象的粵語片。可是與香港生活息息相關的粵語電影，透過八十年代「新浪潮」及走普及路線的「新藝城」創作，重新反攻電影市場，最終取代了國語電影，使電影院成為型塑新一代時代及城市感性的基地。新的香港電影重奪香港電影市場並行銷海外。這標誌着一股強有力的本地文化浪潮，在八十年代漸漸邁向高峰。這個巨大的市場逆轉，標誌着戰後嬰兒潮一代，大肆展現及鞏固他們這一代的本土意識。可是，這種本土意識在萌生出一種在家國之外的獨特城市文化視野之餘，並沒有在「城市經濟人」之外孕育出更有明確政治價值的香港身份。相反地，這時期的本土文化所建立的，大體上是一種「小市民意識」。它對香港人的靈活、機智、不墨守成規等小市民性格的歌頌，逐漸建立了一個新的香港人自我形象，以「經濟人」身份、功利主義和實利主義而建立自豪和自信。

當然，這種對香港生活和香港人自身充滿自信的年代，亦是香港在七十年代金融投機經濟快速增長，以及中國局勢變化的產物。因為1976年毛澤東的去世，四人幫的倒台，中國走上開放改革之路。社會主義神話破滅，港式功利主義、實利主義變成一種被證明「成功」的意識型態。香港一向奉行資本主義，並取得戰後繁榮成果。中國在八十年代回過頭來要重新引入資本主義，顯得香港已走在中國之先，並可以反過來成為中國大陸要南下吸取資金、技術和管理經驗的地方。穿越過去從二十年代到八十年代

漫長的受中國民族主義及反帝意識型態支配的歲月，香港在八十年代好像重拾了它的傳統角色，回到舊日由雙重效忠的買辦主導的年代，站在領先的地位去為中國的開放改革服務，但亦同時從中賺取自己的利益。所以，八十年代高度發展的本土意識也是以經濟為主軸，形成為一種帶高傲心態的「大香港主義」，視大陸人為文化相對落後的「他者」。和早期殖民主義時期一樣，這種香港人身份也是毋須與中國切割的，因為它不會被視為與中國人的身份互相排斥。

政治上，八十年代初前途談判曾經一度帶來香港人的恐慌，但「一國兩制」漸漸為更多的人接受，因為當時中共高抬一國兩制下的香港，將來會作為對台灣起示範作用的「示範單位」。這亦使得八十年代香港的「本土意識」與香港作為中國一個特殊部分的民族主義立場並不矛盾。1989年的六四悲劇雖然打破了這一波本土意識中中國與香港關係在想像上的完美平衡，但「六四」強化了的並不是把中國排除在外的香港本土意識，反而是加深了不少香港人心中的民族認同，認為中國與香港命運一定是連成一體的。八九民運和六四創傷不單只是中國的事情，更具有不可忽視的本土意義。這種本土意義並不全然在追求民主的目標，而是為當時不少香港人帶來一種前所未有的政治覺醒，也提供了一種關於香港身份的敘事，恰好針對着過去香港身份中那份「政治」缺席的無力無奈，港人經濟動物形象的自誇與虛浮。這種透過活得「比中國還要中國」，熱切地想參與改變中國的政治熱情，雖然在六四震盪的幾年後逐步消散，但它的餘溫仍然維持，支撐着香港支聯會每年主辦六四悼念，直至今日。在這裏，我們也可察覺，香港本土政治主體意識的成長過程中，與中國因素的複雜和糾纏關係。

六四是把香港人從殖民地型塑的政治冷漠、五十年代難民心態和七十年代經濟動物意識中喚醒過來的重要時刻。如果說任何

歷史主體性的形成，一定要透過一個創傷性的集體經驗，以激發
一種有道德意義的集體團結感覺，俾使社群團結能超克自利無根
的飄泊個體，那六四就是香港歷史主體型塑過程的一個重要環
節。它是以某種中國人身份認同為激發點，但因為香港是唯一一
個能夠將毋忘六四堅持作為自身使命的地方，六四記憶就成為
孕育本土政治意識成長的一個不可或缺的成份，有了它對「香港
人」身份的特殊意義。當然，因為八九民運畢竟是一個香港人以
「支援者」身份參與的運動，六四悼念也在香港面對九七「回
歸」的過程中，以某種「異見式中國民族主義」話語呈現，局
限於展現香港作為中國不可降服的「內部批判者」的策略，有自
我羈絆於某種「大中華情意結」的傾向，但它並無礙於香港人自
九十年代開始，重新審視香港與中國的關係，特別是香港文化主
體性與中國民族主義的關係。

香港即世界：本土意識第二波

在整個九十年代，與上面所說的這種批判性的民族意識一起
出現的，也是香港人對自身社群命運的一個巨大的疑惑及警號，
因為六四發生在1997年之八年前，當時香港人正快速地邁向「告
別英國」/「成為中國人」的那一天。當六四屠殺發生的頭幾年
那些凝重的日子過去了，文化界就爆發一波反思、探索及鞏固本
土文化的熱情，和對香港身份的嚴肅思考。無論在創作成果還是
理論探索方面，關涉本土文化過去未來的議題和討論，達到前所
未有的高度。而當時這一波探索本土意識的熱潮，對香港文化和
香港身份最為一致的態度就是拒絕大中國民族主義對香港歷史和
文化的貶抑和輕視。從引入大量的「後殖民」視角來評價創作，
到自豪地肯定香港文化的混雜性；再由自我確認香港文化的城市
特質，對「邊緣」視角的認定，到對香港式普及文化的反抗及顛

覆潛力的讚許等等；文化界對香港文化的回顧與反思，其實都是一種對君臨香江的未來中國勢力一種強烈的反彈。在這個時期，本土意識被認定為是與香港作為一個國際城市所應具備的世界主義性格緊密地連結起來的，所以，保衛本土文化精神，也就是保衛它的開放性、多元性、跨國性和反思性。因為當時不少人都認為，只有保持香港的跨國性和開放性，解構民族主義的大論述，免受民族主義的權威所吞噬、消滅，方能使香港珍貴的文化遺產，在回歸中國之後也得以保護和繼承。相呼應的是，除了政治上強調要全面在香港落實普世價值，也要加速建設多元、活潑的公民社會，加強公民教育，保障新聞自由、學術自由。

很明顯，在這種可以稱為第二波的「本土意識」追尋中，本土身份是相對於中國民族主義而建立的。這一波對本土文化的反思和評論，首次地針對中國和香港在文化和政治上的關係做出批判性的檢視。香港「中國人」的身份首次被評論人從舊有的政治民族主義，甚至文化民族主義傳統中抽離出來，拒絕接受將香港視為中國文化的一個地方分支，也拒絕用中原文化的標準來貶抑香港文化。對香港文化的肯定，也展現在否定再用「文化沙漠」、「中西文化交匯」這些古老的陳腔濫調去表達香港。

在否定用大中國觀點去評價香港的同時，香港文化界也警惕和批判來自大陸的中國學者，試圖以中國中心的觀點去為香港編寫歷史，強調香港學術界要發展以香港為書寫主體的批判視角。可是，究竟何謂以香港為書寫主體，何謂香港人史觀，也引起質疑和討論。一方面是對本土視角的迫切需求，但另一面也是對何謂香港「本土性」的無盡問號。在這個問題上，九十年代參與這些討論的香港學者，並不標舉一種封閉的、本質主義的、或原生主義的本土觀。因為他們也警覺那種本質主義的本土觀只是他們希望批判的本質主義中原文化觀的倒映，也認識到這種本質主義的本土觀與香港的歷史經驗並不吻合。他們在肯定本土性不應屈

從於中原中心的民族主義觀念的同時，更重視香港文化如何有創造力地積極利用其「邊緣性」、「夾縫性」和「跨國性」，他們更重視的是香港文化的「多元性」、「混雜性」和「顛覆中心思維」的潛力。他們小心翼翼地既肯定亦批判香港的「國際性格」、「商埠特質」、「雙重意識」甚至「買辦傳統」。方法上，他們借助於後現代主義、後殖民主義，以解構民族主義的中原中心霸權，但也誠惶誠恐地自我批判欠缺自省能力的本土主義或大香港主義。他們認識到這個世界充滿形形色色、多層次、及錯綜複雜的權力關係，各種霸權論述的狡獪和危險[9]。

九十年代的這波「本土意識」探討，不單力圖彰顯獨特的香港文化身份，更具有強烈的主體意識，不再停留在泛泛地羅列香港文化的特徵，更主動地分析香港文化的生成過程，與相關的文化資源的傳承與分離的關係，更以自我與他者的複雜關係，探討香港、中國和世界的關係。而雖然這些探討並沒有扣連上直接的政治行動，或意識型態的主張，這些討論和創作上的探索有着明顯的時代迫切感和實踐意識，亦貫穿了一種為這個城市的世界主義性格奠定論述基礎的精神，也為「回歸」後本土意識的發展奠定了一套基本的思路，建構了一種話語，為日後文化介入政治做了思想準備。

9　當年圍繞也斯、周蕾等的香港後殖民評論，引起過廣泛的爭論。周蕾描述香港為處身於兩個不同的殖民者之間的說法，招來一些年輕學者的批評，指為一種自憐自傷的「夾縫論」。作為針鋒相對的反論述，孔誥烽提出「北進殖民」的說法，批判周蕾等的論說為「大香港主義」的共犯。當時他認為，要了解中港關係，也可以從香港在開放改革當中，也隱藏着「北進殖民」的欲望出發。相關論辯收錄於陳清僑編《文化想像與意識型態》(香港：牛津大學出版社，1997)。

文化起義與八○後世代：本土意識第三波

　　事實上，九七過渡之後，政治主權的移交已成定局，但文化仍然是一條每日在爭持角力的戰線。因為雖然基本法訂下香港實行一國兩制，但中共並未真正放心讓香港實行高度自治，而是不斷運用各種力量滲入香港的各個環節，培植對其忠誠的「愛國愛港」力量，排斥對它有批判和敢發出異見的聲音。基本法的設計原來已經是體現着分而治之的殖民管治原則，設置了各種關卡，以防備港人集體意志的形成，政治上有利於中共去操持香港大局。可是，由於缺乏管治認受性的政府體制先後惹來多番的政治危機，中共更日漸拋開不干預的面紗，日益明目張膽地親自介入香港政事。可是，不滿的聲音未有一日止息，抗議風潮此起彼伏。建制力量認為原因是政治上雖已回歸，但「人心尚未回歸」。於是，文化上要做到令香港人忠誠順服便是所謂「文化回歸」政策的根源。如何透過控制傳媒、掌管教育、規限學術，打造忠誠於中共政權及其政治觀、歷史觀及其他意識型態內涵的文化環境，便成為回歸後香港文化政治的焦點。第一任特首提出建立西九文娛區計劃，香港的文化藝術界破天荒地投入，發動所謂「文化起義」的連串抗議，要求以地產發展主導、用文化發展來包裝的西九發展計劃「推倒重來」。這場運動後來更配合了2003年因為推行國家安全立法的「23條」爭論，為政治冷漠的文化藝術界點燃了回歸後的文化政治角力。

　　直至2003年七一回歸日五十萬人大遊行之後，香港湧現了大量對現狀不滿的青年人，這是一個他們一出生香港便走在「回歸」路上的新世代。這個世代在2003年的大遊行中獲得了他們的政治啟蒙，也感受到他們是活在一個他們沒有權利去選擇的不民主政治體制下。他們對作為特區新一代，被賦予當「香港的中國人」的國家身份原本沒有太大異議，就算有也只是和其他年長一

輩的人一樣無奈接受。但對於基本法23條一旦成為法律，政府即可以國家安全為由剝奪他們的自由，監控他們的生活感到十分恐懼，他們更加對北京中央多番透過「釋法」打擊香港落實民主改革的意願非常反感和失望。這個世代的青年人尖銳的感受到，香港政府無論是由誰當特首，都只會聽從北京的旨意行事，與他們的願望和切身感受有巨大的疏離。

政治上的不滿亦延伸至廣泛的對整體社會現狀的不滿。他們對城市的發展方向均由地產商支配，一切以發展主義主導的狀況反應十分敏感。他們目睹城市的舊區舊物快速消失，鄰舍關係被徹底破壞，非主流的生活方式愈來愈沒有空間，日常生活亦失去了選擇。這一切令他們產生不了可以安心以此地為家的歸屬感。他們要說出新世代的價值選擇，並主動去重申應有主體的權利去決定這個城市的未來方向，拒絕接受上一代被動的生活態度。這些上一代僅僅視香港為機會之都，以官方版本的「獅子山下」故事，來定義自己的身份認同，將本土意識簡化及扭曲為純粹為謀生而奮發拼搏，最終出頭的故事。回歸新世代對家園歸屬感的追求，構成了新一代本土意識的內涵。這種本土意識所界劃的「他者」既包含全球資本主義的力量，也包括壟斷香港政治命脈的政治經濟結構、官商勾結體制、地產霸權，以及高高在上操控香港的國家機器和既得利益建制。

他們不滿當權的政府，建制派的保守勢力，也不滿香港的政治反對派，因為這些以嬰兒潮一代為骨幹的反對派(泛民主派)已經僵化，並沒有能力也沒有勇氣去帶領有效的政治反抗運動，而是安於當一些忠誠的「泛民」小政客。所以，他們試圖在既有的有限民主體制之外，突破香港政治發展的困局，透過一些比以前更激進的社會運動方式，發出他們這個世代的呼喊。他們感受到這個城市正在日益變得陌生，所以他們發自內心的，高呼要為這城市重拾它失去的靈魂和價值，在一些原來沒有政客及傳統社運

界關心的城市建築及環境保育問題上,打開新一類城市社會運動的缺口。從2006年及2007年的保衛天星及皇后碼頭的運動開始,到利東街的反遷拆,以至2009年的反高鐵運動,香港開展新一輪(第三波的)本土意識的熱潮,並且點燃了一場全新的本土運動。

這一波的本土意識追尋,明顯地有着「回歸新世代」,亦即由「八〇後」擔綱的色彩,所以和相若時間的世代矛盾討論發生了密切的關係。無論是作為掌權者的政府官員,還是主流泛民政黨在運動中的被動角色,都被青年運動參與者抨擊為舊的戰後嬰兒潮世代的保守主義。他們以香港經濟高速發展時期的眼光看待新一代的價值觀,不了解新一代的本土意識並不能被還原為經濟上欠缺流動性和「上位」(出頭)機會的抗議,而是要展現一種「後物質主義」的新價值觀。因此,他們並不像上一代的「泛民」政客及社運利益團體一樣容易被建制所分化及吸納。他們要突破遺留至今的殖民主義式的政治遊戲,因為這些遊戲只會吸納和收編反對的聲音。因為回歸後香港政制為了分化反對力量,正是透過層層疊疊的所謂「功能團體」機制,以利益收買和籠絡的方式讓中共可以操控大局。

集體回憶與中港矛盾

為了動員還未被利益分化體制所收編的支持力量,這一波「八〇後」的新社運還大力動員文化力量,召喚香港原來在巨大無力感下消極的懷舊情緒,轉化為積極的守衛文化歷史記憶的力量。正因為香港在新舊的殖民體制下,要不是根本缺乏歷史教育和歷史感,就是只單向灌輸一套陳腔濫調的官方歷史,這使得追尋被遺忘的歷史及集體回憶,變成一種開發新的政治能動性的來源。這種由文化推動的新政治得到文化界、新聞界和藝術界熱烈的支持,使這一輪本土意識的推展十分迅速。「八〇後」以重寫

殖民歷史記憶作為社運動力，逆官方民族主義論述而行。這些以古跡保育，爭取保留殖民時期的民間記憶的運動，也引來建制派的恐慌，斥之為「戀殖」心態。但爭議既然展開，有關殖民時期香港人的感受和經驗，便隨之而突破民族主義的官方框限，在重估殖民過去中帶出今昔之比，從一座舊建築的保衛，到懷念殖民歲月的人情、生活和消失中的制度和舊有規範。這種情緒慢慢被一種全面否定後九七現狀的「抗陸」論述所吸收，這已不是原來運動的組織者所可以駕馭的廣泛社會情緒。在反皇后碼頭拆遷運動中，抱城市運動目標的社運推動者，召喚多元種族共用皇后碼頭的庶民記憶，精神是多元文化主義的本土觀念，批判殖民史觀及後九七的發展主義乃單一排他的社會邏輯。但在反高鐵運動中，反發展至上的觀念已經碰上反對中國與香港過快地融合的問題，「中國與香港關係」與反對不民主的基建規劃，同時成為運動激起的課題，聚合了駁雜多樣的支持力量。

　　而在反高鐵運動集合了前所未有地多的社運組織包圍立法會之同時，互聯網上已開始流行譏諷過多來自大陸的「自由行」遊客為「蝗蟲」的「惡搞」(諷刺)影音創作，及大量轉發大陸遊客在香港隨街便溺的照片。反高鐵運動結束後的幾年以來，對中港過速融合的憂慮，終於使本土意識的追求發生了方向上的大逆轉。2012年廣東道一所名店前發生拒絕讓香港人拍照，但讓大陸遊客拍照的事件，激發有反大陸豪客情緒的網民反彈。在網民號召下，發生了連番抗議示威及集資在報刊刊登全版「反蝗蟲」廣告的事件。而文化評論人陳雲亦在相若時間出版他的著作《香港城邦論》，論述他鼓吹香港要進行族群政治，全方位反對大陸人入侵香港的右翼本土論說。自此，香港的本土意識追求便由重寫殖民歷史的、非排他的多元文化左翼立場，讓位於明確地以激化「中港矛盾」作為新的抗爭手法的右翼路線。

　　自2011年來，連番出現了大量可歸類為「中港矛盾」的社會

衝突，包括大陸「自由行」來港的大陸遊客過多、開放大陸汽車來港的「自駕遊」恐慌、父母均非香港人的「雙非嬰」令本地孕婦分娩孩子的床位嚴重不足、走私外國嬰兒奶粉返內地導致香港奶粉供應出現短缺、「雙非兒童」來港就學令本港學童學位不足、梁振英酌情聘用了居港未足七年且有共青團員背景的人為特首辦助理、有大陸學生被懷疑在課堂強行要求老師改用普通語授課……等等。這些「中港矛盾」的事件廣泛地引起關注和討論，矛頭直指已成北京傀儡的梁振英政府，以及香港根本沒有向中國大陸說不的權利，「高度自治權」名不符實的現實。人們對已經超負荷的「自由行」人數，及在大陸居民移居香港問題上，香港並沒有審批權的事實，產生愈來愈多的不滿。他們更關注到各種基礎建設，新城鎮發展計劃，以及區域經濟重組的各種構思和政策，香港人大都在不知情的狀況下「被規劃」。而文化上，普通話和簡體字有慢慢取代香港原有文化習慣，成為新的文化霸權的趨勢，大專校園也出現大陸研究生比例過高的憂慮。這種種風波令人擔心，香港不單在政治經濟層面上失去自主性，政府失去面向市民的民主問責性，也會使香港的獨特文化消亡。在這背景下，「反陸抗中」的本土主義便蔚然成風。

在這些林林種種令香港人不安的問題下，各種「反陸抗中」的論述紛紛湧現。當中包括上述的「城邦自治」論和香港自決/獨立(廣義的「港獨」)論。雖然兩者潛存着重大的價值和理論的分歧，但他們都樂意以「本土主義」作為共同的旗號和目標。因為「本土優先」是他們的共通原則，他們也認為只有本土主義才能激發出可以突破當前政治悶局的情緒化抗爭手法。這套新的右翼民粹主義，既否定了一直以來主流民主派政客以「和(平)理(性)非(暴力)非(粗言穢語)」作為抗爭手法的底線，也拋棄了各個傳統的社運團體及民間組織所習慣的社會運動方式。他們甚至認為早前由「八〇後」所開拓的運動，也都受制於各種原因，使鬥

爭手法和鬥爭目標都處處自我設限，無法爭得真正的勝利。這種種以鼓吹利用極端表達方式來推動的本土運動，特別利用了網絡上新建的新媒體平台，捲起一陣又一陣的風潮。在網絡世界上，除了對傳統「泛民」派的攻擊外，也掀起了幾波「左翼」與「右翼」的對抗，形成新的對立和分歧，不時吸引了正規媒體的關注。

重返華夏還是去中國化？

不過，一如發生在很多其他西方國家相類似的極右民粹主義反移民運動，這一階段的右翼本土主義運動參與者的成份和目標都非常駁雜，難有一貫理論分析和明確的鬥爭目標。當中，主要分為香港獨立派和城邦自治派。

事實上，追求香港獨立的聲音，既沒有在八十年代中英談判期間出現，在邁向九七的「過渡期」以至「回歸」後的頭幾年，「港獨論」也都沒有成為氣候。原因除了當時普遍香港人並不視中國人身份是互相矛盾，並且有頗強的中國民族意識之外，也因為香港媒體慣性地都有自我審查違反大一統主張的習慣。例如報章普遍都視台獨、疆獨、及藏獨為高度政治敏感的問題，香港獨立的主張更被視為奇談怪論。但如前所述，自九十年代開始，質疑中國大一統的思想，漸漸開始萌芽。這些聲音往往迂迴地首先表現在如何看待台獨運動、台灣自決訴求的態度上。但是，在公共論述的領域，形勢是相當一邊倒的。那些表達反對大一統的少數人，只要表達一下認為台灣人有「自決」其前途的權利，立即會受到各方的批評和攻擊。當中最主要的反對聲音來自親中共的左派勢力，但親國民黨的右派及香港的民主派，有時也會加入批評。其中一個知名的例子就是《來生不做中國人》的作者鍾祖康。他在2000年因為發表文章支持台灣人自決前途，就受到一百多篇批判檄文的攻擊。另一位評論人馬國明在2004年也只是在一

篇文章簡略提到香港「政治自決」，也引來連番批判。不過，雖然當年出面聲援馬國明的人並不多，在網上也首次出現了一個名為「我是香港人連線」的群組，姿態相當激進地將香港視為被中國吞併，並提出香港人要自決前途的主張。可是，這些零星組合後來在政治上並沒有進一步的迴響。直至2011年，自決論和港獨思想才再次借助新一波的本土主義風潮而再現。當年互聯網上零散地出現對大陸人反感的訊息，後來更凝聚為一個名為「香港本土力量」的群組，積極地推動反大陸人的「反蝗蟲」運動。

除港獨之外，陳雲所鼓吹的「城邦自治」論則拒絕以爭取香港獨立為目的，反而是以一種「香港遺民」的論述去述說一種名為「城邦自治」的政治遠景。他一方面強烈批判香港主流泛民為「離地中產」(因為他們擁抱西方「普世價值」，所以被斥為美帝代理人)，又攻擊社運分子為「左膠」(因為他們只識人人平等、反對歧視的「政治正確」)，皆因他認為兩者都分別中了「大中華情花毒」，所以同是禍港罪魁。但另一方面，他又認為保衛香港這「遺民族群」免遭赤化，目的不在令香港脫離中國，而是為了要保存香港為將來復興「華夏文化」做準備，因為只有香港才保存了未經中共摧毀的真正華夏文化。他預期中共一定會崩解，到時城邦自治便有實現機會。在遙遠的將來，香港可以加入某種統合「中華世界」的邦聯。

這種既要與中國脫離，又要宣稱真正地承繼了中華文化道統的主張，實在帶有冷戰年代右派文化民族主義者的影子，他們當年也是既反西方也反共。再者，陳雲與反共新儒家同樣心儀一個消失了的中國，同時全面否定現實中的中國，而且也一樣寄情於將來以文化反攻大陸的遠景。不過不同的是，五十年代的新儒家埋首於心性之學，道德教化，但陳雲卻絕少在著作中徵引「新儒家」學說，而是以政治道術和「現實政治」的謀略家(「國師」)而自豪。他的未來政治藍圖甚至將香港自比為「帝國」，稱香港

應該透過殖民(或租借)與香港接壤的周邊地區來輸出自身較優越高等的文明。這個帶有一種逆向的霸業宏圖在背後的思想，或者更多地是承繼自古代亞洲諸國先後抱有的一種「小中華主義」。這些在中原周邊的較小民族，也有一種「華夷變態」的理論，用中原的中華文化被破壞為理由自命復興中華文化。

在自視香港為「比中國更中國」的態度上，陳雲和他要攻擊的主流泛民所持的「異見民族主義」其實沒有本質上的分別，只是他認為後者將香港發展族群自保的急務，讓位於支援大陸的民主發展是沒有希望的。相反地，他為了一種需要不斷延擱的「反攻大陸」的想像，顛覆了民族主義視所有成員為平等國民或「同胞」的現代價值觀，反而以「文明」高下來解釋大陸與香港之間的分別，間接訴諸香港人殖民經驗中(自身代入英帝事業的)「開化蠻夷」的使命感，與一百多年前買辦階層的文明優越感隔代呼應。所以，城邦之論一方面召喚着一種沒有冷戰環境的冷戰反共鬥士精神，另一方面也召喚一種沒有了大英帝國的「高等華人」文明優越論。而這種形象和意志，是以一個只存在於未來的華夏中國為目標。

究竟香港的本土意識應否與中國徹底割裂，在陳雲身上可以見到這種強大的張力。不過，他的激進「反蝗」主張，鼓吹「勇武」族群抗爭的言論姿態，的確在本土主義運動初期，吸引了不少懷有強烈反中國情緒的人支持。因為無論是「港獨」派還是「自治」派，都對族群對立所能掀起的動員情緒力量有相當的寄望。可是，兩派理念實際上是南轅北轍。因為，陳雲不斷強調以復興華夏為目標，被港獨派視為還是不能脫離「中華情花毒」。因為不少有反大陸情緒的香港人，心態上其實並不單只是希望政治上遠離中國，也要遠離中國文化。例如，對中國文化的批判不遺餘力的鍾祖康，就大力批評陳雲的城邦自治說只是一個騙局。他認為，如果香港人委屈地自命為道統傳人，以中國文化傳承者

自居，也是與真正想把香港拯救離開中國文化大染缸的目的背道而馳。不過更重要的是，在港獨論者眼中，陳雲的城邦自治其實並無具體目標(而陳雲本人也曾坦承，城邦自治其實只是為了落實一國兩制)。在港獨論者看來，為了所謂城邦自治的鬥爭，其實只是一場虛幻的戰鬥。

然而，相對來說，抗陸拒中所帶動的潛在港獨欲望雖然普遍，也更為貼近實際上與中國傳統文化愈走愈遠的年輕一代真實的心情，但是港獨派在組織上更為鬆散，不斷產生內部分裂，也沒有發展出詳盡的理論。[10] 而整個反蝗版的右翼本土意識和運動，至今仍然環繞在書寫有強烈煽動性的陳雲一系。原因可能是，城邦自治的訴求其實十分空洞，勇武亦沒有定義，難言如何才取得成功。更重要的是，這系列的本土族群主義行動，根本沒有一套一貫的關於何謂「香港人」的定義。[11] 但吊詭地正因如此，卻可以令附從者分享那種民粹式批評修辭帶來的亢奮，抒發生活被「大陸人」這個「他者」形象不斷擠壓所帶來的不滿。而正因為這「他者」不能定義，永遠在含糊狀態，所以任何人都可以擴充其內容，抒發不滿情緒。[12] 至於「華夏中國」是否只是狂

10　這些港獨組織以揮舞英國旗及原來的「港英旗」來自我標識，與陳雲派的「龍獅旗」分庭抗禮。當中活動力仍然比較明顯的是「香港人優先」。他們因為一度試圖闖入解放軍基地，而受到陳雲指責，甚至宣布與之劃清界線。而事實上，後來陳雲亦參與他參與創辦的「香港自治運動」分裂。

11　反蝗行動的初期，不少支持者自辯只反態度囂張的大陸豪客，但後來反對的對象擴為所有大陸遊客。反「雙非嬰」行動初期，不少支持者謂不是反對港人內地配偶(「單非」)，但後來所有大陸人來港產子都被視為搶奪資源。在早期，反蝗支持者亦謂他們不會歧視「新移民」，但後來矛頭又針對回歸後因「人大釋法風波」而訂立了的每日一百五十個移居香港配額的制度，將所有新移民都看成潛在地來港參與「種票」的建制派支持者，支持新移民爭取社會權利的人都被批評為「賣港賊」。而早期反蝗派謂香港早期偷渡來港者為「投奔自由」的義士，但最近則將偷渡等同為盜賊的行為。而非華裔居民是否為香港人，在一次訪問中陳雲亦不予正面回答。見何雪瑩、林緻茵「何謂香港人？ 陳雲vs碧樺依」，http://bit.ly/1iPdjZG。

12　在上註引用的訪談中，陳雲回應少數族裔的訪問者碧樺依問，應如何定義香港

想，「城邦自治」是否是一個烏托邦的故事，根本就不重要。[13]相對而言，要人相信「香港獨立」可行，就不能只靠讓讀者飛馳其文化歷史想像的(半)文學式寫作。直至港大《學苑》於2014年出版了《香港民族論》，推出較有條理的香港民族主義論述情況才開始逆轉，對《香港城邦論》的熱衷亦日漸減退。

族群民粹主義在過去幾年，竭力以攻擊溫和泛民主派及左翼社運為目的，並試圖將香港民主運動的低迷和挫折，歸咎於兩者的大中華情意結，稱其出賣香港族群的利益。他們被指責為視本地爭取自治和民主運動必須屈從於「建設民主中國」的空洞和必然失敗的訴求下。這些批評更多番攻擊這些運動每次都是最終妥協，實質是幫助了中共「維穩」。為了把香港命運和「無可救藥」的中國切割，2013及2014兩年的悼念六四晚會都受到不同方式的攻擊，攻擊者認為主辦悼念六四的燭光晚會長期以來都是「大中華派」的泛民政客撈取政治本錢的把戲。於是，有呼籲香港人忘記六四這發生在「另一個國家」的事的主張，也有人提出要以國際主義、人道主義取代以「民主愛國」為主調的另類六四紀念，更有人主張要把悼念六四納入本土反共的議程。2014年在尖沙咀就有人主辦一個以本土反共為主題的六四悼念晚會，並攻擊依傳統在維園舉辦的六四晚會，指稱參與維園集會的是「中國人」，參加尖沙咀集會的才是「香港人」。這項爭議遂成為本土族群主義和香港二十五年以來悼念六四的傳統最直接的決裂和較勁。結果，尖沙咀集會有數千人參與，而維園集會仍有十多萬人

人或本土身份來讓人可以參與社會政策討論時稱：「碧樺依說的是理性的那一種本土意識，我說的是感性、非理性、不用思考的那一種。會捍衛本土利益的人，就是香港人。」

13　這狀態也正好對應齊澤克(Slavoj Žižek)對族群民族主義的分析。他認為族群民族主義意識型態最重要的不是令人分享某種理念，而是共享某種快感。而「狂想」所起的作用，正是召集、控制和組織不能整合到語言秩序去的快感。何謂「香港人」和何謂「本土利益」如果定義清晰，事情就交到社會政策的討論，而不會構成一種可用作情感動員的情緒。

參加。總體上，參加悼念六四的香港人仍連年以破紀錄的方式上升，放下六四包袱以強化本土認同的倡議效果顯然有限。事實上，六四悼念已經成了香港人政治意識成長的傳統，每年維園晚會支持者的人數穩定。晚會的主調近年亦淡化了中國民族主義，更突顯人權重點和過去參與過當年運動的香港人體驗。

普選、「佔中」與本土意識

上述自從2003年七一大遊行以來第三波本土意識的蓬勃發展和產生的爭議和混亂，皆與中共偏離了原來的「一國兩制、港人治港」的方針愈來愈遠的大趨勢有關。2014年6月中國國務院公佈的《「一國兩制」在香港特別行政區的實踐》白皮書，坦白地展現了過去十多年以及在可見未來，中共如何以「以我為主」的原則，大幅收緊對香港高度自治權的承諾，試圖扭轉和修改一直以來香港人普遍對一國兩制、高度自治的理解。中共之所以拋棄三十年來一直保持的懷柔統戰的姿態，明白亮出要君臨天下的架式，當然與中國國內政治形勢的改變相符，而且也與要在2017年落實香港特首的普選有關。中共所能容忍的是一個事先能保證結果在操控範圍之內，先行「篩選」、再交一人一票的所謂「普選」制度。這顯然是一個玩弄假民主的把戲，也是對三十年以來香港人對一國兩制抱有信任態度的嚴重嘲弄。

回顧三十年前，大部分香港人無奈地接受移交主權的命運，但基於對中國開放改革的憧憬和對以香港作為對台統戰的「示範單位」政策有信心，八十年代中後期的香港人漸漸接受回歸，並積極以爭取普選行政及立法機關成員的「普選運動」，作為迎接「港人治港」時代的回應，並且視之為邁向後英殖時代，建立香港主人翁身份的體現。基本法寫下了一個循序漸進的民主發展進程，以2017年為終點，達致普選。但這許多年來，中共三番四次

在民主發展步伐上與香港人的普遍意願發生衝突，也導致民主派內部的大分裂，並激起上文所分析的激進本土主義。面對這種以民粹式動員為特徵的本土主義，民主派政黨的領導權威和團結性快速瓦解，公民社會亦束手無策。

不過，2013年由無黨派的法律學者戴耀廷發起了「佔領中環」運動，設計出一個結合商討式民主、全民投票及公民抗命幾個主要環節的反抗運動，務求施壓中共接受一個保證人人有平等被選舉權的方案，為香港深陷困境的反抗運動帶來一種新的可能性。一方面，佔中運動較以前日趨被動的民主運動進取，公然宣示以公民抗命的方式來爭取「合乎國際標準的真普選」，修正了過去只是爭取跟中央溝通和談判的過份溫和路線。但另一方面，針對內部撕裂為不同部落、日益互不信任，深陷無止盡的左與右之間派性爭扠的狀況，佔中運動設立多重的商討和投票機制，意圖以討論、協商、投票等運動內部的民主，去平衡民粹主義互相攻擊和減低過度情緒動員的傷害。在運動籌備的漫長過程中，佔中運動所展現的中產階級理性溫和的政治風格，雖然並未能平息社運和激進政治黨派的批評，失望和懷疑的態度同時來自社運內的左翼及右翼，但是，這些持不同判斷的多種力量，亦沒有提出過任何更有效的方法，去呈現香港人執著於實現普選的意願。佔中運動成為了當時民主運動的焦點目標，重要性得到默認。

原來充滿了烏托邦理想主義構想的佔中雖然失敗，但它打開了缺口讓雨傘運動登場。當時香港正處身於對溫和改革已絕望，但激進的革命條件卻也遠未成熟的中間狀態，佔中運動自然而然地成為唯一能聚合困局中的反抗力量的中心。2014年6月就佔中運動應支持哪一個普選方案進行的全民投票，就取得超過七十九萬投票人數的成績，也帶動了當年7月1日回歸日大遊行中重現2003年超過五十萬人參加的場面，而專上學聯和學民思潮兩個學生團體，亦自發地組織了有限度的所謂「佔中預演」。行動導致

超過五百位參與堵路的公民抗命者被捕，但卻展示了一種新的香港公民集體行動方式，也為重新修復民主運動一度的低迷、混亂，走出過去三十年日漸失去了進取心的「虛擬自由主義」反對派政治[14]。「佔中」和「雨傘運動」具有歷史意義，不在於這連串的行動真正爭取到落實「真普選」，而是在舊有的「高度自治」幻想快速崩潰的關鍵時刻，堅持用公民行動的力量，抵禦來自內外的侵蝕力量，建設香港人的政治共同體。自「雨傘運動」結束以至五年後爆發了「反送中運動」以來，各種抗爭經驗說明了，香港有必要尋求更廣泛的社會團結，超越各種形式的教條主義，更靈活地按抗爭陣線上不同位置的實際情況，結合不同的抗爭手法和對策。只有在團結社會上的最大多數，願意與站在第一線的抗爭者同行，才能長遠地在威權主義的重壓底下，持續有效地保持反抗。

總結：在族群主義之外

上文分析香港本土意識及族群政治的歷史，穿越了一百多年的時空，箇中勾勒出戰後三波本土意識熱潮互相之間承傳與超越的錯綜關係。本文對香港族群的歷史構成的分析，貼近晚近文化人類學的視角，將香港的本土意識和族群性視作歷史過程的產物，而非以羅列某種既有的族群特徵來定義香港本土族群。在這個視角下，我們可以見到在不同的時期，香港本土身份和本土意識都有不同的課題，面對不同的約制結構，也有着不同的「他者」，因而衍生出不同的本土身份和本土意識的形貌。正如Fredrick Barth指出，族群身份只是在特定的社會歷史脈絡底下，通過群體互動，亦即通過選擇性地挪用一些歷史和象徵性的記

14　羅永生(2014)「虛擬自由主義的終結」，《殖民家國外》牛津大學出版社，頁126–134。

憶，甚至發明一些傳統，方會產生標示出族群與族群之間差異的邊界。所以，我們不單可以指認出為族群成員所共享和傳承的文化記憶和象徵符號之間的一致性和連貫性，也可以看見它們之間有時是互相矛盾甚至斷裂的。

在本文的分析當中，香港本土的族群身份呈現出一個複雜的面貌，它既曾有帝國與殖民權力留下的烙印，也有從殖民權力破繭而出的印記，當它要鬆開殖民權力的束縛，它也與不同時期的天朝修復/民族主義的事業交疊糾纏，你我難分。它們既是香港的歷史的真實傳承，也是未來族群認同發展的基礎。香港一百多年的過去，在帝國主義與國族主義之間徘徊，建立了一個獨特的城市，這城市慢慢孕育出一種可以值得驕傲的公民文化和各式各樣的公民實踐經驗。本土運動如果要補足社會運動從來欠缺的歷史感，以便在地的生產出這個公民共同體的歸屬感和具主體性的身份認同，就要批判性地反思及回溯這個共同體的演進和處理內外差異的經驗。只有這樣，本土意識才會超越文化差異的簡化描述，和將差異本質化和拜物化的傾向。將差異拜物化的族群抗爭是危險和自毀的，因為由這種傾向出發，會衍生出無止盡的「出生論」、「成份論」等部落式衝突。它不利於促進更高政治目的，反而在內外製造更大的間隙，把已被擠壓扭曲的自我進一步碎裂，難以構成持久的行動力。相反地，面對國家主義對本土自主性的吞噬，全球新自由主義透過國家權力侵害地方自主的壓力，香港所需要的是可以讓這個城市兼容成員的多樣性，而亦可以凝聚出自身集體主體性的歷史敘事。

香港在面對殖民未解，一國兩制危如累卵，以中國為中心的地域政治經濟重組的壓力愈來愈大的情況下，族群主義差不多是必然的政治現象。可是族群主義本身並不是一種有明確價值觀的意識型態，它可以助長團結但也可以催生分裂。它介乎部落血仇、諸神大戰與追求建國獨立的民族主義之間，搖擺不定。於

是，建立有持久力的本土抵抗，就不能不認清這個城市的過去，以利在當下及未來開展適合於這個地方的政治論述，避免走進和它的歷史性格不相容的誤區。放在香港解殖未完成的處境去考察本土意識在歷史中的狀態和變化，關鍵之處並不在重複指認哪些是香港人或香港文化的特徵，識別出那些和簡化了的「他者」的差異，從而在一個平面上鞏固一種關於「我族」的自豪感、優越感，填塞那些被衝擊、被壓碎、被排斥的自我認同；也不在於以清洗主義的方法，排除掉與新舊殖民他者互動所產生過的各種(無論是「戀殖」或是「大中華」的)「情意結」。因為這些認同的記憶，總是與香港的殖民經驗(包括與「殖民」周旋的「民族」經驗)，產生過千絲萬縷的關係。它們存在於「我們」的記憶、經驗和想像中間，等待被召喚和動員。但產生的後果，卻難以事先被判斷。香港解殖之複雜，一如所有後殖民社會的複雜。如何能在複雜交纏的關係中找尋建立歷史主體性的健康力量，在於我們如何能耐心地解開與主體形貌黏連糾葛在一起的殖民/反殖民經驗，正視香港那種「殖民」與「國族」共謀協力的獨特關係，以及與這些經驗交纏在一起的各式感覺結構。把這些需要耐心相互聆聽的解殖過程，簡化為重拾民族身份(人心回歸)，或(本土)族群意識的醒覺，都未免只是把複雜的微創手術簡化為器官的切除或肢體的重駁。

為了避免重蹈「反殖」而不「解殖」的覆轍，走出在抵抗中只是複製你的敵人的困局，香港具主體性的未來政治共同體想像，不能從原生主義式的族群主義進路出發(因為那些都只能是虛構的和不符複雜的香港歷史實況的)，而是應該正視建設公民社會，依循公民共和的原則，以公民實踐超克族群主義的分裂政治，並且以公民主體性的歷史演進的角度，扣連一個關於香港人主體抗爭精神浮現及掙扎的歷史敘事。因為當代香港之能具有生命力及獨特的價值，是因為成功地克服了戰後因為民族主義

和冷戰分裂所形成的難民社會狀況，經過數十年的努力，從難民社會孕育出一個沒有國族包袱的公民社會，超越和克服了早期因宗族、鄉黨和兩大意識型態造成的分斷。因為只有反思和整理這些破碎的、快將被遺忘的主體抗爭的事跡，提煉背後的經驗及精神，香港人的歷史主體意識方能完整浮現，內部的差異多元才能妥善疏理，以幫助塑造一個具歷史意識的公民社會。打碎公民文化的經驗和倫理，以回溯/虛構一個不經定義的「前公民」族群想像，並不會真正找回一個團結的本土原生族群，而是將香港拉回難民社會相互踐踏的過去。[15] 相反地，只有建基於歷史意識的公民社會，才能建立一個團結的公民政治共同體，抗拒香港在天朝主義下的再殖民化。

15　事實上，香港並不具備一個有進步意義的「原住民運動」。因為在香港以「原居民」利益為訴求的，均只是新界父權地主的土地利益群體，而且是當今建制派的重要支柱。

天朝治港：去殖背後深深的戀殖

　　香港主權移交二十年，不少評論回顧二十年來香港的變化，「一國兩制」的實踐是否成功，中港關係面對甚麼問題等等。不過，要評論一國兩制有沒有變形、走樣，檢視二十年來的實踐是否還是符合「初衷」是不足夠的，因為一國兩制的理念在1982年就已經提出，在1997年主權交接之後透過「基本法」付諸實行，中間經過了十五年的過渡期。這過渡期內，中國和香港都發生了大變。1989年六四屠殺，趙紫陽下台，1993年鄧小平南巡，抱棄「社會主義經濟」，加入「後冷戰」全球資本主義新秩序。香港方面，末代總督彭定康來港，推行被中方視為「三違反」的政改方案，導致「直通車」安排「出軌」，「臨時立法會」還原大批殖民時代惡法。原來為了迎合一國兩制的「民主回歸」亦已變成「民主拒共」。概而言之，1997年的時候「一國兩制」早已走樣變味。

　　九七後的二十年，香港經歷了董建華、曾蔭權、梁振英等三朝特首，發生過2003年的七一大遊行、2012年的「反國教」風波，以及2014年人大八三一決定、雨傘佔領運動，本土主義的冒升。經過多番人大釋法，今天的「一國兩制」給縛在「白皮書」的「中央全面管治權」底下，當然和1982年人們認識的那個版本大異其趣，走樣得難以辨認。不過，如果從一個宏觀的歷史尺度來看，香港其實沒有甚麼太大的變化，它始終都是一個經濟發展至上的殖民城市。當權者還都是那一批權勢階級，只是他們知道現在效忠的是另一個「宗主國」，市民則不被看待成這個城市的主人，只能在有限被指派、被規劃好的角色中選擇生活方式，消

費主義仍是一切事情的基調。雖然，求進步求改革的公民意識提升了，但保守、犬儒、反智的力量，也在迅速的集結和增長。

三十五年之前，害怕政治轉變的特權階層，既反對民主改革，也要「維持(英殖)現狀」；三十五年之後，他們一樣反對民主改革，擁抱共產黨，但當年他們所要「維持」的特權「現狀」基本上也沒有甚麼改變。原因在於，基本法和一國兩制，並非為了要改變當年的殖民地現狀，相反地，一國兩制的「使命」正好就是保護和維持這種現狀。

過去，人們反覆強調經濟制度得以維持現狀，因為普遍覺得這是好事，政治上則強調改變，比殖民地時代有進步。不過，民主改革被八三一人大決定煞停了，政治上的維持現狀也說明白了。例如中聯辦法律部部長王振民最近就表示，在英國人殖民香港之前，香港的政治是跟從清朝，英國人來到後，香港政治完全跟從英國。在1997年後，香港自然應該轉為跟隨中國。而中國和英國都是單一制國家，形容是 "all politics is central"，即是所有政治都在中央。

的而且確，英國和中國都在沒有徵詢香港人的情況下，決定了香港的政治命運、前途和體制(九七的主權移交就是如此進行的)。中國也沒有分別，一樣是給香港安排一個不是由他們選擇的前途和體制。但原因並不在於英國和香港是同屬於一個單一制的國家(儼然香港和蘇格蘭、威爾斯、英格蘭都屬於同一個國會)。相反地，英國人決定香港的政治命運是因為香港是一個殖民地，香港和英國之間是一種殖民關係。王振民將中國與香港的關係也等同英國與香港的關係，是否在暗示，香港與中國的關係，也一種殖民關係？

事實上，早前在另一個場合，王振民已用過另一種詞彙來表述他理解的中港關係。他說，香港人應該嘗試理解國家的邏輯和道理，並要對中國的制度有「敬畏之心」。筆者想不到任何現代

以平權立憲作為立國之本的「國民國家」(或曰「民族國家」)會用「敬畏」來描述人民和國家的關係，何況中國還在名義上是一個未敢立「國教」的「人民共和國」。理論上，民族國家並非傳統的帝國或王國，國家成員之間是以「認同」來維持彼此之間的關係，而非建基於下級對上級的「敬畏」或「罪人」對「上帝」的「敬畏」。香港主權未移交之前，只有極少數的香港人「認同」自己是英國人，對英國「事頭婆」也殊少抱「敬畏」之心，相反地，中國人則可以宣揚民族主義、愛國主義，爭取「同胞」認同中國，卻從未聞要求「敬畏」中國。恐怕這就是主權移交了二十年的分別。

過去，在基本法起草期間，邵天任、蕭蔚雲、許崇德和吳建璠都是大陸的憲法專家，常常代表中共觀點為基本法發言，人稱「四大護法」。四人於今先後作古，王振民被視為新的「護法」，他與強世功一樣，都是2014年「一國兩制白皮書」的寫手。如果說，這些年輕「護法」有甚麼新猶貢獻於一國兩制，就在於他們抱棄了老舊民族主義者有時溫情脈脈的語調，代之以一套裝胸作勢的新修辭，擺出一種強勢的天朝衛士姿態，號令天下。

例如強世功在《中國香港》[1]一書中所表達的就遠遠不止於惦念「遊子歸鄉」這故事所講的「回歸」，而是比較「帝國技藝」。他甚至斷言宣佈「中國共產黨是中華帝國政治遺產的合法繼承人」，超越了馬克思的階級論和西方的民族國家論。「一國兩制」於是則被強世功重新定義，謂「一國兩制實際上就是建立在儒家封建傳統之上的政治思考」，「一國兩制的精神實質不僅恢復了中國古典的封建政治原則，而且重新啟動了儒家政治理想。」他又曾經寫道：「在中央的決策思維中，所謂『繁榮』就是要確保『兩制』下香港的資本主義制度不變，而資本主義制度的核心就是要保證資本家的利益；『穩定』就是理順香港內部的

1　強世功(2011)《中國香港》，牛津大學出版社。

政治關係，理順中央與香港的政治關係，前者要照顧工商界的政治利益，後者要確保國家主權和愛國者治港。」簡單來説，香港殖民時期的官商共治體制不單不需改革，還要加以鞏固，明言香港特區所實行的是資產階級的(實質)專政。因為只有這些利益攸關的資本家才能提供合格的「愛國者」。

在強世功的演繹底下，中國革命的五四運動傳統可以突然消失，被推翻的「三座大山」(即帝國主義、封建主義和官僚資本主義)至少有兩座需要在香港復活。復活「封建政治原則」不單不是倒退，反而是比馬克思的階級論和西方民族國家論超前，更是「中華文明復興中最為核心的問題」，而香港的一國兩制正是這核心中的最核心。因為鄧小平因地制宜地演繹了大清帝國治理邊疆政制的成熟、靈活、彈性的政策，打破了西方民族國家模式中主權國家的框框，反而保有在古典中華帝國天下理念底下的一國多制。

毫無疑問，十多年來在多元文化論的影響下，世界歷史學界對前現代的「帝國」體制提高了研究興趣。一些觀點認為，某些古典的帝國比起現代強調排他單一的主權觀念的民族國家，容或更能包容駁雜、多元的族群關係，在同一帝國框架下可以讓多文化並存，因為它們的宗主權(suzerainty)概念比起現代「主權」(sovereignty)制度更具彈性。現代國際關係或者可以從古典帝國的模式投射或構思種種彈性、多孔洞的(porous)的主權觀，以解決難解的國際糾紛。可是，中國的天朝主義者卻是「既想持有蛋糕，又想把它吃掉」。即是説，他們既要將中華文明所覆蓋的地域投射到大陸以外，復興天朝宗主的自我想像，但也開口閉口都訴諸捍衛中國主權，對內施行壓制，對外攻擊敵人。一國兩制下的香港就處在這個磨心之下，只許天朝宗主擁有施政承諾的含糊，卻不容許享有彈性主權的特區。

其實，強世功等人有份撰寫的「一國兩制白皮書」，以納粹

法學的專制精神宣稱中央擁有「全面管治權」，正好就是「彈性主權安排」的一個失敗個案。如果王振民說，香港以為自己有一套有別於中國的政治，都只不過是一種幻覺，那強世功應該為他當年在寫《中國香港》一書時，竟然贊同過陳弘毅教授所說香港是一個『準國家』的政治實體的說法而羞恥尷尬。同樣地，張炳良曾提過香港是一個「次國家」，沈旭暉也說過香港應有「次主權」，他們或者都要登報道歉。因為這些提法都可能對中央擁有絕對唯一主權這事實產生其他幻想。

這說明了，天朝學人建構的天朝主義想像，是以朝貢關係為經，以理藩治術為緯。所追求的並非「彈性主權論」這類後現代理想，因為它要說明的只是中國如何掛着「人民共和國」的招牌，卻可以否定民權憲政，復行羈縻治術。他們以「帝師」自詡，儒表法裏，頭銜是習法律的，心裏卻鄙夷法治。儒家典籍背後，盡是法西斯法學家卡爾‧施米特(Carl Schmitt)的敵友觀和決斷論。作為施派信徒，強世功的名句包括：「政治問題的關鍵不是對與錯的問題，而是服從不服從的問題。只要不服從政治權威，『說你錯，你就錯，做對也錯』。」[2]「政治的本質說到底是強者對弱者的支配」。[3]

2008年「京奧」以來，中國拋棄了「韜光養晦」，代之而起的是所謂「道路自信、理論自信、制度自信」。這些自大，無法令京官自省，為何「回歸」廿年，香港卻愈來愈離心，他們只知誘過香港的殖民過去。近來的反殖諂言蜂起，但卻愈說愈亂。

例如，首任特首董建華最近接受中央電視台訪問時就說，香港有不少年輕人都在殖民地時代長大，要做到人心回歸需要一個過程。不過，董建華似乎少看了新聞，因為當下對中國最為反感，以致抱有「港獨」思想的，九七年後出生的比重最高，他們

2　強世功(2004)「烏克蘭轉型中的憲政權威」《21世紀經濟報導》12月8日。

3　陳冠中(2012)《中國天朝主義與香港》牛津大學出版社，頁120。

都沒有在殖民地時代長大過。倒是在殖民地長大的，大部分人都被指有「大中華情意結」。

前新華社香港分社社長周南，也加入埋怨殖民地。他在北京接受香港港台訪問時表示，對出現港獨思潮並不意外，周南稱：「香港遭受了殖民主義的統治，一百五十年，一個半世紀啊。在這一個半世紀裏邊，青年一代又一代，接受的是殖民主義的教育，骨子裏已經被殖民主義洗腦了。而且不是洗一代，洗了五代、四代，所以出現這種動亂分子。」

可是，香港最令周南這類人尷尬的是，一百五十多年當中，至少有四十八年香港接受英國殖民統治，是因為中共容許的。這就是每位天朝衛士都同聲讚嘆，譽為天才的「長期打算，充分利用」政策。而關於這項中共和英國在香港合謀維持一個殖民統治現狀，現在已有愈來愈多的歷史證據浮現。姑且列下數則：

- 毛澤東早在1946年接受西方記者哈默的提問時就答道：「我們現在不提出立即歸還的要求，中國那麼大，許多地方都沒有管理好，急於要這塊小地方幹嗎？將來可按協商辦法解決。」
- 《文匯報》前總編輯金堯如在他的回憶錄中，也轉述過1951年新華社社長黃作梅去北京匯報，請示對港英的政策指示。周恩來總理的談話包括八點，其中一點是：「要維護香港的現狀和地位，包括英國的殖民主義經濟和資本主義制度。要承認香港在英國的遠東勢力範圍內的特殊地位和特殊利益。」
- 而據最新由紀錄片導演羅恩惠及前文匯報記者程翔合作研究所發現的資料也顯示，國務院外事辦公室港澳組副組長吳荻舟也曾於1966年「六七暴動」爆發的前夕，向港澳工人「五一」觀光團解釋中共長期不收回香港的政策。其中有一

段説話，可圈可點：「英國人想長期在香港，但又怕不能長期。他們在香港有油水，我們在香港也有利益，所以在維持現狀這點上是有一致的語言的。」他又勉勵那些試圖勸服中央提早收回香港的工人代表，「要像白蟻一樣做工作，一聲不響，把整個屋子咬爛。要學習白蟻的精神。做到了這樣，便是功夫下到了底。要如此，要活學活用毛主席思想。」[4]

在全球反殖運動正處高潮的六十年代，中共的確因為維持香港殖民主義現狀而大受共產主義陣營當中其他共產黨的攻擊。例如，1963年3月，美國共產黨就曾發表聲明指責中國身為「社會主義國家竟然允許殖民地存在」。後來，蘇聯也公然嘲弄中國的港澳政策。他們指責中國不但未能把英國人趕出香港，而且還在香港與英、美資本家合作，共同剝削勞動人民。1964年9月，在莫斯科召開的世界青年論壇大會上更通過了一項決議，其內容主要就是要在亞洲掃除包括香港和澳門在內的殖民地的存在。

中共是否應該提早從英國殖民主義者手中收回香港，這是另一個可以辯論的題目。然而，中共在明在暗，默許在香港維持殖民狀態，甚至反對對這殖民體制進行有限的民主改革，已證明了是鐵一般的事實，如何抵賴也抵賴不了，這也是中共在反殖問題上一直不能理直氣壯的原因之一。不過，更重要的是，對於心儀比較帝國技藝的帝師來說，「去殖」背後其實是深深的「戀殖」。

例如王振民去年來港上任中聯辦之前，就放言質問「為甚麼(香港)不繼承英國主流的保守主義政治哲學，不認真學習繼承英國的政治文化傳統」。[5]香港社會愈來愈激進，「變得愈來愈不

4　程翔(2018)《香港六七暴動始末 —— 解讀吳荻舟》牛津大學出版社，頁484–485。

5　王振民(2015)「甚麼是香港的深層次問題？」《紫荊》雜誌12月號。

像香港」，於是他更要問「香港在英國人管治下建立起來的法治文明理性和諧的社會，為甚麼回歸不到二十年便走了樣？」王振民此言一出，建制派中的資深左派元老曾鈺成就已反唇相譏，追問為甚麼這樣的「戀殖意識」，竟然會出自一位中國法律學者之口。[6]

大抵中國官場內，能當「護法」者懂「政治」遠比懂「法律」重要，就如強世功常常指責香港的法律界，其罪正在於他們醉心法律，不懂法律背後的政治。今日的所謂「去殖民化」已經聚焦香港的法治，全力打擊這個殖民時期建立起來、標誌香港獨特價值的堡壘。法治當然會是下一個中共在香港「去殖化」工程的首要對象。不過，縱然如此，王振民以戀殖為旗，召喚前英殖餘孽發揮保守主義本能，也是捉錯用神。因為香港殖民地之保守成性，並非來自英國主流的保守主義哲學，或者任何英國文化傳統。

任何了解香港殖民歷史的人都知道，香港人擁有保守意識，是因為中國的五四新文化運動被殖民者阻隔。在激進思潮(包括馬克思主義)於中國風起雲湧的二十年代，英國人總督金文泰借用了前清遺老，在香港宣揚被五四運動所打擊排擠的中國傳統文化，以華制華。今日共產黨徒反過來要學習如何打擊激進主義，本已屬世紀式的荒誕。強世功批評「香港有問題必想着向西方找答案」話音未落，王振民張冠李戴，以為打擊了咱家老子的，必是英國文化和哲學的功績，以為洋人用的一定是洋方，可謂貽笑天下。可悲的是，中國管不了自己的「殖民地」卻要向殖民地的前宗主國招魂。從「帝國技藝」言之，真是高下立見。在香港人面前顯威風，露顏色，看穿了仍只不過是一個「次帝國」。

香港「回歸」中國二十年，當年催生「一國兩制」的歷史大環境已變，再就理念來討論理念其實已無大意義。因為戰後近

6　曾鈺成(2016)「孰令致之」《AM 730》1月18日。

七十年來，中共對港唯一不變的總政策其實仍然是「長期打算，充分利用」。「一國兩制」從來都只是「長期打算，充分利用」的方程式裏面其中一種階段性及工具性安排。它一定會被重新詮釋，重新改寫，或者終有一日被遺忘廢棄，或者改頭換面，不是因為其他，而是因為「白蟻政策」到了成熟收割期，整個屋子已經咬爛。

「天下的他者」：簡評《天下體系》

過去十多年間，中國的意識型態形構產生了巨大的變化，雖然官方口頭堅持沿用社會主義的辭令，聲稱其遵行的是「具中國特色的社會主義」，但實質上在文化精英和知識分子群體中間，已經漸次孕育出一種為當局歡迎及有選擇地支持和吸納的新意識型態，表現為一種「天朝主義」的思想。「天朝主義」的思想體系內含「新左派」對中共「黨國」體系的正當化，也有施米特派「政治神學」影響下的「政治法學」鼓吹者對國家主權權力的再三肯認，以及文化傳統主義陣營中別樹一幟的「政治儒學」，掀起了中國上下對帝國復興的慾望。這種種思想源流之間縱然互有差異，但都匯合在一套新的天朝主義想像中，為習近平推行為使「中華民族偉大復興」的「中國夢」背書。當中，哲學家趙汀陽的「天下」學說最先受到外國「國際關係」領域學者的注意和警覺。他的著作也在中國大陸一度引起熱議，特別是他在2005年出版的《天下體系：世界制度哲學導論》，更可謂是一本點題之作。[1] 筆者無意在此有限的篇幅內完整介紹趙汀陽的思想，但希望藉着評介趙氏《天下體系》一書，以使讀者可以管窺一種關於建立一個仁慈帝國的神學式狂想。[2]

《天下體系》聲稱要為當前混亂的國際關係找尋解藥，他認為亂象的根源是建基於由西方主導，始自1648年的「威斯特伐利亞體系」所確立的國家主權平等原則——亦即除了民族國家之

1　趙汀陽(2005)《天下體系：世界制度哲學導論》，江蘇教育出版社。

2　事實上，趙汀陽把「中國」處理成一個「具有神性的存在」，甚至認為中國的精神信仰就是中國本身，在其近著《惠此中國·作為一個神性概念的中國》有更詳細的表述。

外，不再承認任何超越國家之上的統治權威，於是世界出現了霍布斯式的不斷分裂和對立。作者認為，這個由西方主導的世界秩序源於西方個人權利至上的思想，導致「分裂的政治」意識，不斷製造對立，又不斷以戰爭和征服「他者」作為克服分裂的方法，以樹立自己作為絕對和普遍的標準。他認為，這一切的根源在於西方宗教的根本缺陷，而人權、民主和法治都不足以作為建立真正良好世界秩序的基礎。而唯有出自中國歷史經驗的「天下」概念，比起西方的政治觀念才更具有建立新的「世界制度」的能力。他以對比的方式認為中國人的「天下」概念，更為優勝，因為「家庭–天下」的原則建基於和諧和完整性，比「個人–民族國家」的原則更好。他又認為中國的「天下」觀建基於「無外」，所以不產生西方人的「異端」以及排外、歧視的傾向。「天下」依隨「禮不往教」原則，建立的是「文化帝國」，不是軍事帝國，也沒有認為自己的文化有強制普遍化的權利。「天下」之所以有這種重建一個新的世界制度的能力，是因為中國思想的基本精神是集中在「化」(由「以己化他」到「化他為己」)，所以沒有不可化解的敵人，不可調和的衝突。

作者在書的第一句就說：「就理論可能性而言，帝國可以只是個文化/政治制度而不一定是個強權國家實體」(頁34)。不是強權的帝國，我們應該可以稱為「仁慈帝國」吧。下面我的解說也只在說明，趙汀陽對當下由民族國家所構成的國際體系和國際政治的批評，是出自他所建構和提煉的中國帝國經驗，不過，他的批評卻貫徹着一種神學性的思考，並且構成為一種具有護教學味道的知性工作。我在下面嘗試指出這套帝國神學話語，如何既是建立在一種關於「西方」的漫畫形象之上，也是緊貼着亨廷頓(Samuel P. Huntington)關於「文明衝突」論的問題意識的結果。文章除了指出當中的一些關鍵性誤識之外，也會討論到「他者」這概念對研究帝國或帝國主義問題，以及對分析帝國想像的意義。

仁慈帝國的神學與天下的先知

趙汀陽認為，要認識這種仁慈帝國，只能通過學習中國古代以「天下」一詞所表達的理念。只有認識這項帝國遺產，才能重新救治當今「失效了的世界」。而為了向世人推薦要從中國學習這套救世良方，趙汀陽提供了兩種說法：

1. 這種帝國只在中國出現過，而西方現代的政治哲學已不能再思考這種制度，他們現在只能思考國家。
2. 西方其實註定不能思考這種帝國，因為他們自古就沒有這種理念，或者發展這種理念的能力。原因是自從羅馬帝國接受了基督教開始，他們就把分裂的世界概念帶進西方世界。天下層次的思考，從此與西方絕緣。

顯然，於作者而言，一個擁有如此成功的帝國經驗的文明，沒有理由不去(甚至更有責任要去)向世界宣傳推廣這套帝國的經驗，以及在這豐厚帝國經驗中提煉出可以啟示將來的帝國模式。這種模式，在今天或者只能叫做「世界制度」。姑隱其名可能是迫不得已，但如果我們未能真正了解這套新的世界制度背後的帝國性質，並且把握着「天下」這個最卓越的表達詞彙背後那套方法論和認知論上的完美邏輯，世界必然無法從國家、人權、自由這些低層次的思考掙脫來，認真思考拯救這世界之道。不單聯合國在原理上是和這套作為世界制度的帝國/天下背道而馳，聯合國的整個信念也是無效的。歐盟也只是一種強差人意的後現代玩意，理念仍然很空洞。它們為甚麼這樣無能為力，思考這樣貧乏，原因就是它們耽於現代的民族/國家體系，終結了古代模式的「偉大帝國」，挫敗了各種理想和烏托邦。(頁34–35)

那當然，我們每日接觸的新聞和時事評論，實在不乏對上述

那些國際組織的現狀和對國際政治狀況的憂慮、不滿和激烈批評，這些本來就不是甚麼新意。《天下體系》的作者對這些問題並無興趣，因為他志在為這些惱人的政治現象作出後設和極為抽象的解說，而不是真要去研究聯合國或歐盟，提出改革建議。仁慈帝國論述所勾勒的本來就是一種屬於新世界的制度，今天的事情是改革不來的。而在「未來」之前，重新敍述古代「偉大帝國」的故事，意義猶如《聖經》「啟示錄」般警示世人，帝國即將降臨。天下理念的分析，只能勾劃出這古代/未來世界制度的形上學架構。他認為，我們不可能脫離這個關於「天下」的視野而能思索任何世界能有救贖的途徑。就如作者在書的結尾以基督教末世論的口吻總結道：

> 如果沒有能夠給世界建立一種保護世界的制度，就很容易導致世界分裂乃至世界之死……世界之死比上帝之死更加危險。(頁159)

趙汀陽當然沒有說，能夠從帝國的高度去思考政治和人類世界是一種更優越的能力，但強烈地暗示了，這種能力只有懂得從中國歷史及哲學資源提煉出政治理想和政治制度原理的人才能具有。顯然，世界是需要一種先知先覺者(基督教神學上稱之為「先知」)，去從中國古代帝國經驗中提取最優秀帝國思考，和總結出其原理，因為他們了解世界的大趨勢。這趨勢說明，民族國家的年代已經衰退，世界已成了世界體系，帝國將會再來。那些從帝國經驗中總結出救贖原理的人，其努力是為快要到來的未來世界作準備。(頁158)

作為一位先知，趙汀陽告訴我們即將降臨的帝國年代，唯一的最佳選擇就是仁慈的帝國，這個帝國的面貌只能透過「天下」這個概念去把握。「天下」因此而具有方法論上的優先性。不過，就如基督教不會詳述彌賽亞重臨之後的至福千禧年的政府是

如何運作，馬克思也不會多言共產主義社會在推翻資本主義之後是怎樣運行。所以，我們只能從「啟示」當中，在今天通過回顧過去而預想未來。而在未來這個以「天下」原理運行的帝國，「天下」貫通了地理、制度和文化，既是天底下的所有土地，也是所有人的心思，亦是一個世界一家的理想烏托邦。「天下」是一個形上的存在，也是一個先驗的存在。天子統治天下要順天應人，獲天命之所授，但「天命不可見，它是隱藏着的」（頁56），偶爾會表達為「民心」和「民情」，說明那一種事才是「天下」所喜悅的。一如基督宗教，上帝的旨意永遠不可觸摸，神自有祂的計劃，唯一可憑藉的是祂的啟示。

不過，「天下」也不是純然神秘的，因為它還可以呈現得十分理性。所以，雖然先知沒有如基督教所說，「天下」創造了這世界，但「天下就是世界」，這如同神學的第一原理。天下，就如上帝一樣，甚至可以從邏輯推演出來，並且以其邏輯上的完美美感（最大化、充分有效、邏輯一致、自身協調、先驗完美、完全傳遞……），成為天下體系的定理，在定理的基礎顯示它勝過西方世界觀的優越性。基督教的理性主義傳統，可以追索到奧古斯丁、經院哲學、近代的自由神學，以至基督新教福音派向平信徒傳福音時所依靠的護教學。當然，如趙汀陽所言，中國古代有禮不往教的傳統，不傳福音。但護教學般的好辯精神，卻是《天下體系》神學式寫作風格的所在。

無外的天下與原理的優越

他在辯論西方關於世界的概念是如何貧乏時，他既要說天下原來就是世界制度，他甚至要貶斥胡塞爾（Edmund Husserl）的「生活世界」的學說。因為「生活世界」的現象學要揭露被科學主題化和概念化了的世界背後，其實是各種具體的人的活動和經

驗，那是一個未被概念化、未被主題化的世界。可是，在以「無外」為名的「天下」觀底下，這些原來是要推動走出概念的脈絡性(情境性)反思，其實都只是浪費時間的繞圈子。因為趙汀陽告訴我們，最大的脈絡就是「天下」，「天下」的意義「飽滿而完備」，可以解釋萬物。它是最大的尺度、永恒的尺度。離開了這最大最大的尺度，還談甚麼生活？(頁42)

雖然，西方哲學家胡塞爾也非常擔心西方現代世界科技理性的危機，他認為危機的根源正是這種對對多元經驗的賤視，對事物身處的具體歷史時空情景的壓縮，以至抽象化、原理化、概念化、觀念化和理想化的思想操作，但趙汀陽卻認為，只有祭出「天下」這個「最大的情境」，才能補救西方缺乏充分意義的世界觀的失敗。雖然這有點匪夷所思，因為作者好像也以批評西方現代自居，但觀及其將一切都收歸帝國(作為天下的世界制度)之下，聲稱要這樣，生活才能從飽滿完備的的概念(或理念)分享意義的話，我們也不會驚訝於為甚麼整個天下體系論述的高度邏輯化、哲學化，以及對具體歷史脈絡等經驗性問題的不屑一顧。

因為，從仁慈帝國的角度，萬事萬物處身的情境千差百變，經驗亦千差百變，如果說他們各自形成了不同的「世界」，那世界當然就失去了統一性，陷入混亂和無政府狀態，而這種多元狀態，在趙汀陽看來，不是後現代主義所讚揚的文化多元，而是一種霍布斯(Thomas Hobbes)狀態的病徵。西方文化衰敗，陷身於不斷分裂的後現代。但中國文明優越，在於中國哲學一直把政治哲學作為第一哲學，也在於西方人沒有一個真正能統攝一切的世界的觀念，而只有中國才發明了「天下」這詞語，它能夠更完整地把一切都包羅萬有。

他認為，天下這個觀念的比一切西方相類近概念為優越，乃在於其「無外」的思想意義，而按他的解釋，「無外」也就是就一切都內在化，而完全沒有外在。他說：

思想香港

> 「無外」原則意味着，一切事情都有可能被「化」入某種總的
> 框架，在外的總能夠化入而成為在內的，於是，不存在甚麼事
> 物是絕對在外的……也註定了中國思想中不承認絕對在外的超
> 越存在(the transcendent)，也就是那種無論如何也「化」不進來的
> 存在。(頁14)

在趙汀陽看來，中國不可能有宗教。那當然好像有點道理。然而，關鍵並不在於中國需不需要宗教，而是中國人創造了「天下」這個帝國的極致典範，本身就已經是一個神學意義的存在。「祂」當然不是另一個萬物的「造物主」之類的上帝，而是可以把諸上帝和諸帝國，甚至滿天神佛、妖魔鬼怪、魑魅魍魎都「化」進來的超級大一統帝國，全能全知全善，那你除了敬畏、崇拜或者在祂面懺悔、祈求祂的祝福之外，你不可能在凡俗的世界，以平常的生活去揣摩和猜度「祂」的旨意，更遑論對話和比較。先知的角色，也當然不是尋求甚麼對話。

西方的衰敗與致命的思想缺陷

如果是一種以弘揚溝通理性為出發點的帝國研究，我們可以構想一個跨國科的「比較帝國」學術計劃，評比各種帝國的理想和事實，吸取歷史教訓，或者比較文化的角度，研究各種不同的帝國，看看在哪一種文化的背景和歷史情境底下，產生了哪一種帝國模式，不同的帝國又提出過甚麼意識型態和「理想」。這些都是可以有助反思和對話的學問。但作為一個護教學的神學家，諸種帝國的歷史現實也實在毋須多談，因為護教學(apologetics)這門技藝，只需要看似邏輯精密的修辭，去說服人們，那一種信仰更為可信和優越，更值得人們委身，更要力證，那些是異端和邪教，甚麼是「他者」。

不要誤會我認為《天下體系》只是一本護教文宣，但它所談及的「西方」，無論是化身為帝國主義、人權霸權、還是單邊主義，都是思想和方法水平不足的西方文化的產物，而真的出現嚴重問題的，畢竟是他們信仰的一神教。於是，制度問題又再次回返信仰問題。但這可不是韋伯所云的現代性下多元世界的諸神之戰，而是重返古代的文明大戰。因為，按趙汀陽所述，「天下」如要重建(或者世界如要像「天下」一般重建)，「西方」是一定要「超克」的「他者」，至少你不能信賴他們的那一套來自一神教的信仰所引伸出來的騙人概念，例如人權、民主等。所以，西方及他們的一神教就是天下的他者，雖然天下在原則上應該沒有他者。

為甚麼西方主導的世界必然衰敗？趙汀陽給出一個原理上的答案：因為他們自始就不懂如何描述世界，所以就不能發展正確的「世界觀」。例如，希臘字kosmos所表達的也只是關於自然世界的充分意義，還不是關於人文世界的概念。趙的這項斷言顯然是個錯誤，也未有仔細的字源學根據，因為例如《聖經》這類古籍中，不乏例子說明kosmos一字也用來指活在世界的所有人。[3] 另外，西方古代常用的ecumene這字彙，趙汀陽也完全沒有提及。一般來說，它指已知世界，已居世界，或可居世界。在羅馬帝國時期，它指文明世界，亦即在世俗及宗教意義上受到帝國管理的地方。[4] 這些可以和「天下」相比的西方字彙及其意義，以至它們在歷史上發揮過的影響，趙汀陽都沒有認真處理過。

在趙汀陽的筆下，西方「致命的缺陷」是，他們也失去了思考帝國的能力。他們的政治哲學已不能思考天下這最高一級的單位，只是沉迷於以國家為出發去思考問題，也因而沒有了高於國家的理想和價值觀。因此，由他主導的世界必然是一個亂世。

3　http://biblehub.com/greek/2889.htm

4　到了現代，ecumenism指一精神，追求使分裂了的基督教會重新合一，或者合一的現代世界文明。

(頁17–18)換句話說，中國人政治上有更高的理想和價值，因為他們可以自上而下的思考，西方人就是欠了一個最高層次，只能由下至上思考，最大也只是能思考國家。

民族國家作為一個政治單位，如何是按現代性的需要而出現，現代西方政治學是如何因應民族國家而產生，這些重要問題都不是趙汀陽所關心的，也不是他覺得需要回應的。因為他只要斷定這是西方命中註定的認知缺陷，從認知(方法論)層面上早就比不上中國就足夠了。因此，趙汀陽可以把統一的基督教世界在現代如何失去，基督教如何重建與世俗政治的關係的複雜問題一筆抹煞，反而把世界當前的局面，簡化為一個西方一神教的問題。在這種漫畫造像中，一神教製造了異教徒意識、敵人假設、分裂的政治，所以只能帶來亂世。(頁33) 一神教確立內外有別的原則，視他者為絕對不可共存，是不寬容的，所以要為世界的對立仇恨負責。

一神教與帝國的不寬容

不過，如果我們從形上概念的「天下」暫時走出來，回到真實的帝國歷史世界看，這種判斷卻是與事實不符，漏洞百出的。早期羅馬帝國是容許不同民族信奉不同宗教，宗教政策是寬容的。但是在耶穌時代，羅馬帝國對一神教的基督教的壓迫卻是最嚴重的。當其時，一神教的基督教是受壓迫者，羅馬帝國卻是壓迫者。但同樣是受羅馬帝國所管轄的猶太人所信仰的猶太教也是一神教，卻反而受到羅馬帝國寬容和保護，甚至他們也參與排斥來自外邦的基督徒。羅馬帝國史家吉朋解釋，羅馬帝國正是為了維持它的宗教多元寬容政策，才會拒絕基督教。顯見在宗教信仰上寬容的帝國，一樣有打壓和排斥「異己」/「他者」的理由和動機，而且絕不手軟。當時因為基督教是被壓迫的宗教，所以基

督教的辯護者也以宗教寬容來向羅馬帝國爭取生存權利。「信仰不能強加」的主張，也成為基督教信條的一部分。由奧古斯丁、馬丁路德、以至近代的洛克，都力主要對宗教寬容，多番解釋和闡述「信仰不能強加」的要義。可見，一神教並不一定反對宗教寬容。在基督新教進一步分裂的近代，鼓吹信仰寬容的思想，也是來自基督教內部。

基督教與宗教不寬容的關係，源起於後期的羅馬帝國。在君士坦丁的支持下，基督教改變命運，被帝國接納和開始享有優待，這時才開始出現對異教的排斥。及至提阿多修斯(Theodosius I, 346–395)把基督教立為國教，就出現帝國強迫所有子民皈依基督教，以及禁止異教崇拜的現象，直至整個中世紀。顯見，一個宗教是否寬容，並不單由它是否信仰單一真神所決定，權力關係和具體的社會歷史脈絡才是一個帝國或一個宗教對「他者」是否排斥的決定因素。帝國作為權力機關，依循的是權力的邏輯，而不是看被排斥的宗教是一神教、多神教、還是無神論。而一個把一切都絕對統攝其下(無外)的帝國，可能是依循多神的多元主義原則，但就不保證這個帝國不會排斥與其相異的信仰或文化。由羅馬帝國到中國古代，排斥異己、文化滅絕的案例無數，就知道文化上的寬容是歷史的產物，而非由一神教與否決定。

趙汀陽認為天下概念指導下的中國帝國比西方的帝國優越，因為(一)天下一家的理想令中國不存在異端意識，與他者在本質上不是敵對關係，其他民族和宗教共同體都不是需要征服的對象(頁77)。(二)中國心靈的實踐原則是禮的精神，實質是互惠的往來，不會把自己的價值強加於人(但這是西方的傳教模式)。

這種分析是否正確？我們也可以從帝國歷史和基督教的關係去檢視這些論斷。第一項論斷的含意，是西方的帝國主義都是源起於異端意識，為了宗教征服才有對外侵略的行徑。且讓我們看看史實。

大英的自由主義帝國主義

近代歐洲帝國主義興起當然有血腥殺戮的記錄，但把他們理解為是為了征服信仰上的異端，恐怕只會為那些自私的掠奪披上宗教的外衣，為殘暴的行為解脫。事實上，十六世紀以西班牙人入侵美洲時，國內的基督教(天主教)界對土著是否人類，發生過激烈的爭辯。不承認美洲土著是人類的，認為殺戮非人類的土著是合乎基督徒道德的，這是一種他者模式；另一種意見認為，土著和人有着基本相同的道德感情，他們只是為其他邪靈所掌控而變成野蠻人，所以應對他們傳教，改變和教化他們為真正的基督徒。這是另一種他者模式。這兩種西班牙帝國主義的「他者模式」，都不是針對宗教異端，也沒化約他們為絕對邪惡的他者，因為土著根本還未有「資格」充當異端或異教徒。

及至十七及十八世紀，歐洲人勢力擴展至南亞地區，那裏有印度教和佛教等豐厚的傳統文化，各式的傳教活動都想與這些想信「異教」的南亞人對話，找尋改變他們信仰的入口。而當時英國也經歷封建制度的解體，自由主義的興起，他們要和西班牙、葡萄牙等早期的帝國主義殖民主義活動區分開來，開展自由主義帝國主義的新一頁。例如洛克(John Locke)，一方面在英國參與光榮革命，鼓吹宗教自由，一方面為殖民北美洲的事業服務。他的私有產權理論，是一套勞動價值論，同時也是一套證成從印第安人手上拿走荒廢土地為合理的理論。

十八世紀另一位自由主義者約翰‧密爾(J.S. Mill)在英國鼓吹言論自由、思想自由，認為自由是為了讓人格完善發展的最佳保證。但他同時也為英國的東印度公司服務，支持英國的殖民事業。他認為殖民主義擔負文明使命，所以，雖然殖民手段有時可能違反自由原則，要對土著的生活進行干預，但整體來說，殖民主義可以為殖民地社會帶來進步和發展，所以，干預是合理的。

而為了文明開化，人格發展，帶來進步，英國東印度公司主管教育的馬可尼(Thomas Macaulay)等人，高呼要為印度培養一班血統和膚色為印度，品味、意見、道德和智力都是英國的新印度人，大力推廣英語教育。

這些高傲的英國自由主義者沒有征服宗教「異端」的狂熱，卻有把「他者」「同化」以便他們進入文明世界，讓他們也分享到文明成果的「善心」。可以見得，殖民主義對「他者」的策略，不一定是把他們當成敵人，也不一定認為這些「他者」都是「邪惡」。相反地，「文明使命」(「白種人的負擔」)的觀念，反而是基於人類一家(human unity)的善意人性假設。也說明「同化」、「吸納」，最終使「他者」成為「一家人」的一部分(例如大英帝國後期的大英聯邦(Commonwealth [共榮])模式)，一直都是英帝國主義殖民主義的理想性。而且，正是這種「理想」，為英帝國的殖民主義手段給予了合法性。今日不少「反西方」的批評，也是建基於這種文明優越論的批判。可是，英帝國主義遠比這種刻版印象的「西方」更為複雜。

間接管治與殖民傳統主義

在十九世紀中葉，特別是1857年印度叛亂(Indian Mutiny)之後，自由主義帝國主義的模式開始瓦解，英帝的文明使命感失去自信，新的殖民統治模式開始出現。同化政策、英化政策開始撤退，普世主義被廣泛批評，批評的主力並非被殖民的土著社會，而是殖民母國的內部。配合人類學的興起，殖民主義者開始十分重視文化差異，人類學對文化特殊性的學術興趣，被殖民當局高度重視，並收編為有利殖民統治的工具。學者亨利‧梅因(Henry Maine)等配合殖民地的官署，對被殖民人民的文化習慣深入研究，利便英帝國分而治之，攏絡土著領袖，實行土著的習俗法

(customary law)，大肆鞏固地方的傳統勢力。對於在早前實施的英語教育，則大開倒車，認為過去在殖民地實行的文化政策，效果適得其反。這些批評者猛烈批判過去自由主義普世價值的教育(例如教土著閱讀莎士比亞)，只會製造假洋鬼子，動搖傳統社會的根本，破壞土著社會的穩定。他們重新提出要保護土著社會的文化和生活習慣。例如印度的種姓制度，從前視之為封建落後，要加以淘汰，但今日則視為印度社會穩定的基石，大加保護。

從此，這套「間接管治」的殖民模式，成為英式殖民主義的共通語言，也被先後任尼日利亞和香港總督的盧押將軍(Lugard)所發揚光大，成為大英帝國全盛時期的殖民管治模式。這種帝國主義殖民主義，十分尊重地方文化傳統，毫無「他者」乃敵人、蠻夷、異端的想像。雖然這些地方與族群的文化傳統，往往是經殖民者的改寫和捏造。英國殖民主義者當時自封的「使命」，不再是教導土著學習先進文化，採納歐洲制度，反而是「保護」被殖民者的文化免受歐風美雨所傷。就如盧押在他的名著《英屬熱帶非洲的雙重使命》所言：英國人在非洲的政策是(一)為當地人和全人類的共同利益發展非洲的物質資源；(二)監護本地土著民族在西方進步主義自治模式之外的方向進一步發展。

在這段西方殖民主義歷史當中，我們可以看見，文化寬容和多元的四海一家/世界主義，如何成為殖民主義事業的一部份。而在二十世紀之初，當更為激進的民族主義反帝運動勃興的同時，以及由俄國革命成功所引發的革命浪潮下，大英帝國這套「殖民傳統主義」(colonial traditionalism)就更大行其道。因為當時大英帝國中心及她在地方培植的殖民權貴都廣泛的相信，維護被殖者族群的傳統是首要的任務，警惕英式教育(從語文、課程到學校)和那附帶的自由主義精神、對人權、民主的渴望，會成為布爾什維克主義溫床。

英式「間接管治」的殖民政策，也活現了趙汀陽以為只有在

「天下」模型中才有的「共存」(co-existence)，這就是被非洲當代思想家馬穆德‧曼達尼(Mahmood Mamdani)描述為「下放的專制主義」(decentralized despotism)底下被吸納的土皇帝與殖民者的勾結共治。[5] 這些因「被尊重」文化習俗，並作其「代表」的土著領袖的而且確可以分享到在「偉大帝國」下作地方主人的身份和權力，而給予他們榮耀地位的殖民主人會確保，他們的青年人、下一代不會因為接受過多的普世價值教育而陷入原子化、失範、喪失民族身份，使社會陷入霍布斯式的混亂狀態。為了相互維持這種帝國下的秩序，殖民者和地方主人達成互相共存並容的勾結式殖民狀態。

趙汀陽討厭西方帝國模式是因為它們受制於一神教的嚴分內外，把他者化作敵人的模式，以對照一個他的神學結構中一個較優(甚至是最優)的帝國模式。他又說，中西文化對比可解讀為一個是從「主體性」原則出發，另一個是從「他者性」原則出發(頁83)。可是，從羅馬帝國到大英帝國，其實不少案例說明帝國的權力運作並不如趙汀陽所想像的那麼能夠區分中西或者你我，大英帝國前後期就在交替使用這些不同進路，化成他們的帝國權力/殖民管治技巧。這也就是帝國歷史中殖民地部門中所謂「盎格魯主義者」(Anglicist)和「東方主義者」(Orientalist)之爭。前者深信英式文化制度優越，後者堅持要尊重東方文化特色，按本地情況辦事，不過他們其實都只是想方設法，使被殖民管治的他者妥貼臣服。

如果像趙汀陽說，一種帝國為把世界分裂，區分出與「我」截然不同的「他者」，而另一種帝國則沒有排斥「他者」，那根本就是迴避了去點明：帝國之為帝國，核心原理就只有權力的擴張，而非仁慈還是邪惡，一神還是多神。

5　Mamdani, M(1996) *Citizen and Subject. Contemporary Africa and The Legacy of Late Colonialism.* New Jersey: Princeton University Press.

帝國的他者與帝國自我的他者

帝國的「他者」就是被帝國所凝視、攝握、利用、監控、操縱、吸納、排斥、消滅、改造、轉化的對象。在帝國慾望之眼下，和帝國權力所觸碰到之處，無論是屬於「被敵視」、「被輕蔑」、「被欲求」、「被寵愛」、「被尊重」，都只是被嵌進各種不同「他者模式」之間的分別。他者之為他者，就是他無法有頂天立地的自主存在的可能，無法獲取自己獨特的身份，無法保衛「他」作為「他」的「異他性」(alterity)，而是永遠在帝國的暴力/權力關係中，成為各種帝國策略權力/暴力施行的對象。這種權力，不但可以把個人綁架、把族群綁架、也可以把家庭綁架(就如趙汀陽的「家天下」模式所述)。而帝國策略的特徵是沒有單一的固定特徵，而是按着各個時空情景進行各種權力博弈。

而在帝國之想像世界，「他者」始終是構成「帝國自我」(imperial self)的「他者」。帝國主義的自我是超級自戀狂的自我，把種種差異想像或重構成「他者」形象，嵌入各種他者模式，消而「化」之。對帝國的迷戀也就是帝國主義者自我獲取成就感、滿足感、安全感、優越感的過程。但一如費爾巴哈所指，上帝只是人本質外在化的結果。完美帝國也只是帝國主義者外在化的想像。帝國就是構成帝國自我的「大寫他者」(the Other)，他的上帝。

就一如「東方」之被「東方主義者」視像成頹廢、敗壞、神秘、陰柔、非理性、性迷亂、偏執、懷舊一樣，關於「西方帝國」的迷思(道德低下、沒有理想、衰弱無力、崩解之中、排他獨斷等)，也是基於東方帝國和西方帝國有本質區別的狂想結構(fantasy structure)，是「西方主義者」的產物(這和歐美帝國和新舊殖民體制真正犯下的罪惡可以毫不相干)。[6]「天下」作為一種

6　伊恩‧布魯瑪與阿維賽‧馬格利特(2010)《西方主義‧敵人眼中的西方》，

帝國想像，需求「西方」作為這種想像世界的「構成性的他者」(constitutive other)，也就是其「另我」(alter-ego)。在這種「西方之外，別無他物」的狂想結構底下，多樣性不可能是真正的文化多樣性。趙汀陽提到，他追求的是「兼容的普遍主義」，他解釋道這兼容並不是西方一神教普遍主義下的寬容，以自己的主導價值說成是普遍價值。可是，天下帝國那無外的原理是如何看待多樣性呢？趙汀陽說：

> 中國的基本精神在於「化」，並且關鍵是要以己化他而達到化他為己，這當然要接授多樣化，但這個「多」卻是由「一」所容納的。多樣性必須在某種總框架的控制中才是多樣性，否則，失控的多性就只不過是混亂。(頁13)

如果「化」是中國的文化精神，意指日常眾生生活的千變萬化，生生不息，那就真是多姿多彩，讓多樣性(diversity)活出來的萬千世界。但趙汀陽按他的「本體－神學」的書寫方式把「化」重新演繹為帝國運作原理之後，原來「多」是要服從於「一」，「為『一』所容納」，並且必須在某種總框架的「控制」中才是多樣性，否則就是混亂。這種控制中的多樣性，服從於「一」的「多」，究竟又與西方普遍主義下的(假)寬容，有甚麼真正分別呢？

總結：貼身的帝國

大英帝國後期實行的間接管治，把帝國統治下地球上的千百族群按他們各自的文化傳統妥貼地收編在大英帝國旗幟底下，讓

林錚顗譯，博雅書屋；Bonnett, A. *The Idea of the West. Culture, Power and History.* London: Red Globe Press, 2004.

這些「多」都服從於「一」，又是否實現了趙汀陽苦心孤詣在中國帝國傳統中拼湊出來的天下帝國的機密模型呢？或者，以自然狀態為夢魘，以利維坦為家園的中國霍布斯，參加亨廷頓啟動的關於文明衝突的哈米吉多頓(Armageddon)終極宇宙大戰，又會不會只是如蘭迪(Ashis Nandy)所云，參加了一場凱撒大帝面前的馬戲大賽？如他在《貼身的損友》一書的「前言」說：

> 今天西方不但產造了它的奴性的仿傚者和欽羨者，他還產造了被馬戲團般馴服了的反對者及其悲劇性的對決者，教他們在賞識他們的凱撒大帝跟前表現他們鬥獸之武勇。[7]

　　當然，這種以懷緬一個古代偉大帝國來在想像中超克西方的思考方法，的確可以令人忘記當下和眼前的國家問題和現代性問題，神馳於偉大帝國的完美邏輯，在精神上贏取勝利。只是理念型的帝國主義者忘記的是，他們要擊倒的「他者」，其實是多麼的「貼身」(intimate)。

7　阿席斯‧南地(Ashis Nandy)(2012)《貼身的損友》，丘延亮譯，台灣社會研究雜誌社，頁81。